Madalene Ries

UEBERREUTER
WIRTSCHAFT

Hans-Jürgen Probst

Balanced Scorecard leicht gemacht

Warum sollten Sie mit weichen Faktoren hart rechnen?

UEBERREUTER
WIRTSCHAFT

Die Deutsche Bibliothek - CIP-Einheitsaufnahme

Probst, Hans-Jürgen
Balanced Scorecard leicht gemacht : Warum Sie mit weichen Faktoren hart rechnen sollten. - Hans-Jürgen Probst
Wien/Frankfurt : Wirtschaftsverlag Ueberreuter, 2001
ISBN 3-7064-0761-2

Unsere Web-Adressen:
http://www.ueberreuter.at
http://www.ueberreuter.de

2 3 4 / 2003 2002 2001

Umschlag: INIT, Büro für Gestaltung
unter Verwendung eines Bildes der Bildagentur Bavaria, Düsseldorf

Inhaltsverzeichnis

Vorwort
Balanced Scorecard – nicht nur für Insider 7

1. Grundidee und Wirkungsweise einer Balanced Scorecard
Von der Vision zur Aktion 9

Strategiefindung und Umsetzung: Das Management hat ein Problem 9
Die Grundstruktur: Von abstrakten Strategien zu handfesten Maßnahmen 14
Balanced Scorecard ist betriebswirtschaftliche Praxis 21

2. Aus Strategien werden konkrete Ziele
Alles ist irgendwie messbar 25

Visionen und Strategie: Strategie ist Chefsache 25
Zielauswahl und -formulierung: Eindeutig sein und sich beschränken 42
Zielmessung: Jetzt kommt es (auch) auf die Soft Facts an 49
Früherkennung: Wann laufen Ziele aus dem Ruder? 63
Ziel erreicht? 79

3. Die Perspektiven der Balanced Scorecard
Alles hängt mit allem zusammen 83

Perspektiven des Unternehmens: Denken in Ursachen-/Wirkungsketten 83
Die Finanzperspektive: Letztlich muss sich alles rechnen 86
Die Prozessperspektive: Versuchen Sie mal, Kreativität zu messen 116
Die Lern- und Entwicklungsperspektive: Wissensinseln verbinden 136
Die Kundenperspektive: Über Treue und Beziehungskrisen 145
Sonstige mögliche Perspektiven: Nur nicht dogmatisch sein 154
Maßnahmen ableiten: Jeder bekommt sein Ziel 158
Eine Balanced Scorecard muss „leben“ 160

4. Umsetzung konkret
Hier wird maßgeschneidert, es gibt nichts von der Stange 165

Balanced Scorecards für alle und einfach mal anfangen 165
Organisatorische Umsetzung: Den sogenannten Roll out managen 168
Technische Umsetzung: Über OLAP, Frontends usw. 178
Darstellungsfragen: Über rote Ampeln und
Cockpits für den sicheren Flug 182

5. Tricks und Tipps aus der Balanced Scorecard-Praxis
Von Erfahrungen anderer profitieren 189

Wie die Einführung besser klappt 189
Wie man mit Beratern verhandelt 194
Wie es nach der Einführung weitergeht 197
... und was man auf keinen Fall tun sollte 198

6. Ein Fallbeispiel: So kann man es angehen
Konzipierung und Realisierung einer Balanced Scorecard 199

Nachwort
Haben wir endlich die „eierlegende Wollmilchsau" gefunden? 207

Anhang

Mögliche Perspektiven für verschiedene Branchen 209
Kennzahlenübersicht über die verschiedenen Perspektiven 209
Checklisten zur Balanced Scorecard 217

Literaturverzeichnis 219

Stichwortverzeichnis 221

Vorwort

Balanced Scorecard – nicht nur für Insider

Schon lange sucht die Betriebswirtschaftslehre nach einem Konzept, mit dem sich die strategischen Ziele ins Tagesgeschäft übersetzen lassen. Wie erreicht man beispielsweise ganz konkret Kunden- oder Mitarbeiterzufriedenheit? Finanzielle Ziele sind messbar: Gewinn, Umsatzwachstum usw. Wie aber lassen sich z. B. Kundenzufriedenheit oder Mitarbeitermotivation messen, die sogenannten Soft Facts? Also Dinge, die kaum quantifizierbar sind, von denen aber jeder weiß, welch entscheidende Bedeutung sie für das Geschäft haben. Hier setzt die Balanced Scorecard an. Sie verknüpft die Strategie mit der aktuellen praktischen Umsetzung, überführt Abstraktes in Handfestes. Dabei bekommen alle Verantwortlichen Instrumente in die Hand, z. B. Kennzahlen oder Maßnahmenkataloge, mit denen sie die Zielerfüllung steuern können.

Da alle relevanten betriebswirtschaftlichen Themen wichtig für die Balanced Scorecard sind, führt dieses Buch quasi automatisch oder als Nebeneffekt auch praxisorientiert in die Betriebswirtschaftslehre ein. Alles wird beleuchtet: Vertrieb, Personal, Leistungserstellung und natürlich Finanzen.

Und zur Abrundung ein praktisches Fallbeispiel zur Konzeption und Realisierung einer Balanced Scorecard. Zum Schluss Checklisten, damit man alles komprimiert und stichwortartig noch einmal vor sich hat und im Zweifel nichts vergisst.

Mit diesem Buch sollen Einstiegsbarrieren zum Thema aus dem Weg geräumt werden. Wenn man sich nämlich in Theorie und Praxis umschaut, wird das Thema Balanced Scorecard von Fachleuten für Fachleute behandelt. Dabei soll doch gerade das Instrument Balanced Scorecard wie kaum ein anderes unternehmensübergreifend eingesetzt werden. Also überall und von allen. Hier gibt es aber eine Kluft. Wer kann schon mit Fachbegriffen wie Prozessorientierung, Cash Flow usw. etwas anfangen? Wie sagte ein Mitarbeiter: „Um Gottes willen, was ist eigentlich ein Frühindikator? Muss ich das denn wissen, um eine Balanced Scorecard überhaupt zu verstehen?“ Man trifft also auf Unsicherheiten. Diese sollen beseitigt werden. Denn die Balanced Scorecard – so kompliziert sie klingt – ist ein recht einfaches und praxistaugliches Instrument.

Vor diesem Hintergrund sind keine speziellen betriebswirtschaftlichen Vorkenntnisse für dieses Buch erforderlich, man braucht nur ein wenig Neugierde.

1. Grundidee und Wirkungsweise einer Balanced Scorecard

Von der Vision zur Aktion

Strategiefindung und Umsetzung: Das Management hat ein Problem

Betriebswirtschaftliche Instrumente entstehen, weil es ein Problem gibt. So entstand zum Beispiel recht früh die Kalkulation. Das Problem war: Man musste wissen, was das Produkt in der Herstellung kostete.

Die Balanced Scorecard entstand ebenfalls aufgrund von Problemen. Und dieses Mal hatte das Management ein Problem. Man kann es in etwa folgendermaßen umreißen:

Wir wissen vielleicht, wo wir hinwollen, aber nicht, wie wir hinkommen.

Das Problem beginnt mit Visionen und Strategien in den Köpfen des Managements. Und dort bleiben die Visionen und Strategien häufig auch. Fragen Sie sich als Leser einmal ganz konkret: Kennen Sie die Visionen und Strategien des Managements? Wo will man hin, wie will man wohin und vor allem: Was kann ich dazu beitragen?

Das ganze betriebliche Umfeld hat sich geändert. Immer wichtiger werden die sogenannten weichen Faktoren. Harte Faktoren sind klar: Günstige Materialbeschaffung, effektive Produktion; Ziel ist Gewinn, Rentabilität. Das ganze Spektrum der traditionellen Betriebswirtschaftslehre.

Und weiche Faktoren? Mitarbeiterzufriedenheit, Kundenzufriedenheit, Motivation, Fähigkeit zum Wandel, Flexibilität der Organisation usw. Ohne Zweifel immens wichtig, dummerweise aber schwer zu greifen, sprich zu messen.

Aber wer würde heutzutage bezweifeln, dass es gerade für die Qualitäten eines Managements spricht, diese „Soft Facts“ zu optimieren. Denn wenn man hier erfolgreich ist, wird man auch die „Hard Facts“ positiv beeinflussen.

Alles hängt mit allem zusammen.

Im Detail: Welche Probleme hat das Management?

Die Visionen und Strategien sind unklar

Es geht schon damit los, dass in vielen Unternehmen gar nicht definiert ist, wo man eigentlich hin will. Es fehlt eine Strategie. Damit eng verbunden, kümmert man sich oft nicht um vorgelagerte Kernfragen. Stellt man z. B. als Unternehmensberater im Vorfeld einer Untersuchung dem Eigentümer oder den leitenden Mitarbeitern folgende Fragen

- was ist die Kernkompetenz des Unternehmens?
- was macht Sie erfolgreich?
- wohin entwickelt sich der Markt?
- wo wollen Sie in fünf Jahren sein?,

wird man zwar regelmäßig ausführliche Antworten bekommen, aber häufig sind es Wunschvorstellungen oder wenig konkretisierte Visionen. Stellt man dieselben Fragen dem mittleren Management oder anderen Mitarbeitern verschiedener Hierarchieebenen, läuft man häufig ins Leere.

Die Umsetzung der Strategie ist nicht organisiert

Bei einer Vertriebstagung in einem deutschen Unternehmen mit vielen Auslandstöchtern sagte der Vorstandsvorsitzende: „In this company everybody plays his own game." Zwar gab es eine Strategie, die da hieß: Wir wollen preiskonstant bleiben und nicht zum Billiganbieter werden. Aber die „Länderchefs" verfolgten kurzfristige Umsatzziele und machten nach und nach das Unternehmen zum Billiganbieter. Die Aktivitäten der nachgelagerten Einheiten in diesem Unternehmen standen nicht im Einklang mit der Gesamtstrategie des Vorstands. Problem war hier, dass die Gesamtstrategie nicht mit der Vorgehensweise vor Ort vernetzt war. Offensichtlich ein Kommunikationsproblem. Dies ist gar nicht so selten. Meistens sind aber gar nicht die Leute vor Ort schuld. Wie sagte einmal ein leitender Mitarbeiter: „Wissen Sie, ich mache ja nahezu alles mit. Nur - ich muss erstmal wissen, was man von mir erwartet, was ich eigentlich tun soll." Was ist hier das Problem? Die Mitarbeiter kennen die Strategie nicht!

Zu starke Konzentration auf traditionelle finanzielle Ergebnisse

Alle Manager haben es von früh auf gelernt: Was zählt, sind Umsätze, der Gewinn oder die Rendite. Aber Vorsicht! Nehmen wir einmal einige

Extrembeispiele (alles in der Praxis immer und immer wieder vorgekommen):

- Da werden Mitarbeiter auch bei kurzfristigen Engpässen gleich entlassen. Danach andere wieder eingestellt, bei Engpässen wieder entlassen usw.
  Was auf der Strecke bleibt: Unternehmenskultur
- Da spart ein neues Management bei der Werbung. Ergebnis: Hoher Gewinn wegen niedriger Werbungskosten.
  Was auf der Strecke bleibt: Die Zukunft des Unternehmens
- Da wird im Personalbereich an Weiterbildung gespart.
  Was auf der Strecke bleibt: Die Motivation der Mitarbeiter.

Fazit: Man denkt zu kurzfristig. Vielleicht ist in diesem Jahr der Gewinn zufriedenstellend. Aber dann?

➠ Die traditionellen Steuerungs- und Maßgrößen können nicht mehr befriedigen

In fast allen zumindest größeren Unternehmen gibt es ein Berichtswesen. Dieses berichtet über Umsätze, Kosten und Ergebnisse. Häufig geschieht dies monatlich oder quartalsweise. Idealerweise werden die Ergebnisse mit dem Jahresplan verglichen. Es gibt Abweichungen, die analysiert werden. Was aber bei diesen Darstellungen sehr oft fehlt, sind Informationen wie diese:

- Wo stehen wir in der Strategie?
  Im traditionellen Berichtswesen fehlt sehr häufig eine Aussage darüber, ob sich das Unternehmen im Rahmen der Strategie entwickelt. Zwar wird das aktuelle Jahr in jedem Detail aufgezeigt – aber sind die Daten noch strategiekonform? Man freut sich z. B. darüber, dass vielleicht der Umsatz um 10 % gestiegen ist. Nur sah die Strategie vielleicht 15 % vor.
- Konzentration auf Spätindikatoren ist noch weit verbreitet
  Kennzahlen sind wichtig und nicht umsonst geradezu eine Leidenschaft vieler Manager. Vergleicht man z. B. den Umsatz pro Außendienstmitarbeiter im Zeitablauf, so ist dies sicherlich hochinteressant für den Vetrieb. Aber immer, wenn lediglich die Vergangenheit betrachtet wird, ist die Rede von Spätindikatoren, also Schnee von gestern.
  Ziel sollte sein, auch Frühindikatoren in die Berichterstattung mit einzubeziehen. Stichwort Frühwarnung. Planungen, mögliche Auswirkun-

gen von Maßnahmen, Eckdaten aus dem Markt, konjunkturelle Faktoren, Aktivitäten der Konkurrenz usw. Will man die Strategie steuern, dann nicht den Blick nach hinten lenken, sondern nach vorn.

Frage in diesem Zusammenhang an die Leser dieses Buches, die in irgendeiner Form mit dem Berichtswesen eines Unternehmens konfrontiert sind: Wenn Sie sich einmal das Berichtswesen Ihres Unternehmens anschauen bzw. die Informationen, die Sie in der Regel bekommen: Wie viele Informationen sind vergangenheitsorientiert? Wie viele zukunftsorientiert?

Wetten, dass Sie fast nur die Vergangenheit lesen!

Aber noch weitere Aspekte kommen dazu:

Die Entwicklung in der Betriebswirtschaftslehre ist nicht stehen geblieben. Aus dem Hochschulbereich kamen neue Impulse, ebenso aus der Praxis, und auch die Gilde der Unternehmensberater hat die Unternehmen und damit das Management mit neuen Entwicklungen beglückt. Und vor allem das Ausland hat nicht geschlafen. Viele fragen sich, warum mittlerweile alle wesentlichen Managementmodelle aus dem Ausland kommen. Shareholder Value aus den USA, Total Quality Management aus Japan usw. Und siehe da: Die Balanced Scorecard ist auch wieder ein Kind der USA. Schläft Europa?

Aber unabhängig von allen Urheberrechten. Hier nur mal *schlaglichtartig* einige Entwicklungen, auf die das Management reagieren muss:

➡ Es gab und gibt die sogenannte Shareholder Value-Bewegung

Hier wird gefordert, dass sich das Management bitte nicht auf kurzfristigen Gewinn konzentrieren, sondern den Wert des Unternehmens im Auge behalten soll. Warum? Die Anteilseigner wollen, dass ihre Aktienkurse steigen. Also vielleicht besser den Gewinn investieren als ausschütten.

Aufgabe des Managements: Den Wert des Unternehmens steigern

➡ Themen wie Outsourcing wurden aktuell

Ist es nicht besser, sich auf seine Kernkompetenz zu konzentrieren und dafür Dinge nach außen zu geben? An diejenigen, die es besser und vor allem billiger erledigen? So kam man ganz schnell zum Benchmarking: Wie machen es andere? Wer kann es am besten? Was gut lief, wurde nachgeahmt.

Aufgabe des Managements: Optimierung der Leistungen

➠ Stichwort Prozessorientierung

Alles hängt mit allem zusammen, und so wird die Wertschöpfungskette vom Lieferanten bis hin zum Kunden untersucht. Wo gibt es Leerläufe? Ist alles optimal organisiert? Werden Dinge getan, die überflüssig sind oder die anderswo zumindest besser, schneller, billiger erledigt werden können?

Aufgabe des Managements: Optimierung der internen Abläufe

➠ Alles wird „lean"

Man durchforstet das Unternehmen. Wo hat sich Fett angesetzt? Sind wirklich so viele Hierarchiestufen vom Management bis hinunter ans Fließband notwendig? Lean Management quasi als „light-Produkt“ der Betriebswirtschaftslehre führt zu einem schlanken Unternehmen.

Aufgabe des Managements: Das Unternehmen „schlank“ machen

➠ Das Target Costing, die Zielkostenrechnung

Wie sagt man so schön: Früher war alles besser. In gewisser Weise trifft dies zumindest auf die Betriebswirtschaftslehre zu. Früher schaute man sich die Kosten an, rechnete diese zusammen, ein Gewinnaufschlag kam drauf und schon hatte man einen Preis. Heute bestimmt der Markt den Preis. Man fragt nicht mehr, was *wird* das Produkt kosten, sondern: Was *darf* das Produkt kosten. Der Markt und die Konkurrenz bestimmen den Preis. Es ist alles schwieriger geworden.

Aufgabe des Managements: Auf den härteren Markt reagieren

➠ TQM, das Total Quality Management

Das Qualitätsdenken vollzog sich in mehreren Schritten:

- Qualität wurde herausgeprüft: Endkontrolle
- Qualität wird produziert
- Qualität ist ein Prozess, der das gesamte Unternehmen umfasst. Alle

sollten sich fragen: Was kann ich besser machen? Dies führt zu einem kontinuierlichen Verbesserungsprozess.

Wegweisender Denkansatz für diese Methode ist, dass der Mitarbeiter im Mittelpunkt steht. Er ist es, der die Qualität produziert. Ganz wesentlich ist, dass dieser Gedanke jetzt von der Produktion auf alle Unternehmensbereiche übertragen wird. Qualität findet überall statt. Im Service, im Umgang mit Kunden. Aber auch intern, z. B. im Umgang der Personalabteilung mit Mitarbeitern, einer effizienten Personalentwicklung usw.

Aufgabe des Managements: Überall auf Qualitätsdenken hinwirken

➠ Und nicht zuletzt die Servicewüste Deutschland

Dies ist ja nun ein Problem, das jeder kennt. Vom Kauf der Briefmarke über defekte Haushaltsgeräte bis hin zum Handwerkerservice. Es muss intern vermittelt werden, dass letztlich nicht der Unternehmer die Gehälter zahlt, sondern der Kunde.

Aufgabe des Managements: Den Servicegedanken fördern, Kundenorientierung schaffen.

Fazit: Unternehmensführung wird immer schwieriger.

Und was hat dies nun alles mit der Balanced Scorecard zu tun?

Kurze Antwort: Die Balanced Scorecard ist ein Instrument, das die Lösung all dieser Probleme wirkungsvoll unterstützen soll.

Die Grundstruktur: Von abstrakten Strategien zu handfesten Maßnahmen

Die Balanced Scorecard entstand Anfang der 90er Jahre an der Harvard Business School in den USA. Robert S. Kaplan und sein Team untersuchten das Problem, wie das eher an finanziellen Maßgrößen ausgerichtete Berichtswesen der Unternehmen um nichtfinanzielle Maßgrößen ergänzt werden könnte.

Dabei zeigte sich, dass nur einige wenige Maßgrößen ausreichen, um ein Unternehmen erfolgreich zu steuern. Das sollten sich einmal diejenigen hinter die Ohren schreiben, die mittels modernster EDV jeden Monat meterweise Informationen produzieren, die letztlich kaum jemand zur

Kenntnis nimmt. Unter einer Bedingung kann man sich auf wenige Maßgrößen beschränken: der Konzentration auf die wirklich relevanten Bereiche.

Wichtig waren dabei zwei Faktoren:

- die zu beobachtenden Bereiche müssen sich ergänzen, müssen vernetzt sein, ausgewogen berücksichtigt werden, ausbalanciert sein. Hier liegt der Ursprung für „Balanced".
- auch die schwer messbaren qualitativen Faktoren müssen „irgendwie" quantifiziert, also gemessen, gepunktet werden. Score ist im Sport die Bezeichnung für Punkt.

Ein Übersetzungsversuch für „Balanced Scorecard" kann nur schiefgehen. Trotzdem einige Versuche, die man in der Literatur findet: Ausbalancierter Berichtsbogen; ausbalancierte Berichtsfelder; ausgewogenes Kennzahlensystem. Alles eher unzulänglich, also bleiben wir beim Ursprungsbegriff.

Für den ungeduldigen Leser:

Ehe es ins Detail geht, soll die Grundstruktur der Balanced Scorecard erläutert werden. Später werden alle Punkte vertieft. Aber zunächst stellt sich die Frage, um was es geht und wie es funktioniert.

Wir kommen von der Vision, der Strategie und wollen hin zum konkreten Handeln, und zwar Handeln nicht nur auf höchster Managementebene, sondern gerade auch auf den Ebenen darunter. Vor Ort spielt die Musik, und dort muss die Strategie umgesetzt werden. Das ist die Aufgabenstellung. (Abb. 1 auf S. 16)

Die wesentlichen Fragestellungen bzw. Eckpunkte sind:

➠ Im Mittelpunkt stehen Vision und Strategie

Wer sind wir, was können wir, wo wollen wir hin?

➠ Es folgt die Frage: Was sind die Erfolgsfaktoren, mit denen diese Strategie realisiert werden kann?

Das Unternehmen wird aus verschiedenen Perspektiven betrachtet. Die Klassiker der Balanced Scorecard sind (im nächsten Kapitel detailliert behandelt):

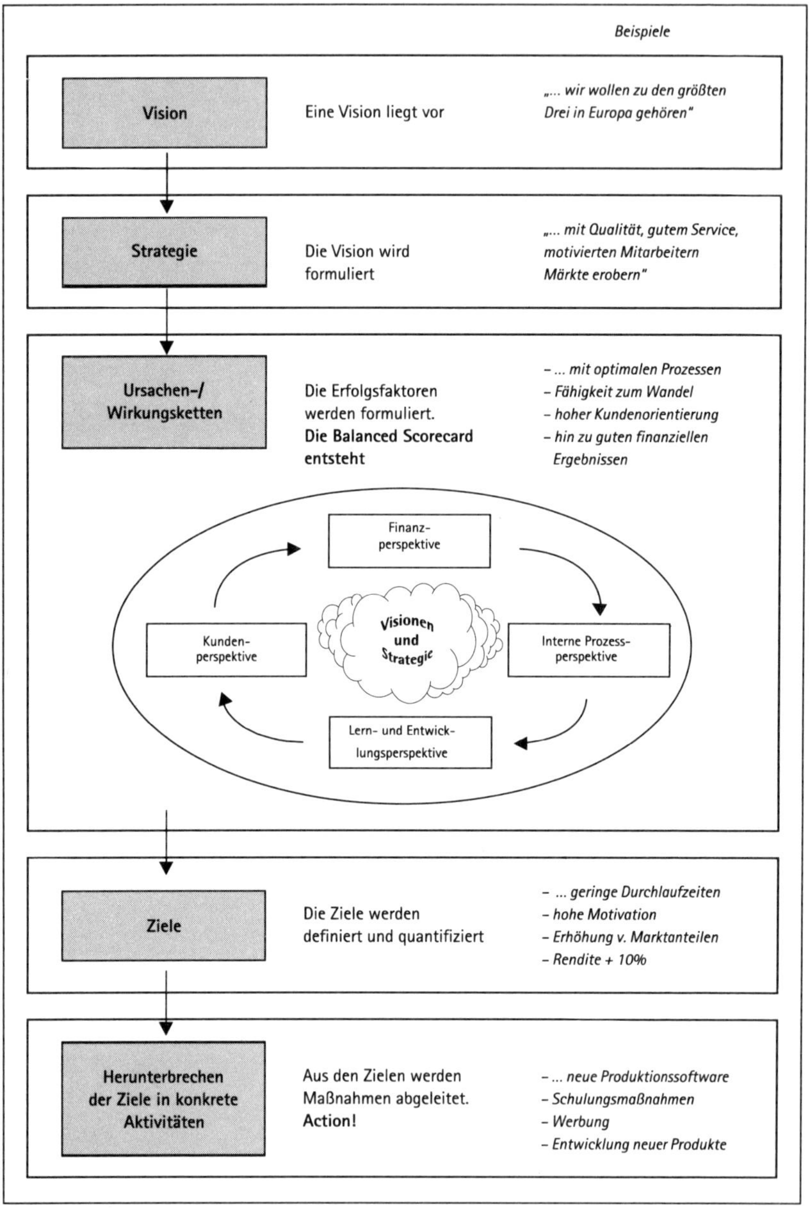

Abbildung 1: Von der Vision zu konkreten Aktivitäten

- **Die Finanzperspektive**
  Diese drückt das Unternehmensziel in Zahlen aus, z. B. Gewinn, Rentabilität usw. Hier bewegen wir uns im Rahmen des Rechnungswesens, der Bilanzen, Finanzen, Kostenrechnung usw. An dieser Stelle sei schon einmal das Stichwort Controlling eingeführt. Controlling ist nicht gleichzusetzen mit Kontrolle; vielmehr bezeichnet es die Lotsenfunktion im Unternehmen hin zum Gewinn, über Klippen hinweg, sowie Unterstützung des Managements – und spielt in der Diskussion um die Balanced Scorecard eine wesentliche Rolle.

- **Die interne Prozessperspektive**
  Hier werden Kernprozesse betrachtet, die für die Erreichung anderer Ziele wichtig sind, z. B. Innovationsprozesse, interne Ablaufoptimierungen usw. Warum funktioniert z. B. der Service nicht? Warum dauert die Bearbeitung einer Bestellung so lange? Wer hat sich nicht schon einmal gefragt, warum alles so zäh und bürokratisch läuft?

- **Die Lern- und Entwicklungsperspektive**
  Hier geht es im Wesentlichen um das Personal, um Mitarbeiterzufriedenheit, Weiterbildung und vor allem die Fähigkeit zu Veränderungen. Es soll ernst gemacht werden mit dem häufig gehörten Satz: Die Mitarbeiter sind unser wichtigstes Kapital. Know-how soll gebündelt werden, oder moderner ausgedrückt: Knowledge-Management (Wissensmanagement). Nicht zu vergessen in diesem Zusammenhang die EDV, oder wieder moderner ausgedrückt die IT (Informationstechnologie).

- **Die Kundenperspektive**
  Sie stellt eine ganz wesentliche Perspektive dar. Hier geht es um Marktanteile, Kundentreue- und zufriedenheit usw. Wer bezahlt denn eigentlich unsere Gehälter und Dividenden? Der Kunde!

- **Weitere Perspektiven**
  Wichtig: Die obigen Perspektiven sind nicht abschließend. Je nach Anforderung des Unternehmens können andere Perspektiven gewählt werden, so z. B. bei einem forschungsintensiven Unternehmen eine Forschungs- und Entwicklungsperspektive.

➡ **Wie können jetzt die Erfolgsfaktoren gesteuert werden?**

Indem man

- innerhalb der Erfolgsfaktoren Ziele formuliert
- diese Ziele mittels Indikatoren (Kennzahlen) messbar macht
- und in Maßnahmen umsetzt.

Jeder bekommt seine Ziele und natürlich einen Zeitrahmen. Letztlich soll sich jeder Mitarbeiter „irgendwo“ in der Balanced Scorecard wiederfinden. Ziel: Die abstrakte Strategie soll am Arbeitsplatz der Mitarbeiter ihre Entsprechung finden.

So entsteht das Grundmodell der Balanced Scorecard. (Abb. 2 auf S. 19)

Funktionieren die internen Abläufe problemlos, sind die Mitarbeiter motivierter. Sind die Mitarbeiter motivierter, treten sie engagierter gegenüber den Kunden auf. Sind die Kunden zufrieden, steigt der Gewinn. Steigt der Gewinn, können wiederum über Weiterbildung, Gehaltserhöhung usw. die Mitarbeiter motiviert werden. Die internen Abläufe werden dadurch verbessert, die Kunden wiederum noch besser betreut. Folge: Der Gewinn steigt. Steigt der Gewinn ...

Der Grundgedanke der Balanced Scorecard ist eine sich ständig verbessernde Ursachen- und Wirkungskette. Idealerweise entsteht daraus ein Schneeballeffekt.

Dabei wird mit konkreten Zielen gearbeitet, wobei wichtig ist, dass es für jedes Ziel eine Maßgröße gibt, auch für die sogenannten Soft Facts wie z. B. Mitarbeitermotivation. Zur Illustration einige mögliche Beispiele, wie die einzelnen Perspektiven ausformuliert werden können. (Abb. 3 auf S. 20)

Aus der Praxis wird vorgeschlagen, sich auf vielleicht vier bis fünf Ziele und Kennzahlen pro Perspektive zu beschränken, also keine „Zahlenfriedhöfe“ zu produzieren. Das Produzieren von Zahlen ist ein großes Hobby von beispielsweise deutschen Betriebswirten. Und noch eine Kennzahl und noch ein Indikator werden einbezogen. Viele verwechseln dies mit Kreativität oder Transparenz. Wenige, aber gute Zahlen helfen wirklich weiter!

Freilich wird man auch von Zeit zu Zeit die Zielrealisierung überprüfen müssen. Was ist schief gelaufen, was muss korrigiert werden? In diesem Sinne sollen mit der Balanced Scorecard interne Lernprozesse gefördert werden. Ferner wird durch die Ausformulierung von Zielen und Maßnahmen die Identifikation mit der Unternehmensstrategie konkreti-

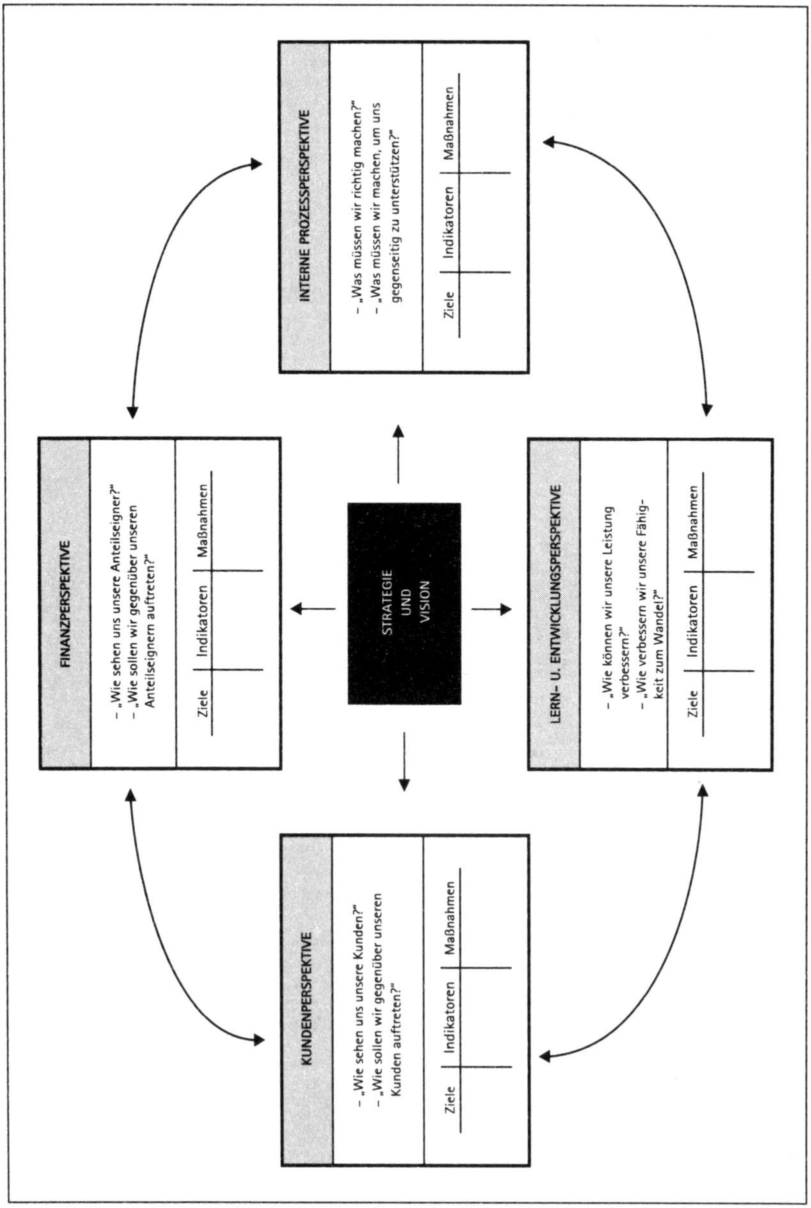

Abbildung 2: Das Grundmodell der Balanced Scorecard

Ziele	Messgrössen	Maßnahmen	Zeitbezug
Finanzwirtschaftliche Perspektive:			
Cash Flow von 30 Mio. DM Eigenkapitalrendite von 12 %	DM DM/%	- Kostensenkung - Umsatzsteigerung - Aufnahme stiller Gesellschafter - Rationalisierungs- investition	Ende 2002 Ende 2001
Kunden- perspektive:			
Erhöhung des Marktanteils auf 15 % Generierung von Zusatz- nutzen beim Produkt POP	% Kunden- befragungen	- Neukundenwerbung - Verbesserung des Serviceniveaus - Einsatz von Kreativitätsteams	Juni 2001 Ende 2001
Interne Prozess- perspektive:			
Optimierung der Fertigung Innovationsanalyse	Durchlaufzeit DM Anzahl der Teamsitzungen Anzahl der Vorschläge	- Neues Planungssystem - Wertanalysen - Einsatz von Kreativitätsteams	Ende 2001 Ende 2001
Lern- und Entwicklungs- perspektive:			
Verbesserung der Weiterbildung Reduzierung Fluktuation Verbesserung des innerbetrieblichen Vorschlagwesens	Investitionen in die Weiterbildung Anzahl Bildungs- maßnahmen Anzahl der Kündigungen Anzahl der Verbesserungs- vorschläge	- Servicebereich - Führungstechniken - Lern- und Arbeitstechniken - Erhöhung der Mitarbeitergespräche - Leistungsgerechtere Entlohnung - Neues Anreizsystem - Erhöhung der Motiva- tion durch Personal- führungsmaßnahmen	Mitte 2001 Ende 2001 Ende 2001

Abbildung 3: Die Ausformulierung einer Balanced Scorecard

siert. Das abstrakte Ziel, z. B. Verbesserung der Kundentreue, heißt konkret für den Mitarbeiter vor Ort: „Ziel ist die Bearbeitung einer Reklamation innerhalb von zwei Tagen." Damit weiß er, was er *konkret* für die Unternehmensstrategie tun kann! Mit dieser greifbaren Formulierung lässt sich gut arbeiten.

Ein weiterer angenehmer Effekt für die Mitarbeiter besteht darin, dass der Grad der Zielerreichung mit der variablen Vergütung gekoppelt wird. Je besser das Ziel erreicht wird, desto höher das Gehalt.

Und was soll nun neu daran sein?

Kritiker werden sagen, dass all diese Aspekte nicht neu sind. Das ist richtig, denn alles, womit die Balanced Scorecard arbeitet, gibt es bereits irgendwo in der Betriebswirtschaftslehre. Aber Befürworter argumentieren, dass nun die vielen verschiedenen Ansätze der Vergangenheit auf das Wesentliche reduziert wurden. Der Weg von der Strategie bis hinunter zur „Action" ist mit der Balanced Scorecard relativ kurz und überschaubar geworden.

Balanced Scorecard ist betriebswirtschaftliche Praxis

Nähern wir uns doch der Balanced Scorecard zur Abwechslung einmal von der Theorie – aber wirklich nur kurz – und springen dann in die Praxis.

Die Balanced Scorecard hat den sicherlich nicht bescheidenen Anspruch, die wesentlichen Dinge der Betriebswirtschaftslehre zu berücksichtigen. Diese wesentlichen Dinge sollen gefiltert werden.

Übrig bleiben Erfolgsfaktoren, die gemessen und umgesetzt werden. Die Balanced Scorecard erfüllt sozusagen eine Trichterfunktion. (Abb. 4 auf S. 22)

Schauen wir uns in diesem Zusammenhang einmal zwei bekannte Lehrbücher der Betriebswirtschaftslehre an und vergleichen die Inhalte mit denen der Balanced Scorecard.

1. Der absolute Klassiker: Wöhe: Einführung in die Allgemeine Betriebswirtschaftslehre. Generationen haben mit diesem Buch Betriebswirtschaftslehre gelernt.

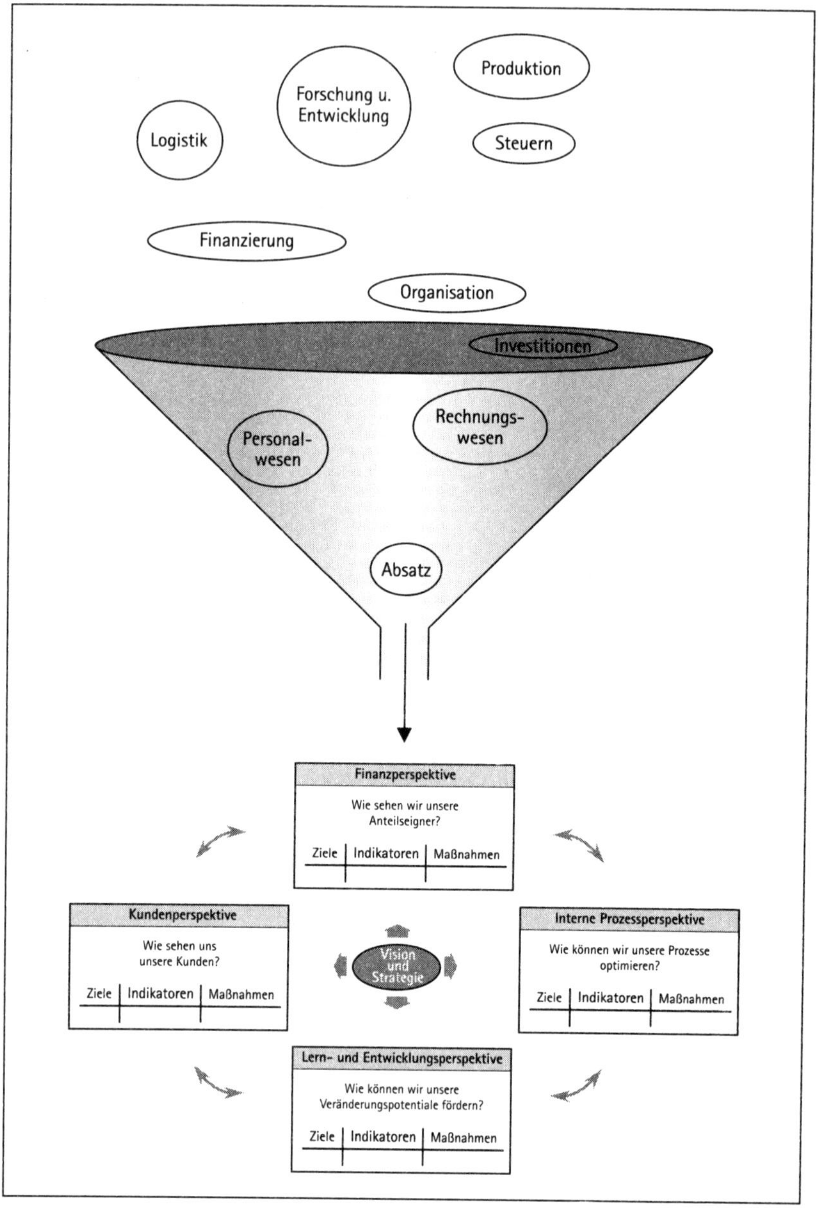

Abbildung 4: Die Balanced Scorecard ist ein Trichter und Filter

2. Schierenbeck: Betriebswirtschaftslehre. Ein Lehrbuch, das als „etwas moderner" eingeschätzt wird, etwas dünner und inhaltlich komprimierter ist.

Der folgende Vergleich kann nur *sehr vereinfacht und grob* durchgeführt werden, zeigt aber, dass wesentliche Teile der Betriebswirtschaftslehre von der Balanced Scorecard erfasst werden (Theoretischer Überbau, Spezialprobleme oder rechtliche Fragen natürlich einmal ausgenommen). (Abb. 5 auf S. 24)

Die Balanced Scorecard kann als Praxisinstrument nicht den Anspruch haben, das gesamte Spektrum der Betriebswirtschaftslehre abzubilden. Was sie allerdings abbildet, sind die praxisorientierten Inhalte, die komprimiert werden. Angefangen von der Strategie bis hin zur Umsetzung. Und diese Inhalte werden im Folgenden detaillierter beleuchtet. Damit soll gleichzeitig in die Grundelemente der Betriebswirtschaftslehre eingeführt werden.

Kleine Nebenbemerkung

Nun sollte man allerdings nicht so tun, als ob alle betriebswirtschaftlichen Fragestellungen auf wundersame Weise durch die Balanced Scorecard neu ins Bewusstsein gekommen wären. Denn schon immer machte man sich Gedanken, welche Faktoren Unternehmen erfolgreich machen und wie Strategien umgesetzt werden können. Die Beschreibung dieser Ansätze würde den Rahmen dieses Buches sprengen. Das ist schade, aber man sollte zumindest „ehrenhalber" nicht vergessen, dass auch andere schon auf ähnliche Gedanken wie die Väter der Balanced Scorecard gekommen sind.

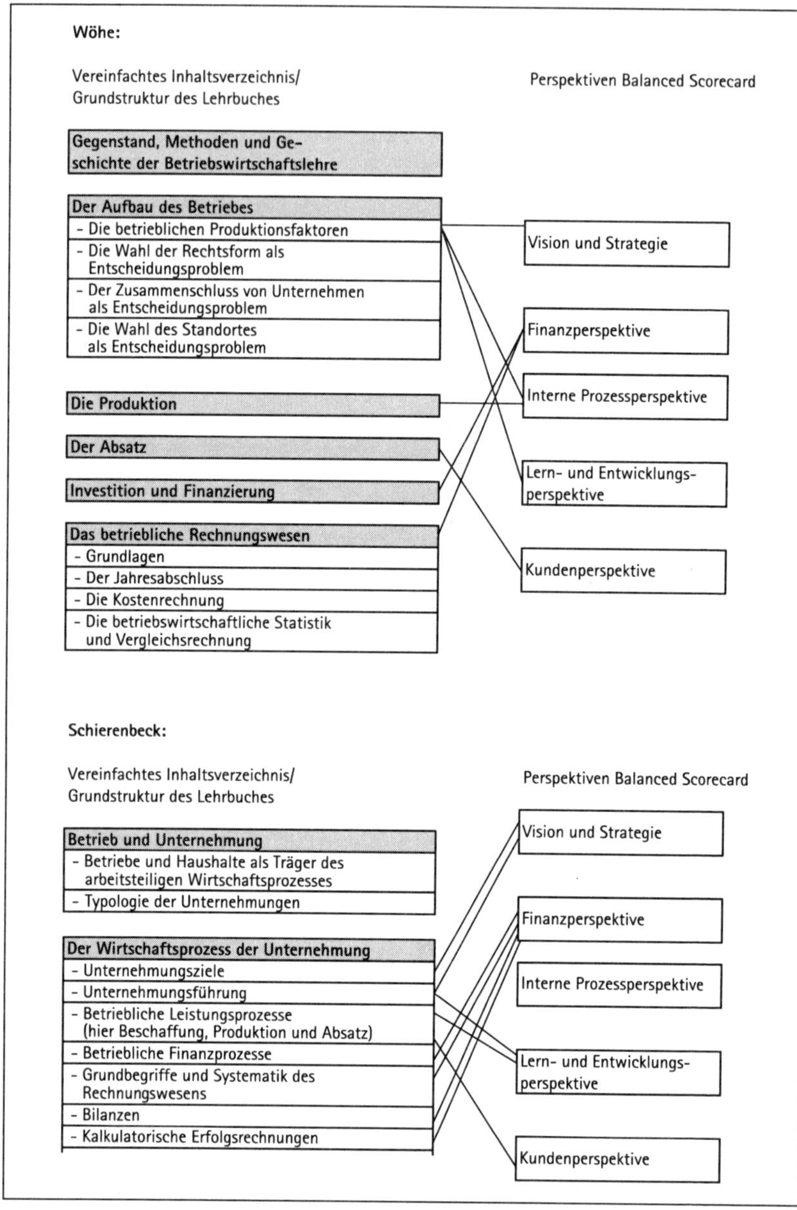

Abbildung 5: Inhaltsvergleich Lehrbücher – Balanced Scorecard

2. Aus Strategien werden konkrete Ziele

Alles ist irgendwie messbar

Visionen und Strategie: Strategie ist Chefsache

Visionen beginnen schon sehr früh. Wenn der kleine Sohn sagt, „ich will Flugkapitän werden", so ist das bereits eine Vision. Die Strategie dorthin kann z. B. die Mitgliedschaft im örtlichen Segelverein sein, das Abitur zu bestehen usw.

Auch Unternehmen haben Visionen. Ohne an dieser Stelle Schleichwerbung machen zu wollen, einige Beispiele für (nach außen hin kommunizierte) Visionen von Unternehmen, die kurz und eingängig waren bzw. sind.

Ein Versandunternehmen: Otto – find ich gut. Ein Hersteller von Haushaltsgeräten: Bauknecht weiß, was Frauen wünschen. Eine Bausparkasse: Wir geben Ihrer Zukunft ein Zuhause. Andere Unternehmen wollen Global Player werden, wollen Marktführer werden usw.

Eine Ähnlichkeit mit Visionen haben sogenannte Leitbilder, gehen aber über die Vision hinaus.

Was ist der Inhalt eines Leitbildes?

- Ein Leitbild ist eine schriftlich fixierte Darlegung der Mission, Vision oder strategischen Positionierung, eine Festlegung der Richtung.
- Es wird ergänzt durch Unternehmenswerte oder, wie man so schön sagt, Unternehmensphilosophie.
- Ferner können durch ein Leitbild Spielregeln festgelegt werden, und das Selbstverständnis des Unternehmens wird definiert.
- Ziel ist die Orientierung aller am Unternehmen Beteiligten am Leitbild. Alle sollen Orientierungspunkte bzw. Rahmenbedingungen erhalten.
- Gleichzeitig soll das Leitbild intern motivieren, aber auch extern als Marketinginstrument benutzt werden. Es legt fest, wie man in der Öffentlichkeit gesehen werden will.

Um einmal eine kurze Anleihe bei der Psychologie zu machen: Ein Leitbild ist sozusagen die Selbstfindung des Unternehmens. Nach so viel abstrakten Aufzählungen aber nun zwei Beispiele:

Ein Tourismusunternehmen

Wir möchten, dass unsere Kunden zufrieden und begeistert von unseren Veranstaltungen zurück nach Hause kommen.
Dabei setzen wir uns für einen sozial- und umweltverträglichen Tourismus ein und respektieren die kulturelle Vielfalt der Gastgeberländer.
Wir fördern unsere Mitarbeiter und sehen diese als Garant für unseren Unternehmenserfolg.

Ein Automobilzulieferer

Durch ständige Innovation bleiben wir Partner der Automobilbranche.
Sicherheit, Qualität und Zuverlässigkeit prägen unsere Produkte.
Wir bekennen uns zu einem fairen Umgang mit Lieferanten, Kunden und Mitarbeitern.
Das Erzielen einer angemessenen Rendite darf nicht zu Lasten unserer Umwelt geschehen.
Wir sehen uns als Unternehmen fest in der Region verankert, wollen aber auch Chancen nutzen, die sich dem Unternehmen international bieten.

Visionen oder Leitbilder – so wichtig sie sind – als konkrete Basis für eine Balanced Scorecard zu nehmen, ist problematisch. Sie sind zu pauschal. Besser geht man jetzt einen Schritt weiter und formuliert eine Strategie. Und der Extrakt dieser Strategie ist die Basis der Balanced Scorecard. Aber zunächst stellen sich folgende Fragen:

Was ist Strategie?

Nun kommen wir zu einem Gebiet, das seit Jahrzehnten intensiv beleuchtet wird und zu dem es Dutzende von Büchern gibt. Auch wenn es unmöglich ist, hier die strategischen Fragen erschöpfend darzustellen, sollen einige Highlights aus der Diskussion näher beleuchtet werden.

Die richtigen Dinge tun und dann die Dinge richtig tun

So lautet ein populärer Satz aus der Strategiediskussion. Die richtigen Dinge tun bedeutet, dass man zunächst erstmal klären muss, was man tun will. Welche Produkte, welche Preissegmente, welche Märkte usw. anvisiert werden sollen. Dies ist die strategische Ebene.

Die Dinge richtig tun bedeutet dann, dass wenn man nun schon mal weiß, was man tut, diese Dinge dann auch richtig tut. Also z. B. Material für die Produkte günstig beschafft und verwaltet u. ä. Diese Fragestellung geht bis in das Tagesgeschäft hinein. Diese Ebene, die Dinge richtig tun, bezeichnet man auch als operative Ebene oder operatives Geschäft.

Mit welchen Werkzeugen betreibt man Strategie?

Wie tue ich aber nun die richtigen Dinge?

Ein guter Betriebswirtschaftler hat immer einen Werkzeugkasten mit betriebswirtschaftlichen Werkzeugen oder Instrumenten dabei. Für Kostenfragen gibt es das Werkzeug Kalkulation, für den Vertrieb sein Informationssystem über Kunden, Umsätze, Preise usw. Und auch für strategische Fragen gibt es entsprechende Werkzeuge. Kaum ein Jahr, in dem nicht neue strategische Werkzeuge erfunden werden. Vieles verschwindet schnell wieder. Schauen wir uns an dieser Stelle aber einmal drei recht populäre Instrumente an.

1. Strategiecheckliste: Der Schnellcheck

Jeder arbeitet gern mit Checklisten. Dort werden wichtige Fragen vorformuliert, man kann die Probleme sozusagen „abhaken". Im Folgenden einmal ein Praxisbeispiel, in diesem Fall mit dem Produkt Limonade. (Abb. 6 auf S. 28)

Je nach Unternehmen oder Markt werden derartige „Strategiechecks" variiert. Häufig sind sie um einiges aufwendiger. Auf jeden Fall sollten derartige strategische Fragen schriftlich formuliert werden.

Sind Sie sich sicher, dass in Ihrem Unternehmen derartige strategische Festlegungen bzw. Überlegungen existieren? Oder vielleicht nur in den Köpfen von einigen wenigen Managern?

2. Strategietypen: Wer bin ich eigentlich?

Eine Herangehensweise ganz grundsätzlicher Art. Mit dieser Methode hangelt man sich systematisch ans Ziel. Was kann ich, was mache ich, *was für ein Typ bin ich eigentlich?*

	Strategische Fragen	Beispielprodukt Limonade
PRODUKT UND MARKT	Was „kann" das Produkt besonders gut?	Es schmeckt! Kalorienarm Durst löschen
	Für welche Kunden, Endverbraucher?	Kinder/Jugendliche und das Motto: „Durst löschen ohne Alkohol!"
	In welchen Gebieten?	Deutschland/Österreich
	Marktdurchdringung?	In allen Gebieten, überall
	In welchen Marktsegmenten?	Oberes Preissegment
	Gegen welche Konkurrenzprodukte?	Mineralwasser, Bier
	Wie ist die Markteinschätzung?	- Gesättigter Markt - Trend: Kalorienarm
	Wo steht das Produkt im Markt?	- Cash Cow - Vom Image nur noch Mittelfeld
	Wohin entwickelt sich der Markt?	Richtung kalorienarme alkoholfreie Erfrischungsgetränke
PREIS UND ABSATZ	Zu welchem Preis?	- Etwa Konkurrenz - Ziel: Preis halten
	Mit welchen Rabatten?	- Gestaffelt bis 20 % - Regional sehr unterschiedlich
	Preiselastizität	Preiselastischer Markt Preis entscheidet wesentlich über den Umsatz
	Durch welche verkaufsunterstützenden Maßnahmen?	- Zeitschriftenwerbung - Öffentliche Medien - Sponsoring
	Über welche Absatzkanäle?	- Einzelhandel - Getränkemärkte - Importeure

Abbildung 6: Strategiecheckliste

Es gibt in Wissenschaft und Praxis verschiedene Vorschläge zur Bestimmung der strategischen Grundposition. Mit aller Vorsicht kann man sagen, dass sich die Praxis folgenden Definitionen angenähert hat:

Der Innovator:
Dieser Unternehmenstyp setzt strategisch auf neue Produkte oder/und neue Märkte. Forschung spielt eine große Rolle. Relativ hoher Personalaufwand. Keine Billigprodukte oder Massenware.

Der Me-too-Anbieter:
Hier wird die Strategie wesentlich durch Nachahmung anderer erfolgreicher Produkte bestimmt. Trend, den Innovator zu imitieren und diese Produkte in hohen Stückzahlen zu vertreiben.

Der Kostenführer:
Hier wird versucht, sich über günstigste Preise am Markt zu positionieren. Stramme Preiskalkulationen. Der „billige Jakob".

Der Nischenanbieter:
Hier werden Märkte bedient, die für andere Anbieter uninteressant sind. Die Stärke dieser Anbieter liegt in der Individualität, dem Eingehen auf (eher ausgefallene) Kundenwünsche.

Untersuchungen haben gezeigt, dass es für Unternehmen außerordentlich schwierig ist, mehrere Segmente zu besetzen, also z. B. Innovator und Nischenanbieter zu sein. Hier geht es also um das Finden seiner Kernkompetenz.

Für die Strategie eines Unternehmens ist es außerordentlich wichtig zu wissen, welcher Strategietyp man ist: Welche Produkte, welche Kunden oder Märkte, welche Fertigungsstrukturen, welche Personalqualifikationen bestimmend sind. Also die klassischen, nun schon bekannten strategischen Fragen. Man wird sich kaum als Billiganbieter in Nischen tummeln. Es kann jedoch sein, dass sich ein Unternehmen in mehreren Kundengruppen tummelt.

Ein innovatives Produkt für vielleicht Technikfreaks, Billigprodukte für die große Masse, ein spezialisiertes für die Nische. Aus dem innovativen Produkt oder dem temporären Nischenprodukt kann dann nach einiger Zeit das Produkt für die Masse werden. Eine bekannte Strategie der Automobilhersteller.

Wenn es nicht bereits klar ist, wo das Unternehmens anzusiedeln ist, kann man mit einigen Zielfragen versuchen, den dominanten Strategietyp zu ermitteln.

Ermittlung des Strategietyps	Innovator	Me-too-Anbieter	Kostenführer	Nischenanbieter
Hat Forschung und Entwicklung bei Ihnen einen hohen Stellenwert?	Ja	Weniger	Weniger	Eher ja
Ist der Preis Ihres Produkts von wesentlicher Bedeutung?	Eher nein	Eher ja	Ja	Nein
Arbeiten Sie eng mit Ihren Kunden zusammen?	Ja	Nein	Nein	Ja
Stellen Sie hohe Stückzahlen her?	Eher nein	Eher ja	Eher ja	Nein
Haben Sie einen hohen Marktanteil für Ihr spezielles Produkt?	Eher ja	Eher nein	Sehr unterschiedlich	Ja
Sind Sie einer unter mehreren Anbietern?	Unterschiedlich	Ja	Ja	Eher nein
Sind Sie gezwungen, technologisch immer auf dem neuesten Stand zu sein?	Ja	Unterschiedlich	Unterschiedlich	Ja
Reagiert der Absatz Ihres Produktes bereits auf geringe Preisschwankungen?	Eher nein	Eher ja	Ja	Nein

Abbildung 7: Welcher Strategietyp ist Ihr Unternehmen?

Es ist immer wieder interessant, festzustellen, wie wenige Mitarbeiter überhaupt den Strategietyp ihres Unternehmens kennen. Diskutiert man derartige Fragen z. B. am Rande von Seminaren, in denen viele aus verschiedenen Unternehmen zusammenkommen, hört man immer wieder folgende Sätze:

Frage: Was ist Ihr Strategietyp?

- wir machen von allem ein bisschen (ein Mitarbeiter aus einem Unternehmen der Uhrenindustrie)
- diese Frage stellt sich bei uns nicht (Mitarbeiter einer Bank. *Anmerkung: Wirklich nicht? Warum gibt es dann Banken für Spezialkunden und solche mit Massengirogeschäft?)*
- weiß ich nicht genau (die häufigste Antwort).

Bezieht man dieses Instrument einmal konkret auf die Balanced Scorecard, kommt man zu Querverbindungen. So wird der Innovator sicherlich mehr Augenmerk auf die Prozessperspektive und die Perspektive Lernen und Entwicklung legen als der Billiganbieter. Dieser wird sich stark mit seinen Kunden beschäftigen. Was aber wiederum alle wieder in der Balanced Scorecard verbindet: Die Finanzperspektive, denn die Zahlen müssen stimmen.

3. SWOT-Analyse: Die muss man einfach kennen!

Mit diesem Werkzeug wird gern gearbeitet, und es ist allgemein anerkannt. Es werden relevante strategische Eckdaten des Unternehmens gesucht und analysiert. Es geht um SWOT:

S = Strengths = Stärken
W = Weaknesses = Schwächen
O = Opportunities = Chancen
T = Threats = Gefahren

Hier (Abb. 8 auf S. 32) einmal ein praktisches Beispiel:

Alles ist wichtig, aber je nach Bedarf kann man den einzelnen Faktoren besonderes Augenmerk schenken. So auch bei der Balanced Scorecard. Gibt es z. B. die Schwäche Mitarbeiterqualifikation, so kann in der Perspektive Lernen und Entwicklung dieser Faktor besonders gefördert und gemessen werden.

Wie schon gesagt, existiert noch eine Reihe von anderen strategischen Instrumenten. So z. B. die

- PEST-Analyse (Political, Economical, Social, Technological)
  Auch das politische, ökonomische, soziale und technologische Unternehmensumfeld wird analysiert

Stärken (Strengths = S) - Marktkenntnis des Inhabers - „Connections" - Erstaufträge gesichert - Unterstützung durch den Verband - Motiviertes Team	**Schwächen** (Weaknesses = W) - Geringe Kapitalausstattung - wenig betriebswirtschaftliches Know-how - Mitarbeiter noch ohne Erfahrung
Chancen (Opportunities = O) - Branche boomt - Folgeaufträge angekündigt - Großauftrag Automobilindustrie in Sicht - Wettbewerber meist veraltete Technologie	**Gefahren** (Threats = T) - Konjunkturentwicklung der Branche auf lange Sicht unsicher - Wettbewerber aus Asien drängen auf den Markt - Hoher Investitionsaufwand für zukünftige Technologien

Abbildung 8: SWOT-Analyse (Beispiel)

- Lebenszyklusanalyse
  Hier werden speziell die Produkte untersucht. Steht das Produkt am Anfang, in der Mitte oder am Ende seines „Lebens“. Ist rechtzeitig für Folgeprodukte gesorgt worden? Was nützen zwar noch erfolgreiche Produkte, die aber absehbar verschwinden werden? Mit Telex-Geräten (viele kennen sie gar nicht mehr; das waren diese Geräte, mit denen sich mittels Lochstreifen Nachrichten übermitteln ließen) wurde vor Jahren einmal eine Menge Geld verdient. Und dann? Das Telefax kam, und nun wurde damit eine Menge Geld erwirtschaftet. Und heute? E-mailing ist nicht mehr aufzuhalten.

Weitere Details im Kapitel über Frühwarnung, wo dieses Instrument ebenfalls angewandt wird.

- Gap-Analyse (Gap = Lücke)
  Hier wird weniger die Strategie gesucht, vielmehr wird gefragt, ob wir die strategischen Ziele erreichen, z. B. einen Marktanteil von 20 % in den nächsten fünf Jahren. Es wird geprüft, ob der richtige Weg eingeschlagen wurde oder ob es eine Lücke (gap) gibt. Je größer die Lücke, desto höher der Handlungsbedarf. Oder muss gar Strategie überarbeitet werden?
  Weitere Details im Kapitel über Frühwarnung.

Wie laufen strategische Aktionen ab?

Eines dürfte klar sein: Zumindest ein reines Fortschreiben der Vergangenheit kann nicht Strategie sein! Was selbstverständlich klingt, ist in der Praxis nicht immer selbstverständlich. Denn wie wird häufig strategisch geplant? Man nehme die Zahlen der letzten drei Jahre und schreibe diese fort. Dann würze man alles mit einer kleinen Prise ehrgeiziger Ziele. Geschmacklich wird das Gericht mit einem Löffel Sicherheit (man weiß ja nie) abgerundet, und schon ist die Strategie fertig.

Natürlich wird man immer einen Blick auf den jetzigen Stand werfen. Möglicherweise ist es aber zielführender, sich einmal von der Vergangenheit zu lösen.

Zero-Base-Denken: Wir fangen neu an

Zero-based zu denken heißt, von Null her zu denken. Wieder einmal ein Begriff, den man schlecht übersetzen kann. Man lässt sich zunächst durch Bestehendes nicht irritieren. Man fragt zum Beispiel nicht: Welche Produkte haben wir?, sondern: Was will der Markt? Man fragt nicht: Was kosten unsere Produkte?, sondern: Was zahlt der Markt? Oder nicht: Welche Partner haben wir ?, sondern: Welche Partner brauchen wir? Eine radikale Methode, jedoch ungemein kreativ. In der Folge dieser Fragestellungen kann man die Ergebnisse des Zero-Base-Denkens mit der Realität vergleichen.

Auf den Teppich kann man also immer noch wieder kommen. Aber zuerst sollte man die Chancen nutzen.

Sehr beliebt: Die Szenariotechnik

Die sogenannte Szenariotechnik ist im Zusammenhang mit dem Zero-Base-Denken zu sehen.

In den Wochen, in denen dieses Buch geschrieben wurde, stiegen die Benzin- und Dieselpreise permanent an. Nehmen wir an, Sie besäßen ein Speditionsunternehmen. Da wäre es durchaus einmal interessant durchzuspielen, was passieren würde, wenn sich der Preis für den Liter Diesel mittelfristig verdoppelte. Oder was passieren würde, wenn die Bahn ihre Frachttarife aus politischen oder wie immer gearteten Gründen halbierte? Wären Sie für derartige Dinge gerüstet? Haben Sie Derartiges bereits einmal als „Trockenübung" durchgespielt? Nein? Weil nicht realistisch? Hätten Sie Anfang 1989 gedacht, dass der Ostblock zusammenbricht? Monate später war es so weit. Die Unternehmen der Militärtechnik haben seinerzeit „ganz schön dumm aus der Wäsche geschaut". Und sind in Schwierigkeiten gekommen. Kaum eines hatte mit einer derartigen Möglichkeit gerechnet.

Ist Ihnen klar, was mit Ihrem Unternehmen passiert, wenn der Dollar um 25 % fällt oder steigt? Was passiert, wenn Ihr größter Hauptkunde ausfällt?

Sind Sie auf Derartiges vorbereitet? Machen Sie sich regelmäßig Gedanken über die Entwicklung von Zukunftsbildern, sogenannten Szenarien?

Und vor allem: Beziehen Sie derartige Zukunftsbilder in Ihre Strategien mit ein? Die zentrale Frage lautet: Wie denkt man zukunftsorientiert?

Hierfür gibt es einige Methoden:

- Delphi-Methode
  Hier befragt man Experten und führt das Wissen von mehreren Experten zusammen. Es gibt mehrere Durchgänge, und die Ergebnisse des vorherigen Durchgangs werden allen Experten bekanntgegeben. Die unterschiedlichen Beurteilungen von Problemfeldern werden so miteinander konfrontiert und diskutiert. Mit der Zeit ergeben sich vielleicht einheitliche Meinungsbilder, die der Realität nahe kommen. Beispiel: Wohin entwickelt sich das Verlagsgeschäft? Ist die Zukunft das elektronische Medium? Lesen wir demnächst die Bestseller aus dem Internet vor dem Bildschirm?

- Brainstorming
  Kennt jeder. Man formuliert frei heraus, was einem an bzw. zu zukünftigen Problemen einfällt. Die Ideen werden nicht negativ bewertet, auch wenn sie sich im ersten Augenblick noch so unsinnig anhören. Der Klettverschluss sollte Ergebnis einer Brainstormingrunde sein, bei der es um neue Formen von Verschlüssen ging. Irgendjemand brachte ein Beispiel, bei dem sich zwei Igel so ineinander verhaken, dass sie kaum noch auseinanderkommen.

- Kreative Zielfragen
  Wenn Sie z. B. in einer Runde über Neue Medien diskutieren wollen, stellen Sie besser nicht die Frage: Was kann es zusätzlich zum Buch geben? Fragen Sie statt dessen provokativ: „Stellen Sie sich vor, ab morgen gibt es keine Bücher mehr. Wo bekommen die Leute Informationen her?“
  Oder: „Ab morgen gibt es kein Papier mehr. Was tun?“
  Da darf man ruhig mal ein bisschen spinnen.
  In einem Unternehmen wurden z. B. für eine Strategierunde folgende Fragen vorbereitet:
  - Was würden wir anfangen, wenn überraschend 5 Mio. DM für Entwicklung zur Verfügung stünden?
  - Was würde passieren, wenn wir ab morgen mit 80 % der Kosten auskommen müssten?
  - Was wäre, wenn wir das Personal um 20 % abbauen müssten?
  - Wie würden wir uns verhalten, wenn unser größter Konkurrent morgen pleite wäre?

  Was wäre, wenn es nicht so ist, wie es ist?

- Beobachtung des Umfeldes
  Einfach mal die Fühler ausstrecken. Auf wenig plausible Dinge achten. Warum wildert der Konkurrent in unserem Markt? Eigentlich hat er doch keine Chance, und mit seinem Marktanteil von 0,8 % ist er doch *jenseits von gut und böse.*
  - Und wenn er vielleicht 10 % billiger ist?
  - Und wenn wir vielleicht schon einen, wenn auch kleinen Kunden an ihn verloren haben?
  - Und wenn seine Qualität auch noch nicht passt?

- Und wenn der Markt noch skeptisch auf Produkte aus dem Land des Konkurrenten reagiert?
- Und wenn auch unsere ernst zu nehmenden Konkurrenten über den kleinen neuen Marktteilnehmer lächeln?
- Und, und, und ...

Anfang der 70er Jahre kam das japanische Unternehmen Honda mit Miniautos auf den europäischen Markt. Niemand nahm es ernst. Und heute?

All diese Dinge sind Anlass für ein Szenario und bei der strategischen Planung zu bedenken. Inwieweit betreffen mögliche Ereignisse unser Unternehmen? Dummerweise haben derartige Prognosen es an sich, dass sie immer unsicherer werden, je mehr sie in die Zukunft blicken. So kann man sich ein Szenario-Denkmodell als Trichter vorstellen. Die Wirklichkeit wird zwischen zwei Extremen sein. Es gilt, dieser Wirklichkeit möglichst nahe zu kommen.

Kommen wir auf unsere Spedition zurück: Der Dieselpreis wird explodieren, die Bahn senkt ihre Tarife. Mögliche Strategien:

- Wir transportieren nicht mehr selbst, sondern vermitteln nur noch die Frachten, z. B. auch über die Bahn. Den Kundenstamm haben wir aus unserem jetzigen Transportgeschäft
- Wir müssen mit den neuen Bedingungen leben, versuchen aber jetzt schon, vorbereitet zu sein, um im Ernstfall vor der Konkurrenz die Nase vorn zu haben
- Wir geben das Transportgeschäft auf und versuchen mit unseren finanziellen Potentialen in neue Geschäftsfelder vorzustoßen
- Wir verkaufen jetzt alles und setzen uns zur Ruhe

Der Ablauf eines Szenarios kann ganz unterschiedlich sein. Mal wird man einige Striche auf dem Flip-Chart machen, um mögliche Entwicklungen anzudeuten, mal werden ganze Stäbe in Bewegung gesetzt, um eine Situation durchzuspielen. (Abb. 9 auf S. 37)

Meist werden in der Praxis mehrere Szenarien erstellt, und in diesem Zusammenhang wird dann auch ein „worst case“ und „best case“ erläutert.

Also der schlimmste Fall, der eintreten kann bzw. das Beste, was uns passieren kann.

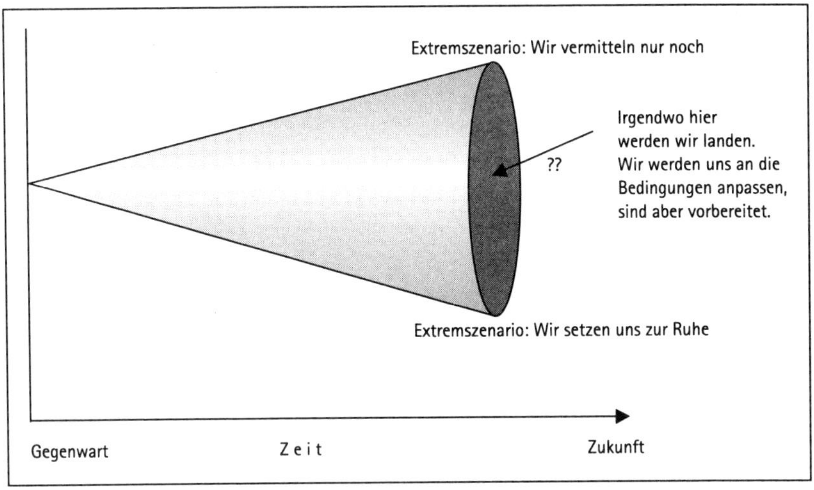

Abbildung 9: Szenario-Trichter

Und dann in die Knetphase eintreten

Wie immer man strategische Zielvorstellungen entwickelt hat: Mit allen Verantwortlichen wird der strategische Plan geknetet. Dinge werden verworfen oder weiterentwickelt. Als Ergebnis liegen dann konkrete strategische Ziele vor.

Jetzt wird man wahrscheinlich dummerweise feststellen, dass es mehrere strategische Ziele gibt, man allerdings weder Zeit noch Geld noch sonstige Kapazitäten hat, alle Ziele umzusetzen. Also muss man unter den vielleicht mühselig erarbeiteten Strategien auch noch eine Auswahl treffen, Prioritäten setzen. Wenn nun jemand sagt: Das Wichtigste zuerst!, ist das eine diffizile Angelegenheit. Haben Sie in der Praxis schon einmal in einer Runde eine Diskussion darüber geführt, was das Wichtigste ist?

- Für den Vertriebschef ist das Vertriebsthema das Wichtigste, vielleicht lautet das strategische Ziel „Eroberung neuer Märkte“. Dafür sollen die knappen Mittel ausgegeben werden
- Für den Produktionschef ist die Rationalisierung oder Modernisierung das Wichtigste. Dafür soll Geld ausgegeben werden
- Der Entwicklungschef sieht natürlich in dem neuen Produkt die absolute Priorität usw.

Und alle haben wunderbare und absolut einsehbare Gründe für ihre Meinung.

Um die Diskussion einmal zu objektivieren, bietet es sich an, Auswahlkriterien gegenüberzustellen. Ein Instrument dazu ist eine Entscheidungsmatrix. Man stellt die Alternativen z. B. einmal nach den Kriterien Gewinnaussichten und Risiko gegenüber.

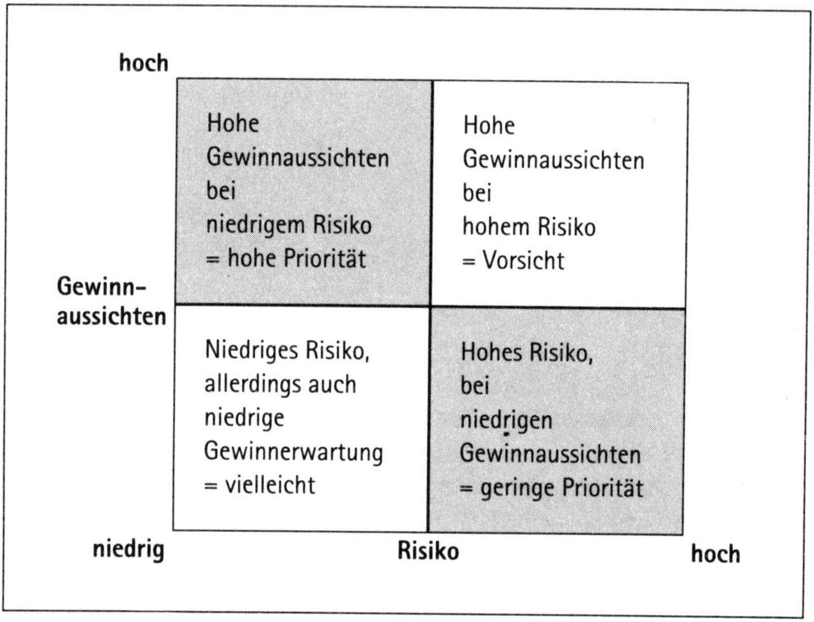

Abbildung 10: Entscheidungsmatrix Gewinn/Risiko

Beispiel:

Ein Optikunternehmen wollte die Gewinnsituation mittels Preiserhöhung verbessern. Ein hohes Risiko. Macht der Markt die Preiserhöhung mit? Er machte nicht mit, die Strategie ging schief.

Derartige Entscheidungsinstrumente können je nach Bedarf oder Vorgabe aufgebaut werden.

Gibt es z. B. vom Eigentümer eine Zielvorgabe, dass schnell Gewinn erwirtschaftet werden soll, kann sich folgende (Abb. 11 auf S. 39) Matrix ergeben:

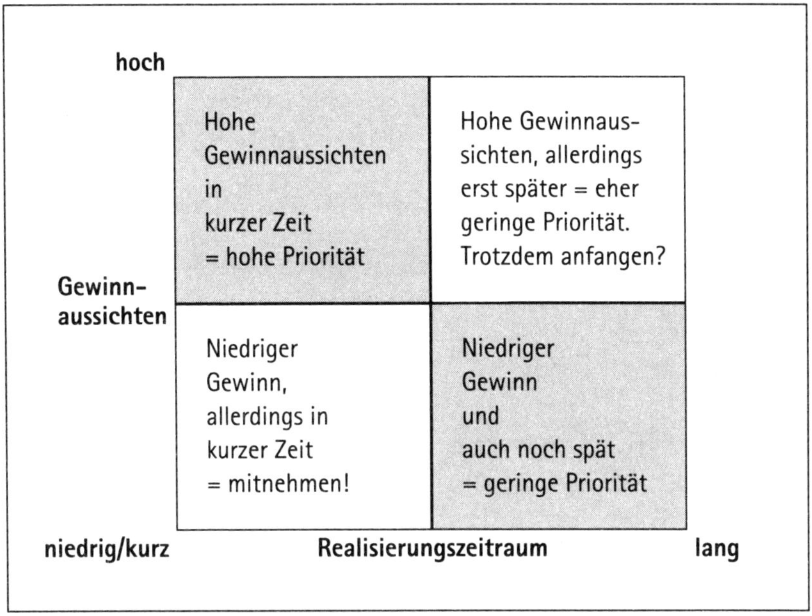

Abbildung 11: Entscheidungsmatrix Gewinn/Realisierungszeitraum

Beispiel:

Ein Unternehmen hatte die Vorgabe, schnell Gewinne zu erzielen. Man sparte an der Werbung. Der Gewinn stieg zwar schnell, aber der Bekanntheitsgrad der Produkte nahm ab. Kann das zielführend sein?

Im Grunde ist schon die Entscheidung über das strategische Ziel, nämlich kurzfristige Gewinnmaximierung, wiederum eine strategische Frage. So ist möglicherweise mit anderen Entscheidungen zwar kurzfristig weniger Gewinn zu erzielen, langfristig aber mögen die Gewinnerwartungen gut sein. Zum Beispiel durch Investition in den Service und damit in langfristige Kundenbindung. Auch ist zu beachten, ob nicht vielleicht jetzt die kurzfristig realisierbaren Gewinnziele risikobehaftet sind, z. B. bei der Investition in Aktien.

Wie dem auch sei. Mit diesen Darstellungen sollte nur gezeigt werden, dass man mit diesem Instrument leichter zu einer Entscheidungsfindung kommen kann, die über das reine Diskutieren hinausgeht.

Konkret: So können strategische Ziele formuliert aussehen

- Man hat nun – in welcher Form auch immer – strategische Entscheidungen getroffen. Diese sind freilich sehr vielfältig. Um nur ein paar Beispiele zu nennen:
- Mit neuen Produkten Marktführer werden
- Durch Reorganisation des Unternehmens die Ertragslage sichern
- Ausweitung des Vertriebsnetzes
- Verbesserung der Renditen für die Anteilseigner
- Mit Innovation wettbewerbsfähiger werden
- Nicht nur mehr Innovator sein, sondern auch am Massengeschäft verdienen

Und jetzt Meilensteine setzen

Im nächsten Schritt geht es darum, diese Ziele

➠ nach zeitlichen Bezügen herunterzubrechen, also z. B. auf Jahre oder Quartale zu verteilen. Im ersten Jahr z. B. 5 % Wachstum, im zweiten Jahr 7 %.

➠ nach sachlichen Bezügen zu verteilen, also z. B. nach Aktivitäten. Im ersten Jahr Personal einstellen, im zweiten Jahr den Markt bearbeiten, im dritten Jahr die Ernte einfahren.

... und die Strategie in strategische Ziele für die Perspektiven übersetzen

Spätestens jetzt meldet sich die Balanced Scorecard. Denn nun lässt sich die verabschiedete Strategie in die einzelnen Perspektiven aufteilen. Nun werden die internen Prozesse angeworfen, es wird entwickelt und umgesetzt. Oder man wird im Bereich Personalwirtschaft aktiv oder marschiert Richtung Markt und Kunde. Ziele werden erarbeitet, Maßkritierien entwickelt.

Beispiele (Details finden sich in den Kapiteln über Perspektiven):

Finanzperspektive:
Hier wird man sich im Wesentlichen an den Eigentümern oder Kapitalgebern orientieren. Kunststück, denn wer hat sonst das Sagen im Unternehmen? Wer setzt das Management ein und entlässt es im Zweifel auch wieder? Die Kapitalgeber, entweder im Aufsichtsrat einer Aktiengesellschaft

vertreten oder vielleicht als GmbH-Gesellschafter oder GmbH-Aufsichtsrat tätig.

- Rendite um 5 % erhöhen
- Betriebsergebnis auf 10 Mio. steigern
- Cash Flow mindestens auf Vorjahresniveau halten (z. B. in einer Krisensituation)
- Anteil des Fremdkapitals um 15 % zurückfahren

Prozessperspektive:
Hier werden die Hebel angesetzt, um andere Ziele zu realisieren.

- Verkürzung von Entwicklungszeiten auf maximal 8 Monate
- Standardisierung von Produkten
- Trotz neuer Produkte die bisherigen Durchlaufzeiten halten
- Verbesserung der Zusammenarbeit mit Lieferanten

Lern- und Entwicklungsperspektive:
Stichworte hier sind Wissen, Innovation, Information. Welche Potentiale hat das Unternehmen und wie können diese genutzt werden?

- Weiterbildung forcieren
- Mitarbeiter zukunftsfähig machen
- Wissen erfassen und bündeln (Stichwort Wissensdatenbank im Unternehmen)
- Veränderungskompetenz schaffen
- Internationalisierung fördern

Kundenperspektive:
Hier dreht sich alles um den berühmten Satz: Im Mittelpunkt steht der Kunde.

- Kundentreue schaffen
- Marktanteile um 10 % erhöhen
- Neukundengeschäft soll mindestens 5 % betragen
- Konzentration auf Großkunden
- Eroberung des regionalen Marktes.

Fast überflüssig zu erwähnen, dass die Hauptstrategie eng mit den einzelnen Perspektiven verflochten ist und die Perspektiven sich gegenseitig unterstützen. Beispiel:
Vision: Wir wollen Marktführer werden
Hauptstrategie: Mit neuen innovativen Produkten zu mehr Marktwachstum und höherer Rendite gelangen.

Dies bedeutet für die
Finanzperspektive: Erhöhung der Rendite um 5 %
Prozessperspektive: Produktentwicklung, Verbesserung der alten Produkte. Damit Unterstützung des Vertriebes
Lern- und Entwicklungsperspektive: Ausschöpfen des Kreativitätspotentials der Mitarbeiter. Damit Stützung der Prozessperspektive
Kundenperspektive: Ausweitung des Kundenstamms, höherer Umsatz pro Kunde. Damit wird eine Renditeerhöhung erreicht

Klar dürfte sein, dass die soeben gezeigten strategischen Fragen „oben" diskutiert werden, also in der Chefetage. Strategiefragen sind Managementfragen, egal, ob man unter Management den Inhaber eines kleinen Unternehmens oder den Vorstand eines internationalen Konzerns versteht. Was natürlich nicht bedeutet, dass nicht auch mit anderen betroffenen Ebenen gesprochen wird, insbesondere der zweiten Führungsebene, oder Experten gehört werden. Aber die wegweisenden Entscheidungen werden vom Kapitän und nicht vom Steuermann oder Schiffsingenieur getroffen.

Nächster Schritt: Maßkriterien für Ziele und Umsetzung in Maßnahmen für jede Unternehmensebene formulieren.

Zielauswahl und Formulierung: Eindeutig sein und sich beschränken

In der Praxis erlebt man es immer wieder, dass nach endlosen Diskussionsprozessen endlich Ziele verabschiedet werden. In einem mittelständischen Unternehmen (Feinmechanik) hatte man sich nach Problemen und einer anschließenden Sanierungsphase wieder gefangen und wollte jetzt in die Offensive gehen. Man gab an die Verantwortlichen folgende Ziele aus:

- An alle Bereichsleiter: Wir wollen Kosten senken
- An das Finanzwesen: Wir wollen das Fremdkapital zurückfahren
- An das Personalwesen: Runter mit der Fluktuation (die in der Sanierungsphase naturgemäß hoch war)
- An den Vertrieb: Start einer Akquirierungsoffensive.

Jeder war mit den Zielsetzungen einverstanden, sie waren absolut plausibel. Und trotzdem herrschte Ratlosigkeit. „Wie sollen wir das anstellen?

Bis wann sollen wir das erreicht haben? In welcher Höhe sollen die Ziele erreicht werden?“ Antwort des Managements: „So gut und schnell es möglich ist.“ Die letzte Antwort reichte nicht für die Realisierung der Aufgaben. Fazit: Trotz zielführender strategischer Entscheidungen wurden die Verantwortlichen allein gelassen.

So gelangt man nicht ans Ziel. Man muss schon etwas systematischer herangehen, wie im Folgenden exemplarisch vorgestellt:

Ziele	Kennzahlen/ Maßgrößen	Maßnahmen	Zeitbezug	Verantwortlich
Kosten-senkung	10 %	- Fremdvergabe von Leistungen - Wertanalysen	Bis Ende 2001	Herr Huber/ Bereichsleiter

Abbildung 12: Grundschema zur Zielerfüllung

In diesem Zusammenhang stellt sich regelmäßig die Frage, wie man Ziele umsetzt, nämlich die Frage nach Management- bzw. Führungstechniken oder Führungskultur, wie man heute sagt. Diese waren schon in der Antike umstritten. Über eine vernünftige „Unternehmensführung“ gab es schon damals unterschiedliche Vorstellungen. Der ältere Cato (234 bis 149 v. Chr.) z. B. forderte eine strenge Führung der Sklaven durch das Einflößen von Angst und Bestrafung. Dagegen erkannte Varro (116 bis 27 v. Chr.), ein Zeitgenosse Julius Caesars, schon das Prinzip der Motivation bei der Sklavenhaltung. Er schlug Belohnungen für die Sklaven bei guten Leistungen vor, um deren Leistungsbereitschaft zu steigern. Im Übrigen befürwortete er den schonenden Umgang mit Sklaven, da sie ja faktisch Vermögensgegenstände seien. So empfahl er, für die Arbeit in fiebrigen Sümpfen eher freie Arbeiter (z. B. freigelassene Sklaven) anzuheuern und die eigenen Sklaven zu schonen. „Scheinselbständige“ hatten es auch schon damals schwer.

Ziele werden heute mit modernen Managementtechniken umgesetzt. Diese sind abgestimmt auf das einzelne Unternehmen, die Branche und die Mentalität der Mitarbeiter. Die Führungskultur muss zur Firmenkultur passen und auch zum Kulturkreis, dem die Mitarbeiter angehören. In den USA wird ein anderer Führungsstil gepflegt als z. B. in Japan oder

Deutschland. Anders ausgedrückt: In Österreich kann man die Mitarbeiter nicht morgens vor der Arbeit die Firmenhymne singen lassen.

„Management-by"-Konzepte: Die Klassiker der Führungslehre

Immer wieder werden neue Managementtechniken entwickelt und beschrieben. Aber die „Management-by"-Konzepte gelten als die „Klassiker" unter den Managementtechniken. Sie sind aus der Praxis heraus entstanden und basieren auf den Erfahrungen von Führungskräften. Es geht um die Umsetzung von Zielen.

Die bekanntesten „Management-by"-Konzepte sind:

- **Management by delegation**
  Delegieren Sie! So kann man diesen Grundsatz kurz umschreiben. Geben Sie Ihren Mitarbeitern Verantwortung, lassen Sie große Entscheidungsspielräume. Delegation entlastet und schafft Motivation.
- **Management by exception**
  Sich nur im Ausnahmefall einschalten. Alles andere wird im normalen Betriebsablauf entschieden. Ein Eingriff „von oben" erfolgt nur, wenn gewisse Ermessensspielräume überschritten werden oder bei wichtigen Dingen eine Abstimmung erforderlich wird.
- **Management by results**
  Wichtig ist nicht, wie es einer tut, sondern dass das Ziel erreicht wird. Anders ausgedrückt: „Machen Sie, was Sie wollen, Hauptsache, es klappt."
- **Management by participation**
  Jeder Mitarbeiter, der ein Ziel erfüllen soll, muss bei der Zielaufstellung beteiligt sein. Nur so schafft man Identifikation.

Mittlerweile hat sich eine Vielzahl von weiteren Management-by ...-Regeln entwickelt. Auch der Humor hat hier Einzug gehalten, und manchmal steckt in den den folgenden Management-by ...-Regeln ein Körnchen Wahrheit:

- Management by Champignons
  Die Mitarbeiter im Dunkeln lassen, ab und zu mit Mist überschütten und wenn einer den Kopf raussteckt – abschneiden!

- Management by Alligators
  Erst das Maul aufreißen, und wenn es brenzlig wird – abtauchen.
- Management by Jeans
  An allen entscheidenden Stellen sitzen Nieten.

Fazit: Klar dürfte sein, dass sich ein hierarchischer Führungsstil nicht für eine Balanced Scorecard eignet, denn diese lebt von Diskussion, Kommunikation, gegenseitiger Unterstützung und klebt nicht an den Hierarchieebenen des Unternehmens.

Grundsätzlich gehört zum Führungsstil, dass die Mitarbeiter immer gut informiert sind (Management by information). Und die Mitarbeiter sollten immer wissen, was man von ihnen erwartet: „Maier, was haben Sie gegen die hohe Fluktuationsrate im Bereich Werbung gemacht?" Maier wusste gar nicht, dass dies zu seinem Aufgabenbereich gehört. Selbstverständlichkeiten, aber schauen Sie sich einmal in Ihrem Unternehmen um ...

Auf jeden Fall sollte man bei der Diskussion über die Balanced Scorecard im Unternehmen das Thema Führungskultur nicht vergessen.

So oder so ähnlich sollte man mit Zielen umgehen

Vielleicht stört sich jetzt jemand an der Formulierung „oder so ähnlich". Dies soll lediglich bedeuten, dass es keine verbindlichen Standards bei der Balanced Scorecard gibt. Es kommt immer auf das Unternehmen bzw. die Situation an.

➠ Wie viele Ziele sollte man formulieren?

Viele nehmen Medikamente nach dem Motto ein: Viel hilft viel. Und genauso machen es viele bei der Anzahl der Zielformulierungen. „Ach, es gibt so viel zu tun!" Ergebnis: Man verzettelt sich. Letztlich haben jahrzehntelange Erfahrungen gezeigt, dass ein Zuviel an Zielen und damit verbundenen Kennzahlen nicht mehr zu bewältigen ist. Man sieht den Wald vor lauter Bäumen nicht.

So wird mittlerweile aus Wissenschaft und Praxis vorgeschlagen:

Beschränken Sie sich auf vier bis fünf Ziele pro Perspektive

Dies wären in etwa 20 Ziele für die Balanced Scorecard. Auch schon eine ganze Menge, oder? Verfolgen Sie einmal ernsthaft und mit Nachdruck 20 Ziele!

Diese Vorgabe ist jedoch überhaupt nicht verbindlich. Vielleicht hat eine Perspektive nur ein einziges Ziel und eine andere eben doch zehn.

➠ Die Messbarkeit sollte zunächst keine Rolle spielen

Ein weit verbreiteter Fehler ist, dass man auf ein Ziel verzichtet, weil man meint, dass es nicht messbar sei. Zum Beispiel das Ziel Erhöhung der Motivation der Mitarbeiter oder höhere Flexibilität der Organisation. Man sollte sich durch unklare Messbarkeit nicht daran hindern lassen, dieses Ziel trotzdem ausdrücklich zu formulieren. Denn letztlich lässt sich alles „irgendwie" messen (mehr dazu im nächsten Kapitel).

➠ Sich auf Ziele mit hoher strategischer Bedeutung konzentrieren

Natürlich muss man Prioritäten setzen. Und Ziele mit hoher strategischer Bedeutung zu verfolgen, heißt schlicht, sich auf wichtige Ziele zu konzentrieren. Dies klingt zunächst ganz selbstverständlich. Man erlebt es aber immer wieder in der Praxis, dass die einfachste Lösung gewählt wird. Es wird auf langjährig bewährte Übungen zurückgegriffen, mit denen sich gesetzte Ziele auf wundersame Weise erreichen lassen. Alles freut sich. *Beispiel:*

In einem Unternehmen hatte man durch viel Erfahrung eine gewisse Routine in der Ausschussreduzierung. Flugs wurde dieses Ziel Bestandteil des Zielkataloges. Nur hatte dieses Ziel keine relevante strategische Bedeutung mehr. Ausschuss war nicht mehr das Problem des Unternehmens. Dieses Unternehmen hatte ein Vertriebsproblem.

➠ Ziele möglichst konkret formulieren

Immer wieder liest man folgende Formulierungen:

- Wir wollen den Service verbessern
- Der Vertrieb muss schlagkräftiger werden
- Die Fertigung muss flexibler werden.

Das sind zwar gute strategische Zielsetzungen, aber zu vage formuliert. Ziele sollten operativ formuliert werden. Also so, dass sie greifbar und umsetzbar sind. Soll z. B. der Service verbessert werden, kann es konkret heißen: Schnellere Bearbeitung von Reklamationen.

➠ Zielwerte festlegen, auch durch Benchmarking

Im Hinblick auf die Messung und Erfolgskontrolle von Zielen müssen Zielwerte festgelegt werden. Also sollte es nicht heißen: Das Artikelergebnis des Produktes xyz soll steigen, sondern: Das Artikelergebnis des Produktes xyz soll um 10 % steigen. Und dies gilt für alle Ziele! Misst man z. B. die Mitarbeitermotivation unter anderem durch die Fluktuationsrate, dann bedeutet dies, dass z. B. folgendes Ziel formuliert wird: Die Fluktuationsrate soll maximal 5 % im Jahr betragen. Frage dabei ist, wie man sich an den „richtigen“ Zielwert heranhangelt. Was ist die „richtige Rendite“, die „richtige Fluktuation“ oder das „richtige Artikelergebnis“? Die Beantwortung dieser Fragen würde nun wirklich den Rahmen dieses Buches sprengen. Aber eine Methode soll kurz vorgestellt werden, die recht populär geworden ist:

Das Benchmarking: Wie machen es andere?

Der Begriff ist neu, die Grundidee uralt. Wie machen es andere, wie machen es die Erfolgreichen? Ziel ist *dantotsu*! Das ist japanisch und heißt sinngemäß, danach zu streben, der Beste der Besten zu werden.

Benchmarks sind Bezugsgrößen bzw. Vergleichsstandards für das eigene Unternehmen, die sich an den Standards anderer Unternehmen orientieren. Der Begriff kommt aus dem Vermessungswesen. Dort wird mit Stützen (englisch: bench) gearbeitet, damit mit Hilfe von Bezugspunkten (englisch: mark) vermessen werden kann.

In unserem Zusammenhang ist benchmarking der kontinuierliche Vergleich von Produkten, Dienstleistungen, Prozessen, Methoden und letztlich Zielwerten mit Bereichen im eigenen Hause oder besser, mit einem oder mehreren Unternehmen. Idealerweise mit dem, das alles am besten kann. Wie macht das die XY-GmbH? Was hat sie für Zahlen? In der Folge wird festgestellt, welche Leistungslücken das eigene Unternehmen aufweist. Es stellt sich die Frage: Warum machen wir das nicht auch so? Warum streben wir nicht auch den Zielwert von 15 % Gewinn für ein ähnliches Produkt an? Verglichen wird

- intern: Das ist zunächst am einfachsten. Wie machen es andere im eigenen Unternehmen, welche Daten gibt es dort?
- mit den Unternehmen der Branche
- branchenübergreifend.

Dabei werden folgende Bereiche untersucht:

- Produkte: Mit welchen Produkten haben andere Erfolg? Ziel des Vergleichs ist zunächst die Analyse des Fremdproduktes und dann die Verbesserung des eigenen Produktes

- Prozesse: Wie machen es andere? Welche Fertigungsprozesse werden eingesetzt. Machen es andere vielleicht „just in time"?
- Organisation: Wie sind die Organisationsstrukturen der anderen? Ist vielleicht der Vertrieb besser organisiert? Was heißt in diesem Zusammenhang bessere Organisation?
- Strategien: Wo wollen die anderen hin? Auf welchen Märkten bewegen sich andere erfolgreich?
- Ermittlung von Zieldaten. Wo wollen andere hin, wo sind andere schon gelandet?

Ziel der Untersuchungen ist, zu erkunden, wo „best practice" stattfindet. Wie finde ich die Besten? Jetzt wird es schon etwas schwieriger, denn die Konkurrenz wird sich meist verschlossen halten. Informationsmöglichkeiten sind z.B. Branchenexperten, Datenbanken, Veröffentlichungen technischer und kaufmännischer Art, Verbandsinformationen usw. Auf der anderen Seite findet man in der Praxis immer öfter Benchmark-Partnerschaften, wo Unternehmen bewusst im Sinne des Benchmarkings zusammenarbeiten, z. B. auf Branchenebene. Hier will man voneinander lernen, was natürlich ein hohes Maß an guter Zusammenarbeit und Vertrauen voraussetzt.

Man geht analytisch vor und vergleicht die internen Daten des eigenen Unternehmens oder vergleicht die eigenen Daten mit denen der anderen Unternehmen. Dies kann sich auf alles beziehen. Zunächst Absätze, Umsätze, Kostenstrukturen, Kennzahlen usw. Zwar wird man die gewünschten Daten nie komplett haben, aber aus vielen Einzelfakten kann man sich vielleicht nach und nach ein Bild machen. Bei der Umsetzung der Benchmarkinformationen werden zunächst die Umsetzungskosten festgestellt. Was kosten die Maßnahmen der Umsetzung? Dabei wird gefragt, was z. B. die 50-%-Lösung kostet, die 80-%-Lösung oder die 100-%-Lösung. Vielleicht wird man auch hier wieder eine alte Controllingregel finden, dass man mit 20 % der Kosten 80 % des Problems bewältigt, für die restlichen 20 % Problemlösung aber 80 % der Kosten benötigt.

➠ Ziele müssen auch von denen beeinflussbar sein, die für das Ziel verantwortlich sind

Dazu ist nicht viel zu sagen, das dürfte klar sein. Man kann nur für das verantwortlich gemacht werden, was man auch beeinflussen kann. In der Praxis sieht es damit natürlich etwas schwieriger aus. Die Qualitätsexperten können ein Lied davon singen. So kommt es immer wieder zu Diskussionen darüber, was oder welcher Fertigungsgang für den Ausschuss verantwortlich ist. Ist hinten bei der Farbgebung der Ausschuss nur entstanden, weil vorn bei der Oberflächenbearbeitung geschlampt worden ist? Dies lässt sich auch auf andere Bereiche übertragen: Hat der Vertrieb so schlecht verkauft, weil das Produkt nichts mehr taugt?

➠ Ziele mit „Köpfen" verbinden

Im obigen Verantwortungszusammenhang gilt die Forderung, dass man Ziele mit Personen koppeln sollte. Entweder ist grundsätzlich der Bereichs- oder Abteilungsleiter verantwortlich, oder es muss jemand „ausgeguckt" werden. Auf jeden Fall muss es Ansprechpartner geben.

➠ Welche Ziele gehören nicht in eine Balanced Scorecard?

Wichtiger Punkt. Nur allzu gern nimmt man Standards in Zielformulierungen auf. Das ist nun zunächst nicht negativ, will man doch vielleicht Standards, z.B. das Ziel Qualität oder Kundentreue, festschreiben. Nur sind diese Ziele häufig „Selbstläufer" geworden. Man beherrscht das Ziel, es ist schon lange Bestandteil der Unternehmenspolitik. In einer Balanced Scorecard, die zukunftsorientiert ist, sollten diese Basisziele nicht mehr auftauchen. Ferner auch nicht

- Ziele, die branchenüblich sind, bei einem Beratungsunternehmen z. B. Eingehen auf Kundenwünsche (es sei denn, dies ist ein besonderes Problem des Unternehmens)
- Selbstverständlichkeiten, die man nicht mehr extra betonen muss oder die im Leitbild enthalten sind, z.B. leistungsgerechte Entlohnung
- Allgemeinplätze, die dann wenig konkretisiert werden. Wer kennt hier nicht den Satz: Die Mitarbeiter sind unser wichtigstes Kapital, oder der Kunde steht an erster Stelle.

Fazit: Was in einer Balanced Scorecard steht, muss „Hand und Fuß haben".

Zielmessung: Jetzt kommt es (auch) auf die Soft Facts an

Egal, wie man Ziele nun umsetzt, man benötigt Maßgrößen. In Anlehnung an den Satz „die richtigen Dinge tun und dann die Dinge richtig tun", kann man jetzt sagen:

Die richtigen Ziele messen und dann die Ziele richtig messen.

Also muss zunächst das Problem der Zielfindung gelöst werden, was eine strategische Aufgabe darstellt. Und dann sollte man mit den richtigen Indikatoren an das Problem herangehen. Dabei gilt:

Der Indikator, die Kennzahl muss das Problem widerspiegeln

Es muss also einen Zusammenhang mit der Problemstellung geben.

So wurde von Statistikern in Schweden vor einigen Jahren festgestellt, dass der landesweite Geburtenrückgang im engen prozentualen Zusammenhang mit einem Indikator stand: Dem Rückgang der Störche in Schweden. Die Zusammenhänge waren, wie man es nennt, von extrem hoher Signifikanz. Damit war immerhin bewiesen, dass eben doch Störche die kleinen Kinder bringen (derartige statistische Zusammenhänge nennt man Korrelationen). Und doch bezweifeln Experten die Aussagekraft dieses Indikators.

Übertragen auf ein Unternehmen: In einem Verkehrsverbund nahm die Anzahl der Beschwerden ab. Bedeutet dies nun eine Verbesserung der Servicequalität, oder fahren diejenigen, die nicht mehr zufrieden sind, jetzt mit dem Auto zur Arbeit?

Es ist außerordentlich wichtig, dass die Indikatoren passen!

Wie werden Ziele gemessen?

In diesem Zusammenhang gibt es einen bekannten Satz: If you can't measure it, you can't manage it. Was Du nicht messen kannst, kannst Du auch nicht managen, oder was nicht messbar ist, ist nicht beherrschbar.

In der Praxis wird am meisten mit **Kennzahlen** gemessen. Was ist eine Kennzahl?

Jemand sagt zu Ihnen: Unsere Leistung lag im letzten Monat bei 275.000 Stunden. Na schön, werden Sie denken. Ist das aber nun viel oder wenig? Jetzt die ergänzende Information. Anwesend waren die Mitarbeiter 320.000 Stunden. Jetzt kommen wir der Sache schon näher und können aus diesen zwei Informationsangaben eine Kennzahl bilden: Leistung zu Anwesenheit.

Leistung	275.000 Stunden
Anwesenheit	320.000 Stunden

Kennzahl: Leistung zu Anwesenheit = 86 % (275.000 sind 86 % von 320.000).

Und schon stellen sich die nächsten Fragen: Was ist in der Zeit der Nichtleistung passiert? Wo sind die restlichen 14 %, die nicht Leistung geworden sind. Haben die Mitarbeiter schlicht nichts getan, mussten sie auf Material warten, waren die Maschinen kaputt? Man wird durch diese Kennzahl geradezu in die Analyse der Situation gedrängt. Und somit sind Kennzahlen ein wichtiges Werkzeug.

Im Laufe der Zeit hat die Betriebswirtschaftslehre eine Fülle von Kennzahlen entwickelt. Mit ihnen lassen sich wesentliche Zusammenhänge erkennen. Wenn zwei Zahlen in Zusammenhang gebracht werden, sagen sie einfach mehr aus.

Indikatoren sind ebenfalls Maßgrößen, die aber nicht unbedingt mehrere Daten in Verbindung bringen. So ist z. B. der Auftragseingang als absolute Zahl ein Indikator für das zukünftige Geschäft des Unternehmens.

Hard Facts: Eher die traditionellen Probleme

Mit Kennzahlen und Indikatoren beleuchtet man die sogenannten Hard Facts, aber auch die Soft Facts. Hard Facts spiegeln eher die traditionellen Probleme und Aufgabenstellungen wider. Hier geht es z. B. um:

- Cash Flow: Was kommt in die Kasse?
- Rendite: Wie verzinst sich unser eingesetztes Kapital?
- Produktivität: Wir untersuchen das Input-/Outputverhältnis
- Liquidität: Ist noch genug Geld da?
- Lagerreichweite: Ist unser Lager zu groß?
- Umsatz: Wieviel wurde verkauft?
- Deckungsbeitrag: Wieviel wurde verdient?
- Umsatz pro Mitarbeiter: Besonders interessant im Branchenvergleich
- Lohnkosten pro Fertigungsminute: Was kostet uns die Minute in der Produktion?

und vieles mehr. Die Kennzahlen für die Messung werden in den nächsten Kapiteln erklärt. Ferner soll an dieser Stelle auf den Anhang hingewiesen werden. Dort finden Sie jede Menge Kennzahlen, aufgeteilt in die einzelnen Perspektiven.

Soft Facts: Immer mehr im Kommen

Soft Facts sind weniger eindeutig, einfach schwammiger. Man weiß nicht genau, wie man sie greifen kann. Jeder weiß, es gibt sie als Einflussgröße, aber man weiß nicht, ob sie überhaupt Einfluss haben und wenn ja, in welcher Höhe.

Auf der anderen Seite sind die nicht quantifizierbaren Faktoren besonders interessant. Wie rechnet es sich z. B., wenn ein neues Management einen hierarchischen Führungsstil ablöst und auf Management by delegation umstellt? Diese und ähnliche Fragen sind übrigens die betriebswirtschaftlichen Forschungsaufgaben der Zukunft.

Nicht oder wenig quantifizierbare Faktoren gibt es überall im Unternehmen, und überall sind sie außerordentlich spannend. Man denke z. B. an die Problematiken:

- Was bringt eine verbesserte Informationspolitik im Unternehmen, wenn die Mitarbeiter besser über alles informiert sind?
- Was bringen Gespräche über die Bereichs- oder Produktergebnisse mit den Verantwortlichen?
- Was bringt es, dass man sich jetzt einen Überblick über die ökologischen Probleme gemacht und z. B. eine sogenannte Umweltbilanz erstellt hat?
- Wie ist letztlich der Erfolg von Schulungsaufwendungen von Mitarbeitern anzusetzen? Hat es sich gelohnt, in die Ausbildung der Mitarbeiter zu investieren?
- Problematisch sind auch große Teile des Bereiches Marketing/Vertrieb. Welchen eindeutig messbaren finanziellen Effekt brachte z. B. die Präsenz bei einer bestimmten Messe? Wäre der Umsatz auch ohne Messe erlangt worden?

Bei der Diskussion und bei Umsetzungsversuchen dieser Fragen gibt es (leider) sogenannte „Killerfragen“. Man muss immer mit der Frage rechnen, was das alles bringen soll. „Nun sagen Sie mir doch einmal, was diese Maßnahme unter dem Strich gebracht hat?“ Und dummerweise kann man es in den meisten Fällen nicht sagen. Nehmen wir ein Beispiel:

In einem Unternehmen schlug ein noch recht junger, aber bereits erfahrener Controller vor dem Hintergrund seiner Tätigkeit in einem anderen Unternehmen vor, regelmäßig einmal im Monat eine Ergebnisbesprechung auf Meisterebene zu machen.

Nach der ersten Besprechung fragte ihn der Produktionsleiter: „Und was haben wir jetzt verdient, indem wir die Meister zwei Stunden von der Arbeit abgehalten haben?“

Antwort: „Auf jeden Fall sind die wichtigen Mitarbeiter vor Ort jetzt besser informiert."

Nächste Frage des Produktionsleiters: „Und was werden die Mitarbeiter jetzt mit diesen Informationen machen?"

Antwort: „Information ist nicht sofort umsetzbar."

Das Gespräch kam zu keinem vernünftigen Ergebnis. Unstrittig ist aber sicherlich, dass ein Mehr an sinnvoller Information Vorteile bringt – es fragt sich nur, welche.

Übrigens: Bei den Meistern kam die Ergebnisbesprechung sehr gut an. In der Folge hatte es das Controlling sehr viel leichter, mit den Verantwortlichen Abweichungen zu analysieren, zu planen usw.

Kann man aber die Dinge nicht trotzdem messen? Mögliche Beispiele:

- Innovationsfähigkeit des Unternehmens: Wie wird der Wandel bewältigt?
  Mögliche Kennzahlen bzw. Indikatoren: Anzahl von Verbesserungsvorschlägen, Anzahl neuer Patente im Unternehmen.
- Mitarbeitermotivation: Die „innere und äußere Kündigung" vermeiden. Hier könnte man die Fluktuationsrate zur Anwendung bringen.
- Kundenzufriedenheit: Nur der zufriedene Kunde kommt wieder.
  Möglich wäre hier, z. B. mit Reklamationsraten zu arbeiten oder die Anzahl der Zweitbestellungen durch Kunden zu beobachten.

Da das Thema Soft Facts relativ neu in der Betriebswirtschaftslehre und noch längst nicht so stark durchleuchtet ist wie traditionelle Themen, soll hier in Folge ausführlicher darauf eingegangen werden. Die Problemstellung lautet:

Wie können qualitative Faktoren, die schwer messbar sind, trotzdem abgeschätzt werden?

Diese Problemstellung spielt bei der Balanced Scorecard eine erhebliche Rolle. Denn sie hat als Werkzeug den Anspruch, gerade diese qualitativen Faktoren besonders zu berücksichtigen.

Gibt es eine Lösung?

Die Problematik der Quantifizierung kann zunächst eingekreist werden:

1. **Eine Problematik ist eigentlich recht eindeutig quantifizierbar, diese Quantifizierung erfolgt aber nicht**

Beispiel: Eine Fleischfirma belieferte eine bekannte Hamburger-Kette mit Hamburgern. Auf die Frage, was denn nun mit diesem wichtigen Großkunden verdient wird, wusste man keine Antwort. Weitergehende Frage: Was passiert, wenn derartige Großkunden wegfallen? Derartige Fragen sind quantifizierbar.

2. Eine Problematik ist zwar grundsätzlich quantifizierbar, aber rechenbare Daten sind nur schwer oder nur annähernd zu ermitteln. Es geht um Prognosen, Tendenzen

Beispiel: Jeder weiß, dass in Unternehmen mit einer gewissen Höhe von Gewährleistungen zu rechnen ist. Wird nun die Qualität verbessert, führt dies zu einer Verringerung der Gewährleistungskosten. Grundsätzlich quantifizierbar, aber wie? Hier bieten sich z. B. statistische Methoden an. Man schätzt z. B. eine Verringerung der Gewährleistungen von 10 %. Jede Gewährleistung hat in der Vergangenheit 500,– DM gekostet. So hangelt man sich heran.

3. Eine Problematik ist grundsätzlich messbar, es stehen aber rechtliche oder organisatorische Bedingungen dagegen

Gewisse Ähnlichkeiten mit Punkt 2. Zum Beispiel: Messung der Mitarbeiterqualifikation. Qualifikation bzw. Qualifikationsfortschritt sollen nicht messbar sein? Millionenfach wird in der Schule die Qualifikation gemessen durch Klassenarbeiten, Unterrichtsbeiträge usw. Natürlich mit einem Aufwand, der in Unternehmen aus organisatorischen und rechtlichen Gründen nicht möglich ist. Was daran aber deutlich wird, ist die grundsätzliche Möglichkeit der Qualifikationsmessung. Meist liegt das Problem der Messbarkeit nicht an der theoretischen Unmöglichkeit, sondern an der praktischen Umsetzung.

4. Eine Problematik wird als nicht quantifizierbar eingeschätzt

Das ist die eigentliche Problemstellung. Es gibt qualitative Problemstellungen, wo zum einen bislang alle Lösungen versagen, ja, wo eine Quantifizierung grundsätzlich in Frage gestellt wird. Trotzdem können gerade derartige Fragestellungen besonders spannend sein! Zum Beispiel wurde in einem Dienstleistungsunternehmen die Arbeitszeit so geregelt, dass jeder letztlich kommen und gehen konnte, wann er wollte, Hauptsache, die Monatsarbeitszeit kam „einigermaßen“ hin. Dem Unternehmen ging es nach dieser Umstellung immer besser. Lag dies nun an der neuen Arbeitszeitregelung oder nicht? Klar – die Mitarbeiter waren motivierter, und der Vertrieb hat in dieser Zeit auch nicht geschlafen.

Fazit: Es lohnt sich, im Unternehmen einmal darüber nachzudenken, ob es nicht Möglichkeiten gibt, diese als qualitativ bezeichneten Probleme doch „irgendwie" zu quantifizieren, soll heißen, in Zahlen auszudrücken, messbar oder planbar zu machen, auf jeden Fall aber zu konkretisieren. Dies bringt auch die Balanced Scorecard entscheidend weiter.

Letztlich geht es immer um eine sogenannte *Operationalisierung* von Problemen, also darum, Probleme als handhabbar, begreifbar und lösbar zu verstehen.

Es gibt Methoden!

Zunächst ist es wichtig, die Zielsetzung zu beschreiben, insbesondere für die Empfänger verständlich zu beschreiben. So hüte man sich davor, ausschließlich in Allgemeinplätzen wie z. B. „der Service soll verbessert werden" zu formulieren. Es sollte heißen „zügigere Bearbeitung von Reklamationen".

Oberste Priorität hat eine Auflistung der zu quantifizierenden Ziele, bzw. eine Ableitung aus dem Oberziel in umzusetzende Teilziele bzw. Maßnahmen. Hier ein Beispiel aus dem Servicebereich: (Abb. 13 auf S. 56)

Erhält man durch eine derartige Darstellung einen besseren Überblick über die Problematik, kann möglicherweise bereits eine erste Nutzeneinschätzung abgegeben werden, z. B. die mittelfristige Erhöhung des Umsatzes um 3 % durch verbesserte Kundenbindung und Akquirierung von Neukunden durch besseren Service.

Aber hier ist Vorsicht geboten, denn in der Praxis ist man häufig zu schnell dabei, wenn es um derartige Einschätzungen geht. Insbesondere Beratungsunternehmen wollen hier durch motivierende Zahlen Aufträge an Land ziehen.

Trotzdem sollte man sich einfach mal an Prognosen herantrauen. Geht es schief, hat man zumindest daraus gelernt. Nur muss durch die Unternehmenskultur sichergestellt sein, dass man sich auch mal irren darf. Also nicht Management by James Bond (ein Fehler, und du bist tot).

Wie kann nun weiter quantifiziert werden, oder wie kann man zumindest die Fragestellungen konkretisieren?

Zielbeschreibung	Maßnahmen	Indikatoren	Kosten
Umzusetzende Teilziele			
Schnellere Bearbeitung von Reklamationen	Organisatorische Änderungen	Durchlaufzeit einer Reklamation in Tagen	Keine
Mehr Freundlichkeit bei der Auftragsannahme	Schulung des Personals	Kundenbefragung	6.000 DM einmalig
Bessere Information des Kunden über den Auftragsfortgang	Organisatorische Änderungen	Anzahl der Info-Schreiben	500 DM p. a.
Transparentere Reparaturabrechnung	Überarbeitung des Rechnungs-programmes	–	1.500 DM einmalig
Schnellerer Auslieferungsservice der Schadensfälle	Einstellung eines Mitarbeiters, Leasing e. PKW	Auslieferungsfrist in Tagen nach Auftragsende	72.000 DM p. a. 8.000 DM p. a.
Rückkopplung der Schäden in die Produktion: Dort Analyse	Einstellung eines Qualitäts-ingenieurs	Anzahl Produktions-änderungen	95.000 DM p. a.
Erstellung einer Schadensstatistik	Programmierung einer Tabelle	Anzahl und Art der Schäden	500 DM einmalig

Abbildung 13: Zielmatrix zur Quantifizierung qualitativer Probleme

Einige Vorschläge:

- **Schattenpreise: Preise, die nicht auf einem Markt entstehen, sondern durch diverse andere Ansätze, z. B. individuelle Einschätzungen.**

Angenommen, es geht um die Frage, wie eine ökologische Orientierung in der Preispolitik des Unternehmens Berücksichtigung finden kann. Beispiel: Man fragt Verbraucher, wieviel es ihnen wert wäre, wenn z. B. ein Artikel umweltfreundlich hergestellt würde. Wie das Beispiel ökologische Landwirtschaft zeigt, sind Verbraucher bereit, auch das Dreifache des Preises des nichtökologischen Vergleichsproduktes zu bezahlen.

So können aus Schattenpreisen Marktpreise werden.

- **Kosten = Nutzen?**

Eine einfache Methode. Da man den Nutzen schwer quantifizieren kann, unterstellt man einfach, dass die Kosten einen Nutzen in derselben Höhe nach sich ziehen. Es liegt auf der Hand, dass diese Methode recht willkürlich ist.

Beispiel: Man behauptet, dass Schulungskosten in Höhe von 150.000 DM einen Nutzen in gleicher Höhe nach sich ziehen. Hier wäre es unsinnig zu unterstellen, dass der Nutzen nun in gleicher Höhe geschaffen wurde.

Häufig findet man aber eine derartige Vorgehensweise im Bereich der Umweltdiskussion. Da brüstet sich das Unternehmen, soundsoviel für die Umwelt „geleistet“ zu haben. Grundlage der Leistungsberechnung sind die Kosten. Je höher dann z. B. die Entsorgungskosten ausfallen, als desto umweltverträglicher gilt das Unternehmen. Je mehr Müll, desto mehr Umweltnutzen? Das kann es ja wohl auch nicht sein – also Vorsicht bei dieser Vorgehensweise!

- **Beschreibung des Nutzens**

Häufig wird mangels konkreter Quantifizierung der Nutzen lediglich beschrieben. Beispiel: Neue Vertriebssoftware. Sie beinhaltet weitergehende Informationen über Artikelergebnisse. Dies hilft dem Außendienst, zielgerichteter zu verkaufen.

Im Bereich der Investitionsrechnung geht man oft zweigleisig vor. Zum einen gibt es dort eine rechenbare Größe, z.B. Kosteneinsparung gegenüber der vorhandenen Anlage oder schnellere Amortisation einer Anlage im Vergleich zu den Alternativen. Zum anderen sieht man in Investitionsanträgen aber oft zusätzlich eine Rubrik „Nicht quantifizierbare Daten“ oder „Beschreibung qualitativer Faktoren“.

Ist eine Quantifizierung nicht oder nur schwer möglich, sollte auf jeden Fall der Weg der Nutzenbeschreibung gewählt werden.

- **Lebenszyklus-, sogenannte Portfoliodarstellungen und ähnliche Vorgehensweisen**

Auch wenn Faktoren nicht exakt rechenbar sind, sind sie möglicherweise auf einer Skala darstellbar. Als Beispiel sei hier die sogenannte Lebenszyklusanalyse genannt. Man weiß, dass jedes Produkt einen Lebenszyklus hat. Dies gilt jedoch nicht nur für ein Produkt, sondern auch eine Produktionstechnologie oder eine Werbemaßnahme.

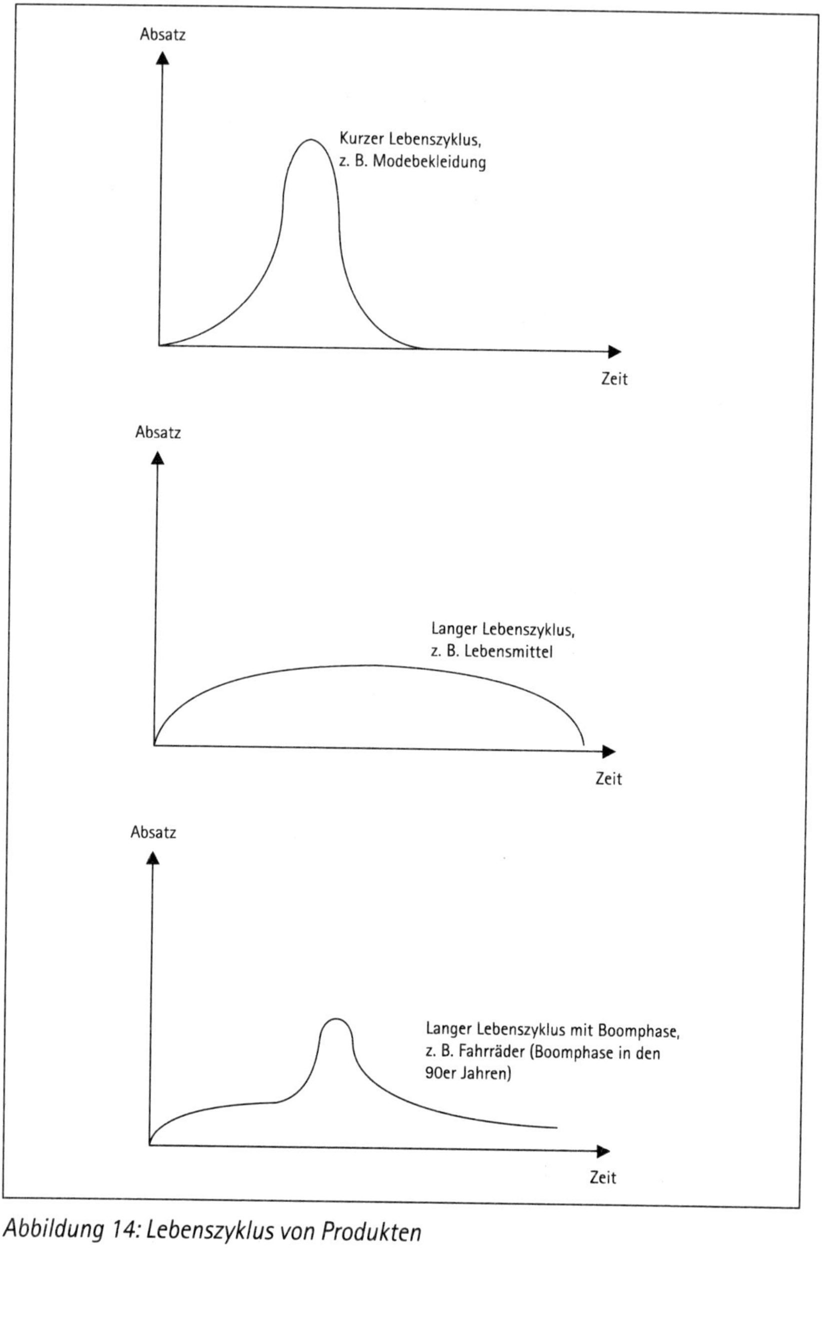

Abbildung 14: Lebenszyklus von Produkten

Beantwortet werden soll folgende Frage: Wo steht das Produkt? Und im Anschluss daran: Brauchen wir eventuell ein Nachfolgeprodukt?

Eine weitere bekannte Methode ist die sogenannte Portfoliodarstellung. Portfolio kommt ursprünglich aus dem Bankenbereich, wurde abgeleitet vom Begriff „Portefeuille" und bezeichnet die zu einer Person gehörenden Wertpapiere. Mit der Portfoliodarstellung nimmt man strategische Produktbeurteilungen vor. Hier stellt sich die Frage, wo sich ein Produkt im Problemkreis Marktwachstum und Marktanteil befindet.

Beispiel eines Lebensmittelunternehmens

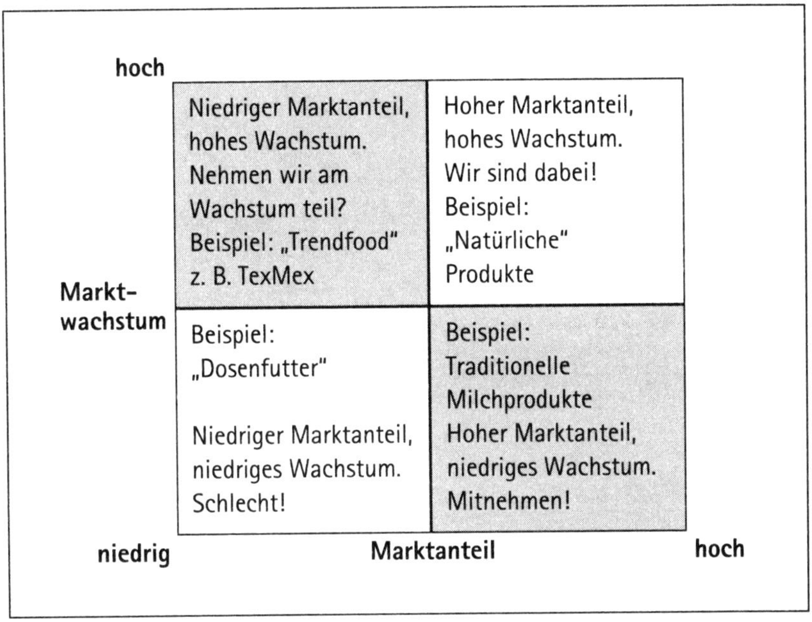

Abbildung 15: Portfoliodarstellung

Diese Methode kann auch in anderen Bereichen angewendet werden, die sich nicht spontan mit Zahlen messen lassen.
Beispiele:

- Wie wird der Service des Unternehmens eingeschätzt?
- Wie werden die Mitarbeiter des Unternehmens oder eines Bereiches eingeschätzt?
- Werden die technischen Möglichkeiten des Unternehmens genutzt?

Servicequalität/Serviceschnelligkeit

Servicequalität	niedrig (Serviceschnelligkeit)	hoch (Serviceschnelligkeit)
hoch	Hier wird gut auf Mängel reagiert, allerdings muß der Kunde auf den Service lange warten	Klasse! Guter und schneller Service
niedrig	Schlecht! Selbst auf schlechten Service müssen die Kunden noch lange warten	Zwar geht der Service flott, aber dafür ist er von schlechter Qualität

Mitarbeitermotivation/Mitarbeiterqualität

Mitarbeitermotivation	niedrig (Mitarbeiterqualifikation)	hoch (Mitarbeiterqualifikation)
hoch	Hochmotivierte Mitarbeiter, aber leider unbefriedigende Qualifikation. Weiterbildung?	So soll es sein! Hochmotivierte und qualifizierte Mitarbeiter
niedrig	Ganz schlecht! Unmotivierte und unqualifizierte Mitarbeiter. Hier läuft etwas absolut falsch	Zwar sind die Mitarbeiter gut qualifiziert, aber es fehlt an Motivation. Was ist schief gelaufen?

Abbildung 16: Einschätzung nicht rechenbarer Faktoren durch Portfolioanwendungen

Bei dieser Darstellung kann man recht kreativ werden. Es sollte immer mal überlegt werden, welche zwei Faktoren gemeinsam betrachtet zu Aussagen führen können.

- **Punktabfrage**

Eine einfache Anwendung in diesem Zusammenhang ist die einfache Einschätzung einer Problematik durch vielleicht mehrere Mitarbeiter auf einer Linie, die z.B. von -5, über 0 (neutral) bis +5 geht. Häufig wird dies mit Klebepunkten an einer Pinnwand gemacht.

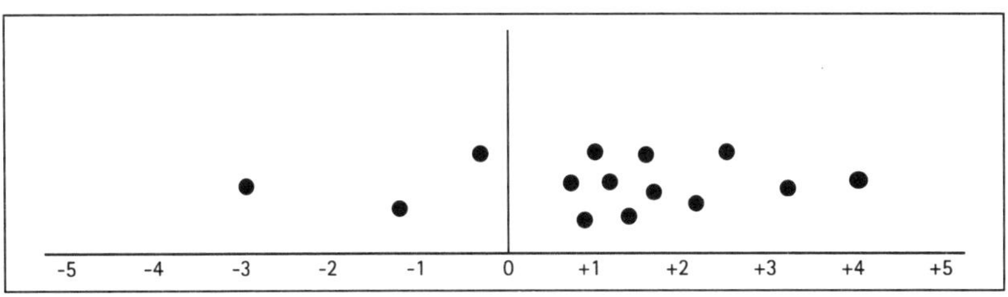

Abbildung 17: Punktabfrage

So kann im obigen Beispiel z. B. gefragt worden sein, wie das Serviceniveau im Unternehmen von hier insgesamt 14 Mitarbeitern eingeschätzt wird. In diesem Fall liegt der Trend bei etwa 1-1,5, also etwas besser als der sogenannte neutrale Punkt. Ausreißer gibt es in alle Richtungen. Interessant wäre jetzt, das Serviceniveau der Konkurrenz bewerten zu lassen, z. B. in einer anderen Farbe.

Andere Fragestellungen mit dieser Methode könnten sein: Wie schätzen Sie die Qualität der Informationen durch das Management ein? Meinen Sie, dass sich unsere Mitarbeiterqualität auf dem Niveau der Konkurrenz befindet? Für wie wichtig halten Sie die Daten des Controllings?

- **Vorher/Nachher-Analysen**

Eine Methode zur Quantifizierung ist der Vergleich von Daten vor und nach einer Maßnahme. Typisches Beispiel ist hier die Werbung. Wie hoch ist der Umsatz eines Produktes vor bzw. nach einer gezielten Werbeaktion.

Behandlung in der unternehmensinternen Berichterstattung

Freilich muss man nicht nur Einschätzungen vornehmen, sondern diese auch mitteilen, z. B. im internen Berichtswesen des Unternehmens. Wie kann eine Darstellung aussehen, die mit Hard und Soft Facts arbeitet? Ein Praxisbeispiel: (Abb. 18a auf S. 64 und Abb. 18b auf S. 65)

Hier wurden unter der traditionellen Darstellung die neuen Soft Facts gezeigt. Wie war wohl die Reaktion nach diesen Informationen? Dreimal dürfen Sie raten, wohin die Empfänger geschaut haben: Auf die quantitativen oder qualitativen Informationen? Natürlich auf die qualitativen Daten, aber nicht nur, weil dieser Aspekt neu war. Auch nachdem diese Informationen zur Routineberichterstattung geworden waren, gab gerade die qualitative Berichterstattung immer wieder Anlass zu fruchtbaren Diskussionen.

Fazit: Somit ist es also durchaus möglich, schwer quantifizierbare Faktoren zur Anwendung zu bringen, ohne dass man in den Geruch der Unseriosität kommt.

Früherkennung: Wann laufen Ziele aus dem Ruder?

Man hat nun vielleicht nach allen Regeln der Kunst Ziele gefunden, diese messbar gemacht, Zielvorstellungen definiert. Im Anschluss daran vielleicht monatlich oder quartalsweise die Zielerfüllung beobachtet.

Das reicht aber nicht. Schaut man sich lediglich das „Ist" an, beobachtet man sogenannte Spätindikatoren. Man wälzt sich im Schnee von gestern. Nichts gegen Analysen, denn die sind wichtig für zukünftiges Handeln. Aber man darf die sogenannten Frühindikatoren nicht vernachlässigen.

Gerade die Balanced Scorecard hat den Anspruch, die Zukunft zu gestalten. Und sie arbeitet hauptsächlich mit Zielen. Das bedeutet, dass man gewarnt werden muss, wenn die Ziele gefährdet sind. Man muss also erkennen, wenn etwas schief läuft.

Als im letzten Drittel der 90er Jahre ein bekanntes großes, überregional tätiges Bauunternehmen fast in den Konkurs rutschte, wurde intern gefragt: Wer oder was hat hier versagt, z. B. das Controlling? Entrüstet wies das Controlling die Schuld von sich. Man machte brav eine dicke Jahresplanung, erstellte zeitnah Monatsberichte mit ausführlichen Abweichungsanalysen, machte professionelle Projektarbeit. Und verschlief dabei glatt, dass das Unternehmen in seiner Existenz gefährdet war. Grund hierfür war, dass man sich ausschließlich mit der Vergangenheit beschäftigt hatte. Dies zwar professionell, aber das war zu wenig.

Man hatte nicht erkannt, dass man z. B. von wenigen Großkunden abhängig war, deren Häuser irgendwann fertiggestellt wurden. Ferner nicht, dass die ausländische Konkurrenz auf den Baumarkt drängte, dass die öffentliche Hand weniger investierte usw. Innerhalb von Monaten ging die Auftragslage rapide zurück, die Fixkosten drückten, es ging dem Ende entgegen.

Sogar der deutsche Gesetzgeber hat mittlerweile gesehen, dass man sich um die Zukunft kümmern muss. Seit 1998 gibt es das KonTraG, das Gesetz zur Kontrolle und Transparenz im Unternehmen. Darin wird die Unternehmensleitung verpflichtet, „... geeignete Maßnahmen zu treffen, insbesondere ein Überwachungssystem einzurichten (...), damit den Fortbestand der Gesellschaft gefährdende Entwicklungen früh erkannt werden" (§91 Absatz 2 Aktiengesetz).

KENNZAHLENBLATT xyz GmbH

Monat Plan	Monat Ist	Monat: Mai 1999	kumuliert Plan	kumuliert Ist
		Durchschnittspreise:		
45,50 DM	43,80 DM	Inland	45,50 DM	46,70 DM
36,80 DM	37,20 DM	Export	36,80 DM	40,20 DM
		Durchschn. DBs I		
25,00 DM	19,80 DM	Inland	25,00 DM	26,10 DM
20,00 DM	18,20 DM	Export	20,00 DM	23,50 DM
10	3	Anzahl Neukunden	50	32
		Umsatz pro Mitarb. in TDM		
185	178	Gesamt	925	905
660	623	Außendienst	3.300	3.203
32,50 DM	33,10 DM	Selbstkosten pro Stück	32,50 DM	33,30 DM
1,32 DM	1,34 DM	Kostensatz Produktion	1,32 DM	1,35 DM
87 %	88 %	Leistung zu Anwesenheit Produktion	87 %	86 %
6 %	7,1 %	Ausschuß in %	6 %	6,6 %
120	145	Lagerreichweite in Tagen	90	123

Abbildung 18a: Quantitative Daten im Berichtswesen

Was soll erreicht werden?

So sollen die sogenannten Frühwarnsysteme helfen, rechtzeitig Informationen zur schlagkräftigen Unternehmenssteuerung zu liefern und in unserem Fall die Balanced Scorecard unterstützen. Werden die Ziele erreicht? Im Detail: Werden sie

- zum einen inhaltlich erreicht
- zum anderen im geplanten Zeitrahmen erreicht („wer zu spät kommt, den bestraft das Leben“)

Ursprünglich kommen Frühwarnsysteme aus dem militärischen Bereich.

Qualitative Daten Januar – Mai 1999

Bewertungskriterien

Schlecht	Mittel	Gut	Servicequalität:	Schlecht	Mittel	Gut
50–...	21–50	0–20	Anzahl Reklamationen			●
5–...	3–5	1–2	Bearbeitungszeit in Tagen		●	
3–...	1–3	0	Anzahl Beschwerden			●
0–...	1–2	3–...	Anzahl Reaktionen i.d. Produktion auf Reklamationen			●

Schlecht	Mittel	Gut	Weiterbildung:	Schlecht	Mittel	Gut
0–10	11–30	31–...	Summe Anz. Bildungstage	●		
0–2	3–10	11–...	Anzahl Mitarbeiter		●	

Befragung jedes 3. Vertriebsmitarbeiters			Vertriebseinschätzung			
Holt auf	Konstant	Lässt nach	Die Konkurrenz ...	Holt auf	Konstant	Lässt nach
				● ● ●	● ● ● ● ● ● ●	●

Schlecht	Mittel	Gut	Betriebsklima:	Schlecht	Mittel	Gut
7–...	4–7	0–3	Krankenstand in %			●
1,1–...	0,6–1,0	0–0,5	Fluktuation in %		●	
0	1–5	5–...	Anzahl Verbesserungsvorschläge			●

Schlecht	Mittel	Gut	Ökologie:	Schlecht	Mittel	Gut
100–...	51–100	0–50	kg Sondermüll	●		
121–...	81–120	0–80	kg Verbr. Chemikalien		●	
wird zur Zeit definiert			Energieverbrauch			

<u>Kommentierung:</u>
Schwächen im Bereich Weiterbildung und Ökologie.
Weiterbildung: Gekürzte Budgets.
Ins Auge fällt eine Zunahme der Verbesserungsvorschläge um rund 25 % gegenüber dem Vorjahr.

Abbildung 18b: Qualitative Daten im Berichtswesen

Sie sollen dort rechtzeitig anzeigen, wann von wo welche Gefahr droht. Stellen Sie sich einmal einen Staat vor, der nicht weiß, wer der Feind ist, der nicht weiß, wann dieser kommt und welche Waffen er hat. Zudem sind die eigenen Waffen nicht gepflegt und müssen, wenn es ernst wird, erst einmal zum Funktionieren gebracht werden bzw. beginnt man sich jetzt dafür zu interessieren, was es eigentlich für Verteidigungswaffen gibt.

Genau diese Situation ist oft in Unternehmen anzutreffen. In guten Zeiten wird häufig versäumt, Vorsorge zu treffen, und wenn es ernst wird, beginnt man sich Gedanken zu machen. Dann ist es jedoch zu spät!

Ein guter Fischer flickt die Segel, wenn es windstill ist.

Die Betriebswirtschaftslehre ist bereits seit einigen Jahren dabei, Frühwarninstrumente zu entwickeln.

Dabei sollen u. a. folgende Fragen geklärt werden, die freilich auch für die Balanced Scorecard wichtig sind:

- Was kann passieren (z. B. ist ein bestimmtes Produkt in Gefahr)
- Warum kann es passieren (z. B. massiver Preisdruck)
- Wie hoch ist die Wahrscheinlichkeit der negativen Entwicklung?
- Was ist zu tun?

Mit welchen Instrumenten kann man Frühwarnung betreiben?

Man braucht Hilfestellungen, Instrumente. Natürlich gibt es auch Leute, die wie ein Bauer einen „Riecher“ für schlechtes Wetter haben und sofort anfangen, ihr Feld zu mähen. Aber nicht immer kann man sich auf den „Riecher“ verlassen. Wer Verantwortung trägt, hört zumindest parallel auch den Wetterbericht. In den letzten Jahren haben sich folgende Instrumente im Bereich Frühwarnung oder wie es auch heißt, Früherkennung, durchgesetzt:

- Planungen/Hochrechnungen
- Kennzahlensysteme
- Indikatoren
- Strategische Frühaufklärung.

Grundregel: Warnsignale dürfen nicht erst erkannt werden, wenn sie sich im Rechenwerk der Unternehmung niederschlagen, z. B. im Ergebnis. Warnsignale müssen schon vorher geortet werden. Und dann muss gehandelt werden.

Planungen/Hochrechnungen: In die Zukunft schauen

Ein immer noch wichtiges Instrument zur Frühwarnung ist die Planung mit anschließendem Plan-/Ist-Vergleich und Abweichungsanalyse. Was ist warum schief gelaufen?

Beispiel: Ein Produkt erreicht zwei Jahre hintereinander nicht die geplanten Umsätze. Oder es gelingt einfach nicht, die geplanten Kosten einzuhalten.

Der wesentliche Nachteil dieses Instruments ist die Vergangenheitsbezogenheit. Zwar ist man nach der erfolgreichen Abweichungsanalyse „schlauer", aber man hat eben nur die Vergangenheit analysiert.

Besser, wenn als zusätzliche Information mit **Hochrechnungen** gearbeitet wird. So hat man zum einen die Daten der Vergangenheit und – daraus abgeleitet und ergänzt um aktuelle Erkenntnisse – Zukunftsdaten. Noch besser: Hochrechnungen mit unterschiedlichen Zeithorizonten. Hier ein Praxisbeispiel aus einem mittelgroßen Unternehmen, wie der Aufbau eines derartigen Instrumentes aussehen kann.

Monat: Juni 2000	Plan	Ist	Abweichung	Plan p. a.	Hochrechn. 2000	Hochrechn. 2001	Hochrechn. 2002
Absatz	12.000	11.200	-800	24.000	23.800	20.100	18.000
Preis	22,00	21,80	-0,20	22,00	21,90	21,30	20,00
Umsatz	**264.000**	**244.160**	**-19.840**	**528.000**	**518.000**	**426.000**	**360.000**
Produktionsk.	192.000	178.400	-13.600	384.000	355.000	315.000	280.000
Vertriebskosten	36.000	37.500	1.500	72.000	68.000	63.000	60.000
Verwaltungsk.	15.600	15.200	-400	31.200	31.000	25.000	25.000
Summe Kosten	**243.600**	**231.100**	**-12.500**	**487.200**	**454.000**	**403.000**	**365.000**
Ergebnis	**20.400**	**13.060**	**-7.340**	**40.800**	**64.840**	**23.000**	**-5.000**

Abbildung 19: Aufbau Frühwarnsystem mit Hochrechnung

Hier wurde also die Zukunft mit einbezogen. Hoffentlich erübrigt sich der Hinweis darauf, dass die Hochrechnungszahlen nicht einfach eine Fortschreibung der aktuellen Daten sein sollen, sondern auf Analysen, Marktbeobachtungen, internen Maßnahmen usw. basieren.

So kann z.B. mit einem derartigen Aufbau festgestellt werden, in welcher Relation sich zukünftig Kosten- und Leistungsblöcke verhalten, welche Kosten evtl. aus dem Ruder laufen.

Derartige Aufstellungen bieten sich z. B. an für

- Produkte bzw. Produktgruppen (Artikelergebnisrechnungen bzw. Profit-Center-Rechnungen)
- Verkaufsgebiete
- Kunden (Kundenergebnisrechnungen).

Kennzahlen: Daten bündeln

Zur Erinnerung: Mit Kennzahlen werden absolute Zahlen in Beziehung gesetzt, und die so erreichte Bündelung von Daten verbessert den Informationswert einzelner Daten. An anderer Stelle finden Sie in diesem Buch Kennzahlen ausführlich behandelt. Hier nur der Hinweis, dass man mittels Kennzahlenvergleich im Zeitablauf negative Entwicklungen erkennen kann.

Hier ein Praxisbeispiel, wieder aus einem mittelgroßen Unternehmen, für ein Kennzahlenblatt. (Abb. 20 auf S. 69)

Kennzahlen reichen nicht immer. Der Nachteil von Kennzahlen liegt in der überwiegend vergangenheitsorientierten Betrachtung. Zwar kann auch hier mit Hochrechnungsdaten gearbeitet werden, aber letztlich muss sich das Warnsignal im traditionellen Controllingzahlenwerk niederschlagen.

So wird häufig ergänzend mit sogenannten Indikatoren gearbeitet.

Indikatoren: Die Nase im Wind haben

Mittels Indikatoren wird bewusst nach Signalen gesucht bzw. werden Signale beobachtet und verfolgt. Dies bezieht sich auf unternehmensinterne, und – ganz wichtig – auf unternehmensexterne Faktoren.

Beispiel: Trends.

Nehmen wir das Motorrad. In den 50er Jahren war es ein Beförderungsmittel, um von A nach B zu kommen oder zur Arbeit zu fahren. In den 60er und 70er Jahren fristete es ein Schattendasein. In den 80er Jahren wurde es nach und nach populärer und heute drücken sich nicht nur Jugendliche, sondern auch ältere Jahrgänge die Nasen an den Schaufenstern von Motorradgeschäften platt. Die Motorradmessen heutzutage verursachen Staus auf den Zufahrtsstraßen.

Diesen Trend erkannten Lederbekleidungsunternehmen, und heute gibt es selbst im teuren Produktionsstandort Deutschland Unternehmen, die erfolgreich in den Motorradbekleidungsmarkt eindringen konnten.

KONZERNBERICHTSWESEN XYZ AG
- K E N N Z A H L E N -

Vorjahr Monat	Plan Monat	Ist Monat	MONAT: MAI 2000	Vorjahr kum.	PLAN kum.	IST kum.	IST Vorjahr	PLAN p.a.	HR p.a.
			Ø-Preise(DM)						
68,86	66,72	65,06	- Standard	68,37	67,32	65,45	66,63	66,31	65,26
18,17	15,00	13,68	- Abverkauf	15,72	15,00	13,75	17,31	15,00	14,17
			Absatz in 1000						
415,20	376,10	370,20	- Standard	2078,40	1891,70	1844,30	4861,30	4632,90	4429,80
23,50	25,00	57,00	- Abverkauf	112,50	125,00	258,00	328,50	300,00	500,00
526	---	452	Auftragseingang	2.423	---	1.780	---	---	---
---	---	---	Auftragsbestand	680	---	501	---	---	---
(4)	---	(14)	Lieferrückstand	140	---	165	---	---	---
			LAGER	Stichtag	Stichtag	Stichtag	31.12.95	31.12.96	31.12.96
---	---	---	**Lagerbestand**	4.012	3.500	3.472	3.765	2.700	2.515
---	---	---	- davon Standard	3.360		1.720			
---	---	---	- davon nicht Standard	652		1.752			
---	---	---	Lagerreichweite in Tagen	275	260	248	261	197	184
			Lagerstruktur(Varianten)				31.12.95	31.12.96	31.12.96
	(100)	(49)	- Standard		5.900	6.052	10201	5000	5000
			- nicht Standard						
---	---	---	Debitorendauer in Tagen	65	---	75	75	---	---
(108)	(108)	(109)	Kosten in % z. Nettoumsatz	(108)	(106)	(106)	(112)	(104)	(107)
8,7	9,0	8,9	Netto-Ums. pro MA in TDM	46,9	45,2	43,1	90,5	122,2	114,4
3,7	2,9	(4,4)	Betr.erg. in % z. N.-Umsatz	(4,1)	(1,0)	(0,9)	(7,5)	(0,4)	(1,6)
			WERKE						
108,00	---	92,00	% Beschaff. z. Einplanung	94,00	---	99,00	96,00	---	---
83,70	85,00	74,20	% Leist. zu Anwesenheit	82,30	88,00	82,10	77,70	89,10	87,00
14,00	11,10	12,60	% Ausschuss u. Nacharbeit	14,00	11,20	12,70	13,50	11,20	11,80
0,86	0,85	0,89	Vollkosten pro Minute in DM	0,88	0,85	0,88	0,91	0,87	0,89
17,10	23,60	30,20	Fehlz. in % z. Anwesenh.	21,30	22,00	24,10	25,30	22,90	24,10
Stichtag	Stichtag	Stichtag	PERSONALSTAND	Ø	Ø	Ø	Stichtag	Stichtag	Stichtag
			- Werke						
1.428	1.149	1.155	° Fertigungslöhner	1.150	1.153	1.175	1.503	958	995
425	385	391	° Gemeinkostenlöhner	425	384	393	582	334	334
250	211	214	° Angestellte	249	218	215	340	202	200
2.103	1.745	**1.760**	Summe Werke	1.824	1.755	1.783	**2.425**	1.494	**1.529**
			- Vertriebsgesellschaften						
472	446	435	° Innendienst	471	449	441	460	440	435
217	172	174	° Außendienst	215	173	178	208	170	175
173	179	152	° Handelsvertreter	176	173	171	173	165	165
862	**797**	**761**	**Summe Vertriebsges.**	**862**	**795**	**790**	**841**	**775**	**775**
279	**201**	**196**	**- Zentralen**	**278**	**200**	**198**	**269**	**193**	**190**
3.244	**2.743**	**2.717**	**Summe Personal Konzern**	**2.964**	**2.750**	**2.771**	**3.535**	**2.462**	**2.494**
1,8	0,4	0,1	Investitionen (ex Modellinv.)	4,1	2,0	1,1	7,8	4,6	2,5

Abbildung 20: Kennzahlenblatt

Indikator für diese Unternehmen ist der seit Jahren steigende Absatz an Motorrädern.

Mögliche Indikatoren

Es gibt eine Vielzahl von Indikatoren. Wir unterscheiden

- Interne Beobachtungsbereiche
  Diese beziehen sich auf die internen Unternehmensaktivitäten
- Externe Beobachtungsbereiche
  Hier wird das Unternehmensumfeld beobachtet, insbesondere wirtschaftliche, technologische, politische usw. Entwicklungen.

Im Folgenden seien einige wichtige Indikatoren in Form einer Checkliste genannt:

- Liegen Ihre Kosten im Branchenschnitt (siehe Vergleichsdaten im Handbuch)?
- Liegen Ihre Auftragseingänge (natürlich in Abhängigkeit von Ihrer Unternehmensgröße) im Branchenschnitt?
- Ändert sich das Kundenverhalten, z. B. im Bereich Qualitätsanforderungen oder Bestellverhalten?
- Wie ist die wirtschaftliche Situation Ihrer Kunden?
- Was ändert sich im Bereich Lieferanten (Preise, Termine, Angebote usw.)
- Welche Entwicklung zeigt der Arbeitsmarkt für Ihr Unternehmen?
- Haben Sie noch die Mitarbeiter, mit denen Sie die Zukunft bewältigen können?
- Wie beurteilen Sie die Zinsentwicklung? Sind Sie beispielsweise auf höhere Zinsen vorbereitet?
- Leiden Sie besonders unter konjunkturellen Schwankungen? Ist Ihre Branche besonders konjunkturanfällig (z. B. Konsumwaren)?
- Hat die Investitionsneigung der übrigen Wirtschaft Auswirkungen auf Ihr Geschäft. Welche?
- Welche Auswirkungen hat die Inflationsrate auf Ihr Geschäft?
- Wie entwickelt sich die Branche insgesamt? Ist sie z. B. geprägt von Fusionen, von der Tendenz zu größeren Einheiten?
- Hat die Bevölkerungsentwicklung (Trend: immer mehr Ältere) Einfluss auf Ihr Geschäft? Welchen?
- Welchen Einfluss hat die allgemeine Lebensstandardentwicklung oder die Veränderung von Lebensgewohnheiten?

- Hat z. B. die Neuaufnahme von neuen Ländern in die EU Auswirkungen auf Ihr Geschäft?
- Was erwarten Sie vom EURO? Sind Sie darauf vorbereitet, dass die ausländische Konkurrenz zunehmen wird?
  Sind Sie darauf eingerichtet, dass diese u. U. billiger sein wird?
- Welche Auswirkungen haben neue Technologien auf Ihr Geschäft?
- Sind Sie über aktuelle Forschungs- und Entwicklungsprojekte der Konkurrenz bzw. Branche informiert?
- Sind Sie technologisch noch up to date?
- Sind Sie auf ökologische Umorientierungen vorbereitet?
- Gibt es politische Entwicklungen, national und international, die Einfluss auf Ihr Geschäft haben werden (z. B. Krisen in Ölförderländern)?
- Haben Sie Ihr Unternehmen einmal vor dem Hintergrund des Stichwortes „Globalisierung" betrachtet?

Unschwer zu erkennen, dass dies Fragen sind, die alle etwas mit der Aufgabenstellung der Balanced Scorecard zu tun haben.

Es sollten kritische Bereiche für Indikatoren festgelegt werden.

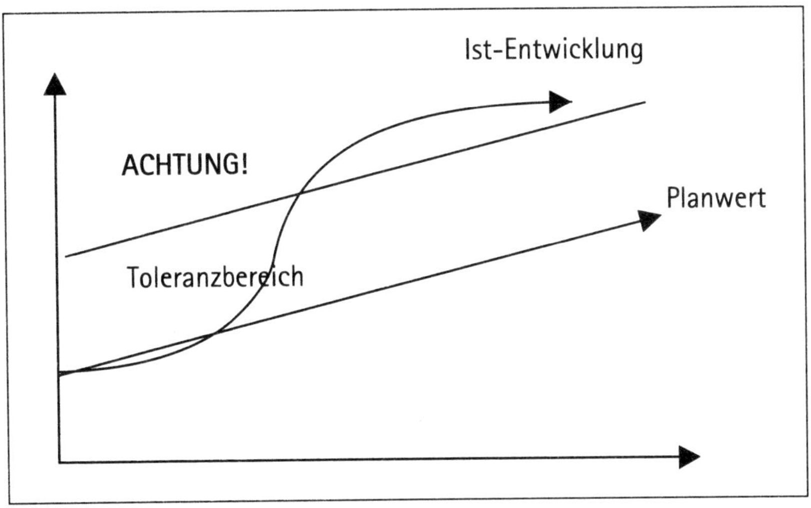

Abbildung 21: Kritische Bereiche für Indikatoren

Und zum Schluss ein Beispiel. Von Zeit zu Zeit kann man die für das Unternehmen wichtigen Indikatoren wie folgt darstellen:

KOSTEN IN % VOM UMSATZ	Eigenes Unternehmen	Branchen-durchschnitt
Wareneinsatz	33 %	26 %
Personalkosten	26 %	28 %
Sonstige Kosten	29 %	30 %

Was ist mit dem Wareneinsatz los?

AUFTRAGSEINGÄNGE

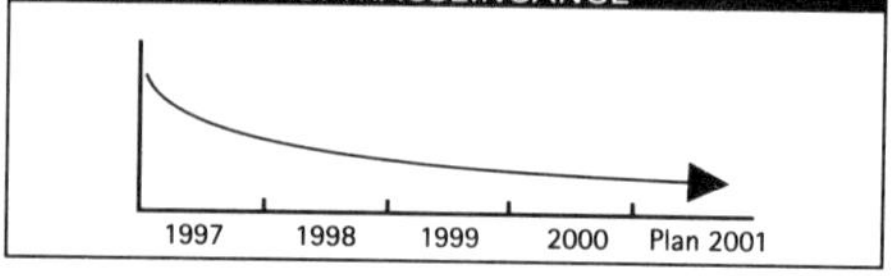

Wie sieht es in der Branche aus? Bei uns geht es bergab

QUALITÄTSANSPRÜCHE DER KUNDEN

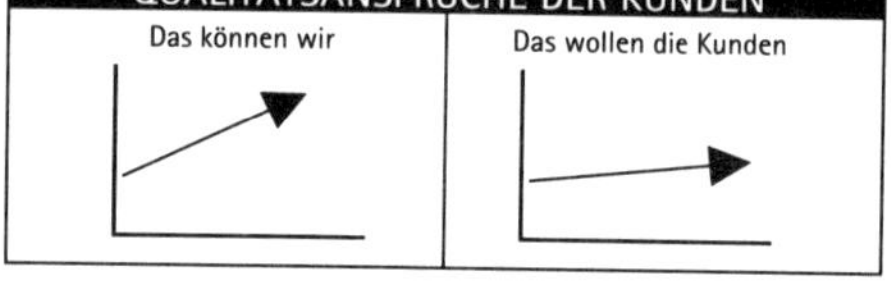

Wir sind am Ball und gerüstet

WIRTSCHAFTLICHE SITUATION DER KUNDEN

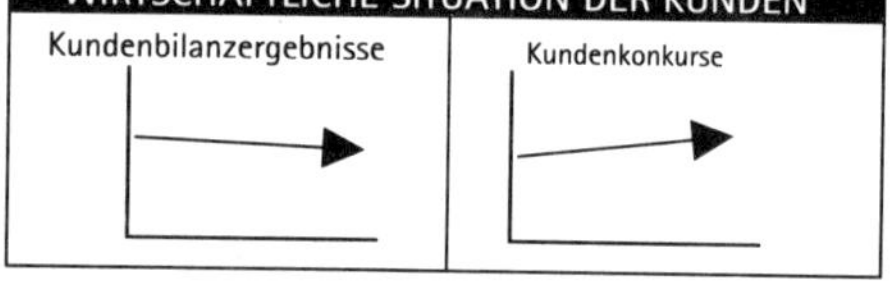

Schlechter Trend

LIEFERANTENSITUATION

* = gute Entwicklung ** = mittelmäßig *** = schlecht

Preise	**	mittelfristig teuer
Termine	*	o.k.
Zahlungsziele	**	man drängt
Qualität	*	o.k.

Damit kann man leben

ARBEITSMARKTSITUATION

Kein Problem
Man muss sich um gute Leute bemühen
Gute Leute schwer zu haben
Gute Leute kaum zu haben
Der Markt ist leer

Wenn wir in zwei Jahren gute neue Leute haben wollen, sollten wir jetzt einstellen

KONJUNKTURANFÄLLIGKEIT

* = niedrig ** = mittelmäßig *** = hoch

Produkt A	***	Konjunkturentwicklung
Produkt B	**	
Produkt C	**	

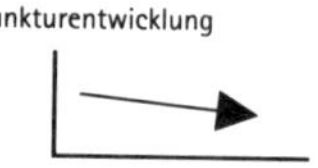

Unsere Produkte sind konjunkturabhängig. Die Konjunktur sieht nicht gut aus

Abbildung 22: Frühwarnindikatoren

Strategische Frühaufklärung: Systematisch herangehen

Haben Kennzahlen noch operativen Charakter, geht die Blickrichtung vieler Indikatoren bereits in den strategischen Bereich. Darüber hinaus gibt es aber auch strategische Frühwarninstrumente. Hier die wichtigsten:

- Gap-Analyse
- Lebenszyklusanalyse
- Portfolio-Analyse

Gap-Analyse: Wir suchen Lücken

Als erstes, quasi die Basis der strategischen Instrumente, ist die Gap-Analyse zu beschreiben (englisch gap = Lücke).

Die Gap-Analyse will eine mögliche strategische Lücke aufzeigen.

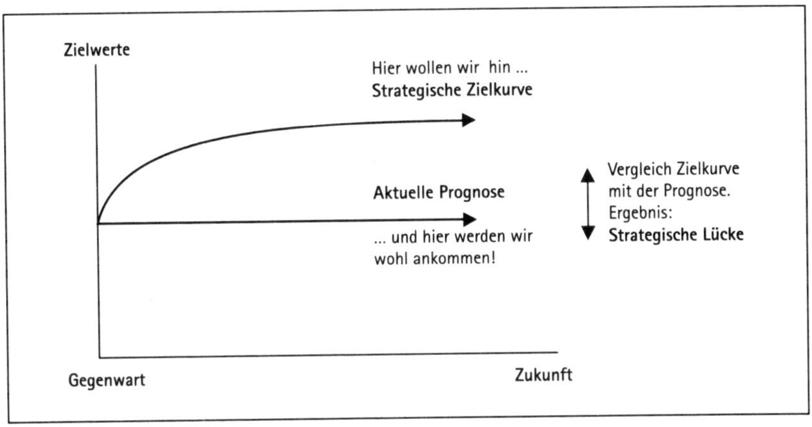

Abbildung 23: Gap-Analyse

Diese Darstellung eignet sich z. B. sehr gut als Flip-Chart-Präsentation. Sie erzeugen einen Knalleffekt, wenn Sie den Unterschied zwischen den strategischen Zielen und der aktuellen Prognose plastisch aufzeigen:

- Was ist das strategische Ziel?
  Z. B. Erhöhung des Marktanteils um 20 %
- Wie kommen wir dahin?
  Z. B. schrittweise in 5-%-Sprüngen
- Was tun wir aktuell dafür?
  Z. B. Werbemaßnahmen, Vergrößerung der Vertretertruppe

- Wo werden wir mit den jetzigen Aktionen landen?
  Eben nicht beim strategischen Ziel. Aufzeigen der Lücke und Quantifizierung der Lücke. Z. B. wird die Erhöhung des Marktanteils nur 10 % betragen
- Was ist jetzt zu tun?
  Anstrengungen verstärken oder Strategie ändern.

Bei genauer Betrachtung wird man in sehr vielen Unternehmen derartige Lücken aufdecken können. Strategische Ziele sind häufig recht ehrgeizig aufgestellt. Von Zeit zu Zeit sollte man eine Gap-Analyse machen und schauen, ob man nicht dabei ist, sich zu verlaufen. Zwar verzichtet man aufgrund neuerer Erkenntnisse vielleicht auf die weitere Erhöhung des Marktanteils, aber wissen dies auch alle? Vielleicht wird in der Produktion lustig weiter investiert, der Vertrieb baut weiter auf, obwohl das strategische Ziel offensichtlich doch nicht erreichbar ist.

Lebenszyklusanalyse: Wie lange kann Ihr Produkt noch überleben?

Erinnern Sie sich noch an die „Dino-Welle" Mitte der 90er Jahre? Überall, in jedem Sandkasten, auf jedem dritten T-Shirt, waren Dinosaurier zu finden. Bis hin zu philosophischen oder biologischen Fragestellungen: Wer zu groß ist, kann sich nicht anpassen. Wer spricht heute noch von den Dinos? Sie sind in der Ecke gelandet. Ein kurzer Lebenszyklus. Andere Lebenszyklen sind ebenfalls am Ende: Wer arbeitet heute noch mit der Schreibmaschine? Lebenszyklen anderer Produkte, die bereits einmal zu Ende waren, sind neu erwacht: Das Motorrad. Der Personalcomputer scheint auf dem Zenit seines Lebens zu sein. Niemand weiß, wie alt er wird. Was kommt danach?

Diese Methode versucht festzustellen, an welchem Punkt des Lebenszyklus sich ein Produkt befindet.

Veraltete Produkte sind keine Zukunftssicherung für das Unternehmen. (Abb. 24 auf S. 75)

Wo befinden sich Ihre Produkte?

Mit dieser Methode wird Produktstruktur analysiert. Gibt es entsprechende neue Produkte, wenn eine Vielzahl der Veralterung entgegensteuert?

Möglich ist auch die Methode des „face lifting" für Produkte. Sie kennen es aus dem Waschmittelbereich. Alte und bekannte Marken erfinden

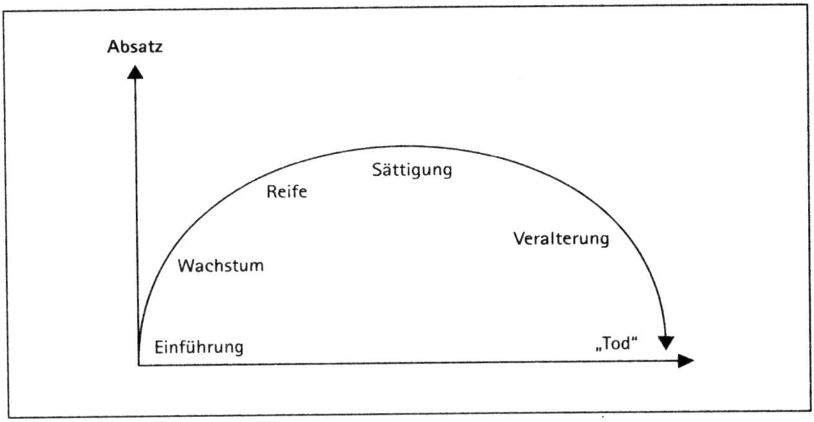

Abbildung 24: Lebenszyklus von Produkten

immer neue Höhepunkte. Geht der Lebenszyklus dem Ende entgegen, wäscht das Produkt so weiß, dass es weißer nicht geht. Ist dies ausgereizt, wird ein Perlweiß erfunden, dann vielleicht die Bio-Formel und dann wird vielleicht dasselbe Waschmittel in Form von kleinen Perlen angeboten. Letztlich bleibt es aber im Prinzip dasselbe Produkt.

Im Rahmen der Lebenszyklusanalyse sollte man sich also folgende Fragen stellen:

- Wann wurde das Produkt eingeführt und wann jeweils weiterentwickelt?
- Wie steht das Produkt im Vergleich zu den Mitbewerbern?
- Welchen Marktanteil hat das Produkt?
- Wie wird das Produkt von den Kunden beurteilt?
- Welche „face lifting-Methoden" gibt es?

Portfolio-Analyse: Wenn aus der Kuh ein armer Hund wird

Entwickelt wurde dieses Instrument von der Unternehmensberatung Boston-Consulting Group und soll den Zusammenhang zwischen Marktwachstum und Marktanteil darstellen, die wesentlichen strategischen Eckdaten eines Produktes.

Das Grundschema ist schon einmal in diesem Buch im Rahmen der Strategiefindung aufgetaucht. Trotzdem hier noch einmal eine Darstellung: (Abb. 25 auf S. 76)

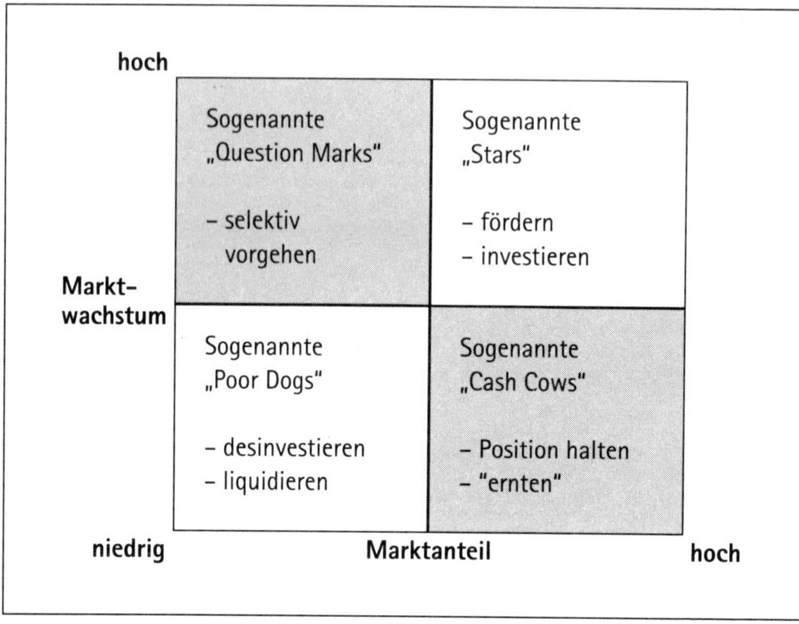

Abbildung 25: Portfolioanalyse

Je nachdem, wo es positioniert ist, kann Ihr Produkt folgendes sein:

- **Question Marks:** Fragezeichen. Zunächst hat das Produkt einen geringen Marktanteil, befindet sich aber auf einem Wachstumsmarkt. Das Produkt hat Chancen, birgt aber auch Risiken. Hat es das Zeug zu einem „Star", oder driftet es ab zu den „Poor Dogs"? Denken Sie an z. B. Energy-Drinks. Neue Getränke haben sicherlich einen Wachstumsmarkt, aber dabei handelt es sich evtl. um eine Modewelle. Wird dieses Getränk ein Star oder ein Poor Dog?

- **Stars:** Produkte mit einem hohen Marktanteil auf einem wachsenden Markt. Der Traum eines jeden Controllers oder Marketingmitarbeiters. Ein Wermutstropfen verbirgt sich allerdings auch hier. Denn auch Stars haben ihren Lebenszyklus, und irgendwann wird der Star zum armen Hund. Dann heißt es, neue Stars zu haben.

- **Cash Cows:** Die Melkkühe des Unternehmens. Hier wird richtig Geld verdient. Der Marktanteil ist hoch, hier kann man abschöpfen. Allerdings sind die Cash Cows sehr in der Nähe der Poor Dogs. Sollte dies das Schicksal werden? So wird überall versucht, Cash Cows möglichst lange zu behalten. Bis vielleicht die Kuh für einen Star geschlachtet werden muss.

- **Poor Dogs:** Unsere armen Hunde. Vielleicht haben sie einmal bessere Zeiten gesehen. Oder immer dieses traurige Dasein gefristet. Auf jeden Fall: Mit wenig Marktanteil ohne Marktwachstum. Daraus entwickelt sich nichts.

Macht man derartige Analysen für die Produkte des Unternehmens, kann es z. B. aussehen wie in Abb. 27 auf S. 78.

Portfoliodarstellung und Lebenszyklusanalyse sind Verwandte. Eine Cash Cow wird selten am Anfang des Lebenszyklus stehen, eher im Mittelfeld oder am Ende.

Erstellen Sie eigene, auf Sie zugeschnittene Portfolioanwendungen. In einem Unternehmen wurde beispielsweise einmal der Zusammenhang zwischen Managerqualifikation und Sozialkompetenz untersucht.

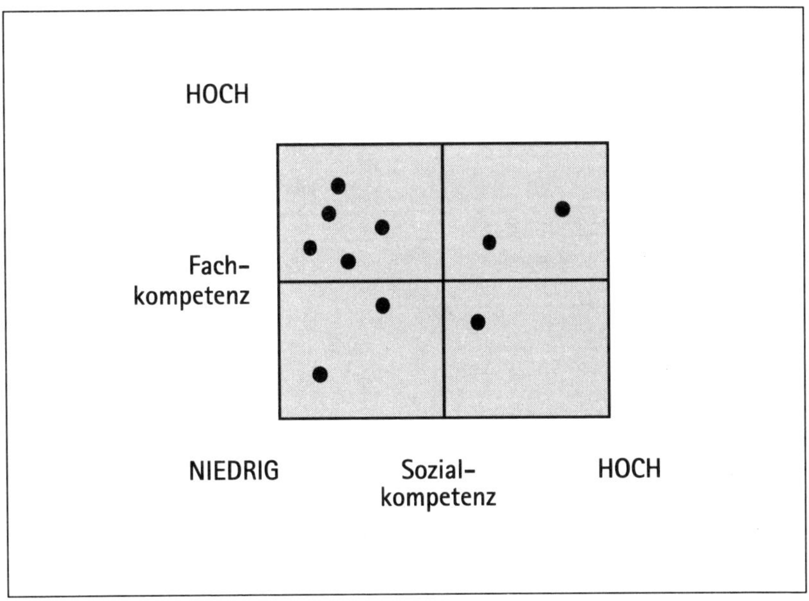

Abbildung 26: Portfolio Fachkompetenz/Sozialkompetenz des Managements

BEI WELCHER SITUATION WÜRDEN SIE NERVÖS WERDEN?

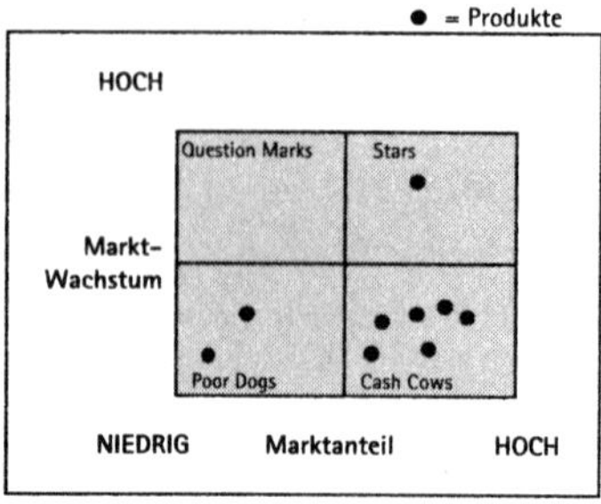

Das Unternehmen lebt von gut gehenden Produkten, wobei einige von denen wohl schon bessere Zeiten gesehen haben.
Wenn jetzt noch die Cash Cows nachlassen: Viel kommt offensichtlich nicht nach

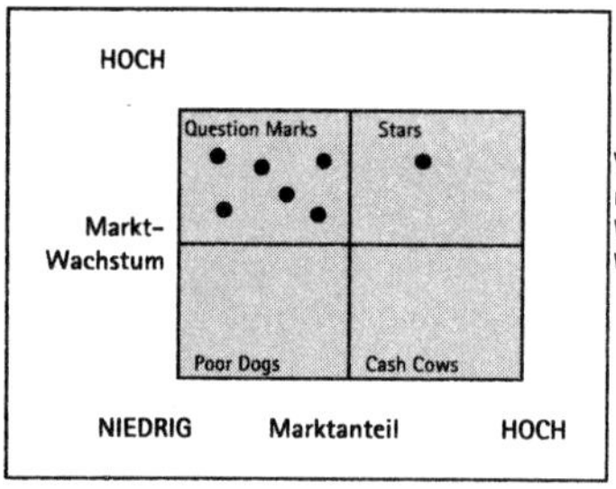

Vielleicht ein hochinnovatives Unternehmen mit glänzenden Zukunftsaussichten.
Wenn nur nicht unterwegs die Luft ausgeht.
Womit wird hier Geld verdient?

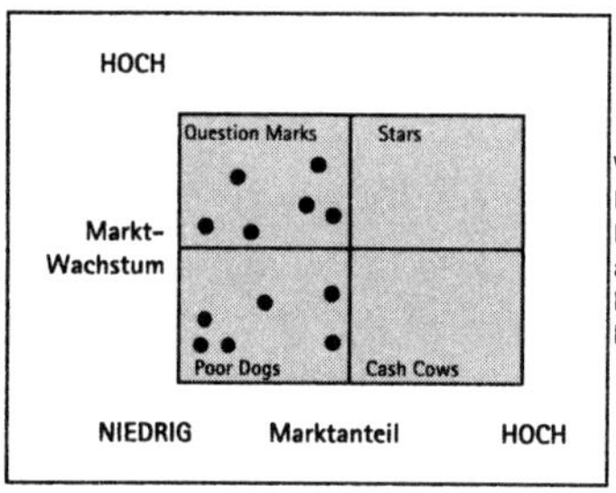

Viel Licht und viel Schatten. Problematisch.
Hier hat man wohl zu spät mit neuen Produkten reagiert (vielleicht eine Portfolioanalyse zu spät gemacht).
Die Poor Dogs sind am Ende und die Fragezeichen: Wie der Name schon sagt ...

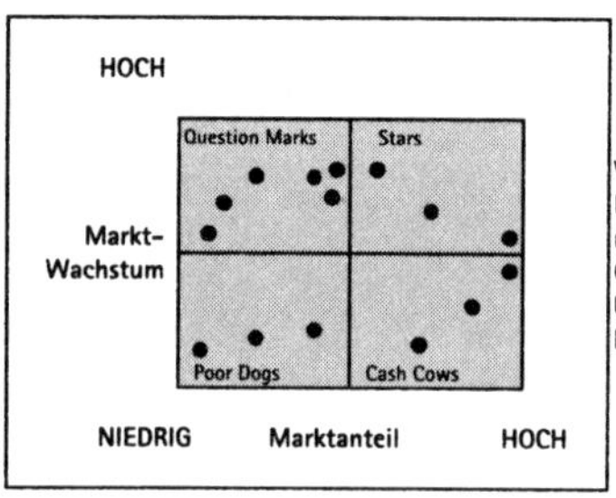

Vielleicht eine recht gute Mischung.
Es gibt Cash Cows, Stars kommen wohl nach. Es ist einiges an Potentialen da: Viele Question Marks.
Und einige Poor Dogs wird es immer geben.
Der Lebenszyklus schlägt zu.

Abbildung 27: Portfoliobeispiele

Ergebnis: Die fachliche Qualifikation wird wohl weitestgehend gesehen, aber nur wenige meinen, dass das Management „den Weg zu den Mitarbeitern“ findet. Beherrscht das Management vielleicht nur die Hard Facts, aber nicht die Soft Facts? Auch ein Frühwarnsignal! Und wichtig für das Thema Balanced Scorecard.

Auch auf schwache Signale achten

Achten Sie auch auf sogenannte „schwache Signale“.

Nicht immer muss z. B. eine Kennzahl total aus dem Ruder gelaufen sein, um aufzuhorchen zu lassen. Manchmal reichen auch Hinweise, die man normalerweise kaum beachtet.

Beispiel: Ein kleines, unbekanntes Unternehmen produziert ein Produkt, welches einem Ihrer Produkte ähnlich ist. Hat es eine Chance? Es wird dies aus gutem Grund tun!

Oder: Die Konkurrenz versucht, Ihre Mitarbeiter abzuwerben.

Besonders aufmerksam sollten Sie werden, wenn schwache Signale geballt auftreten oder sich vermehren.

Und zum Schluss die wichtige Anmerkung:

Traditionell spricht man regelmäßig von Frühwarnung, also von Gefahren. Auf der anderen Seite können mit denselben Instrumenten aber auch Chancen erkannt werden. So bietet sich vielleicht der Begriff Früherkennung an, da dieser auch früh erkannte Chancen beinhaltet.

Ziel erreicht?

Im Allgemeinen sagt man, dass das Ziel dann erreicht ist, wenn z. B. die Kennzahl getroffen oder übertroffen wurde. Die Realität sieht oft anders aus. Häufig klafft eine Lücke. Beispiel: Das Umsatzziel wurde nur zu 90 % erreicht. Dies ist dann der Anlass für einen Lernprozess. Was ist passiert, dass das Ziel nicht komplett erreicht wurde? Derartige Hard Facts wie Umsatz sind noch einfach analysierbar, da letztlich das Ziel eindeutig messbar ist.

Aber wie steht es um die Messung der Zielerreichung von anderen, nicht so eindeutig messbaren Zielen. Wann ist z. B. das Ziel Innovationsfähigkeit erreicht?

Hier ein Tipp: Einfach mal die Fragestellung umformulieren.

Nicht fragen, wie sich das Ziel messen lässt, sondern eher: Woran erkennen wir, dass das Ziel erreicht ist?

Vielleicht erkennt man es in diesem Zusammenhang an der Tatsache, dass ein neues Produkt schneller und ohne die üblichen bürokratischen Probleme durch das Unternehmen geschleust wurde. Oder man stellt fest, dass die Mitarbeiter engagierter sind.

Oder man stellt kritische Zielfragen:

Wenn wir das Ziel erreicht haben, welches Problem haben wir dann nicht mehr?

So gab es eine Aussage in einem Unternehmen: „Komisch, früher legte sich die Produktgestaltung immer quer, wenn vom Marketing Vorschläge kamen. Heute ist das vorbei.“ Ein Zeichen für verbesserte interne Abläufe und möglicherweise verbesserte Kommunikation.

Oder man fragt:

Ist das Problem erledigt, wenn wir diese oder jene Ziele erreicht haben?

So kommt man möglicherweise auch auf fehlende Ziele nach dem Motto: Seltsam, trotz sorgfältiger Zielauswahl stimmt hier was nicht. Ziele erreicht – Problem immer noch da. Was ist versäumt worden?

So wurde einmal in einem Unternehmen das Problem Service angegangen, da man vermutete, dass schlechter Service für Umsatzeinbrüche verantwortlich war. Denn der schlechte Service hatte sich unter den Kunden herumgesprochen. Man verbesserte den Service erheblich und kam schnell auf das Branchenniveau. Das Ziel der Serviceverbesserung war erreicht. Trotzdem berichtete der Außendienst, dass die Kunden weiterhin zurückhaltend reagierten. Man hatte schlicht versäumt, folgendes Ziel in den Zielkatalog aufzunehmen: Information der Kunden über die immensen Anstrengungen und guten Erfolge beim Service. Man tat Gutes, redete aber nicht darüber.

Gibt es einen rechnerischen Zusammenhang zwischen den Zielen?

Jetzt geht es in den Bereich der Spekulation. Hierüber grübelt und forscht die Wissenschaft.

- Was bringt z. B. Mitarbeiterzufriedenheit für die Rendite? 1 % oder 3 % oder mehr oder doch letztlich gar nichts?

- Bedeutet eine Reduzierung der Fluktuation von 10 % vielleicht 1 % mehr Gewinn?
- Was bedeutet die Reduzierung der Durchlaufzeit um drei Tage für das Produktergebnis?
- Was bringt eine Erhöhung des Werbebudgets um 20 % an Umsatzsteigerung?

  Henry Ford sagte in diesem Zusammenhang: Ich weiß zwar, dass ich die Hälfte meines Werbebudgets unnütz zum Fenster hinausschmeiße. Ich weiß nur nicht, welche Hälfte.
- Bringen mehr Kundenbesuche tatsächlich mehr Umsatz?

Zwar gibt es zunächst logische Verknüpfungen, aber ob sich daraus auch rechnerische ableiten lassen? Zwar weiß oder vermutet man, dass es Auswirkungen von bestimmten Zielen gibt, aber in welcher Höhe? Wir befinden uns jetzt im Bereich der Statistik. Diese Zusammenhänge nennt man Korrelationen. Ein Datum ist mit einem anderen verknüpft.

Manchmal kann man Derartiges ausrechnen, wenn genügend Daten vorliegen. An dieser Stelle einmal die komplexe Formel:

$$r = \frac{\sum_{i=1}^{n} (x_i - \overline{x})(y_i - \overline{y})}{\sqrt{\sum_{i=1}^{n} (x_i - \overline{x})^2 \sum_{i=1}^{n} (y_i - \overline{y})^2}}$$

$\overline{x}$ und $\overline{y}$ sind die arithmetischen Mittel der beobachteten y_i und x_i-Werte

Abbildung 28: Korrelationskoeffizient

Der Korrelationskoeffizient nimmt nur Werte zwischen -1 und +1 an. Ein nahe bei +1 oder -1 liegender Wert weist auf einen starken Zusammenhang zwischen den beiden Ereignissen hin. Ist r in der Nähe von 0, so kann kein Zusammenhang zwischen den beiden Ereignissen vermutet werden.

Das soll nun mathematisch nicht vertieft werden.

Man ist zur Zeit in der Forschung dabei, derartigen Zusammenhängen nachzugehen. Ohne Zweifel eine wichtige Angelegenheit für die Balanced Scorecard. Denn hier wird ja immer wieder behauptet, dass alles zusammenhängt und sich Ziele gegenseitig stützen. Man muss nun Daten aus vielen Unternehmen haben und diese statistisch untersuchen. Und vielleicht wird man dann zu dem Ergebnis kommen, dass die auf irgendeine Weise quantifizierte Steigerung der Kundenzufriedenheit von 10 % eine durchschnittliche Umsatzsteigerung von 5 % nach sich zieht. Aber selbst dies wäre von Branche zu Branche, von Unternehmen zu Unternehmen unterschiedlich. Und darüber hinaus wird man in der Regel mehrere Ziele verfolgen, z. B. Steigerung der Kundenzufriedenheit und vielleicht Verbesserung des Produktes. Wodurch wurde nun die Umsatzsteigerung bewirkt? Ein schwieriges Feld.

Aber wir wissen, dass es diese Zusammenhänge gibt. Denn sonst wäre die Balanced Scorecard nicht entwickelt worden.

Wenn Sie in diesem Kapitel vielleicht konkrete Kennzahlen vermissen – im Anhang finden Sie Kennzahlen für die einzelnen Perspektiven.

3. Die Perspektiven der Balanced Scorecard

Alles hängt mit allem zusammen

Perspektiven des Unternehmens: Denken in Ursachen-/Wirkungsketten

Es stellt sich die Frage, wie eigentlich die Perspektiven entstanden sind, mit denen bei der Balanced Scorecard gearbeitet wird?

Die Väter der Balanced Scorecard haben sich seinerzeit eine Reihe von *erfolgreichen* Unternehmen angeschaut. Was machten diese Unternehmen besonders gut?

Das Ergebnis war, dass man sich in diesen Unternehmen auf genau diese Perspektiven besonders konzentrierte. Diese Ziele wurden als Erfolgsfaktoren ausgebaut und besonders verfolgt. Zwar wurden die Perspektiven in Kapitel 1 schon einmal erwähnt, sie sollen hier als Einführung in die nachfolgenden Details aber nochmals genannt werden. Die „Klassiker" sind:

- **Finanzperspektive:** Welche Ziele leiten sich aus den finanziellen Erwartungen der Kapitalgeber ab? Wie sehen uns die Anteilseigner?
- **Interne Prozessperspektive:** Welche Ziele sind hier zu setzen, um insbesondere die Finanz- und Kundenperspektive unterstützen zu können? Wie können Prozesse optimiert werden?
- **Lern- und Entwicklungsperspektive:** Welche Potentiale sind zu optimieren, um aktuellen und zukünftigen Herausforderungen gewachsen zu sein? Wie können wir Veränderungspotentiale fördern?
- **Kundenperspektive:** Welche Ziele müssen hier gesetzt werden, um letztlich die finanziellen Ziele zu realisieren? Wie sehen uns unsere Kunden?

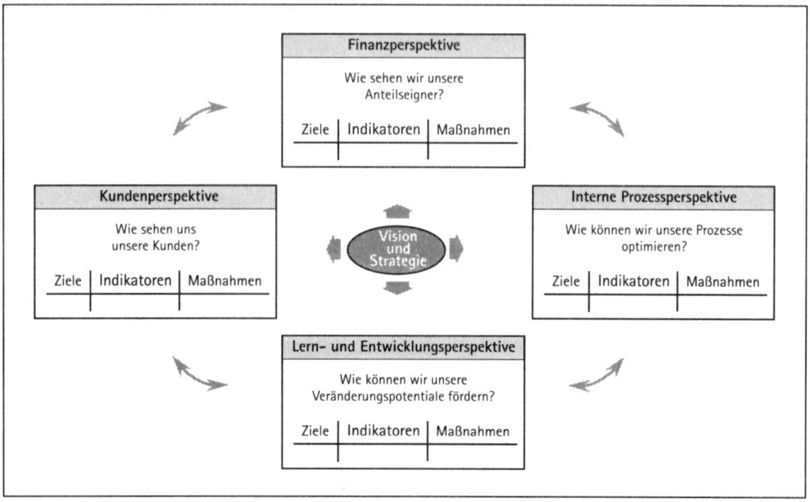

Abbildung 29: Grundschema einer Balanced Scorecard

Dabei muss man die Perspektiven im Zusammenhang sehen. Es gibt Ursachen-/Wirkungsketten. Auch wenn das Stichwort Vernetzung heutzutage etwas überstrapaziert wird, trifft es hier zu. Es ist in der Praxis unerhört interessant, Vernetzungen in Unternehmen zu analysieren. In diesem Zusammenhang sieht man immer wieder, wie unterschiedlich derartige Dinge von den Mitarbeitern eingeschätzt werden. Man stellt fest, dass z.B. Techniker die Dinge teilweise komplett anders sehen als Vertriebsleute.

In einem Unternehmen der optischen Industrie, das auch Designerbrillen herstellt, wurden Ursachen-/Wirkungsketten einmal im Rahmen eines Projektes diskutiert. Der Leiter der Qualitätssicherung sah die Qualität der Produkte als wesentliches Kriterium für Kundentreue an, das Marketing stellte in diesem Zusammenhang mehr das Image des Produktes in den Vordergrund. Es fiel sogar die Bemerkung: Der Kunde erkennt die Qualität sowieso nicht. Letztlich will er nur mit dem Markenzeichen am Bügel am Strand herumlaufen. Jetzt argumentierte der Techniker, dass die Optiker als Zwischenhändler sehr wohl auf Qualität achteten. Gekontert wurde damit, dass sie nur daran interessiert seien, das Produkt zu verkaufen. Wer auch immer Recht hatte, das Ergebnis dieser Diskussion war jedenfalls, dass man feststellte, dass es offensichtlich keine vernünftige Marktforschung im Unternehmen gab. Man wusste letztlich eben doch nicht, warum die Kunden die Produkte überhaupt kauften. Abgesehen davon gibt es 100-prozentige Abhängigkeiten meist ohnehin nicht.

Man muss anders denken:
Vielleicht gab es im obigen Beispiel eine „30:70-Abhängigkeit". 30 % der Endkunden kaufen wegen der Qualität, 70 % wegen des Image. Die Optiker dagegen 60 % wegen der Qualität und 40 % wegen des Image. Und dies ist so sogar produktspezifisch unterschiedlich. Vielleicht ist der Kaufimpuls beim Produkt „Ibiza" zu 95 % imagebedingt, beim Produkt „Sport" aber zu 80 % qualitätsbedingt.

Unstrittig ist, dass es Ursachen-/Wirkungsketten gibt, auch wenn die Zusammenhänge schwer zu quantifizieren sind.

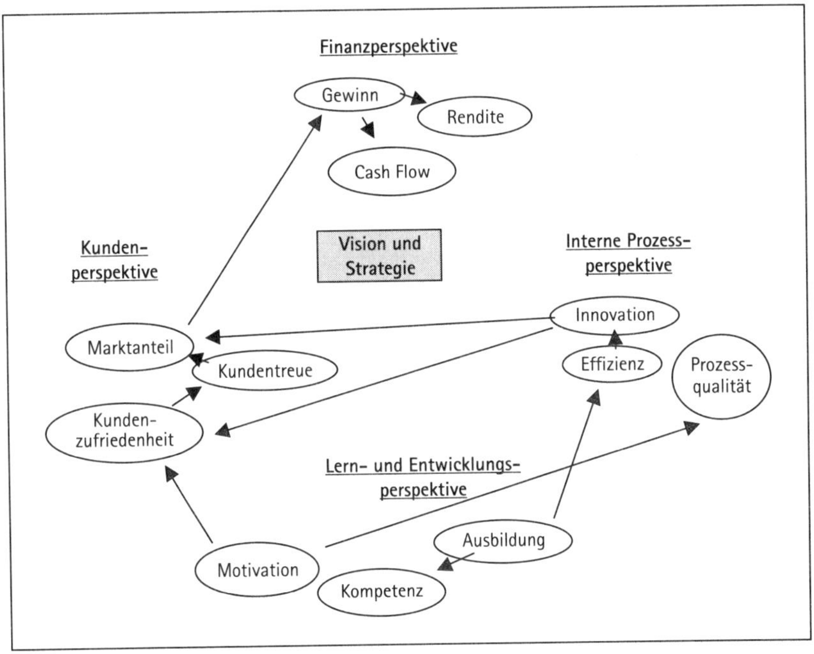

Abbildung 30: Ursachen-/Wirkungskette

Dies kann nur als Beispiel bzw. Grundmodell dienen, denn in der Praxis ist alles noch viel komplexer. Fangen Sie einmal in Ihrem Unternehmen mit einer derartigen Untersuchung an. Schon in Kleinunternehmen wird es schnell unübersichtlich. So sollte man nicht den Anspruch haben, *alle*

Verbindungen aufzulisten. Dann sieht man den Wald vor lauter Bäumen nicht mehr. Man sollte sich auf die wichtigsten Ursachen-/Wirkungszusammenhänge beschränken. Mögliche Auswahlkriterien:

- Beschränkung auf die *als strategisch erkannten Ursachen-/Wirkungsketten*
  Z. B. der Zusammenhang zwischen Qualität und Umsatz
- Ursachen und Wirkungen, mit denen man *aktuell Probleme hat oder die für die Zukunft als Probleme erkannt werden*
  Z. B. der Zusammenhang zwischen Ausbildungsniveau und Innovationsfähigkeit
- Welche Ursachen-/Wirkungen *wirken schnell miteinander* und bergen auf diese Weise schnelle Chancen, aber auch Gefahren?
  Z. B. Währungsschwankungen – Umsatz – Gewinne

Dabei gilt: Keine Scheingenauigkeiten, keine übertriebene „wissenschaftliche" Herangehensweise. Und auch hier gilt:

KIS = Keep it simple.

Wichtig ist vielmehr, einen Konsens zu schaffen, Einigkeit darüber, welche Faktoren im Unternehmen eng zusammenhängen.

Die Finanzperspektive: Letztlich muss sich alles rechnen

Fragt man nach dem Hauptziel der Finanzperspektive, hört man oft: Ist doch klar, hier geht es um Gewinn. Aber dann gibt es eine Reihe von Gegen- bzw. weiterführenden Argumenten. Denn bei näherer Betrachtung sieht man schnell, dass die pauschale Aussage Gewinn nicht reicht. Nehmen wir einmal drei wichtige Aspekte in diesem Zusammenhang in Augenschein:

- **Bilanzgewinne können „gestaltet" werden**
  Gewinn ist eine Größe, die von diversen Bewertungsmöglichkeiten abhängt, die der Gesetzgeber zulässt. So kann z. B. die Wahl der Abschreibungsmethode Einfluss auf den Gewinn haben. Hohe Abschreibungen = weniger Gewinn. Oder man löst stille Reserven auf, um z. B. den Gewinn zu erhöhen. Man verkauft z. B. das hochwertige Innenstadtgrundstück, das lt. Handelsgesetzbuch in den Büchern nur mit dem Anschaffungswert stehen darf. Ergebnis: Hoher Gewinn, auch wenn vielleicht die rein betriebliche Tätigkeit sogar einen Verlust erwirtschaftet hat.

- **Mit welchem Gewinn soll überhaupt beurteilt werden?**
  Man unterscheidet zwischen Bilanzergebnis und Betriebsergebnis. Letzteres resultiert aus dem eigentlichen Betriebszweck, also z. B. dem Bau von Autos von einem Automobilhersteller. Denn zumindest größere Unternehmen haben neben diesem Betriebsergebnis noch ein sogenanntes neutrales Ergebnis. Hier laufen Dinge ein, die eben nichts mit dem Betriebszweck zu tun haben. Nicht umsonst spricht man z. B. beim Volkswagenwerk von einer Bank mit angeschlossener Automobilproduktion. Die Gewinne aus dem Geschäft mit Finanzanlagen, Beteiligungen usw., also dem neutralen Geschäft, sind außerordentlich hoch. Doch meist will man eben wissen, was mit dem Kerngeschäft verdient wird. Ist nun der Gewinn aus dem Kerngeschäft der Maßstab oder der Gesamtgewinn (der nun wieder, wie oben gesehen, gestaltet werden kann)? Schwierig!
- **Ist nicht die Rendite der vernünftigere Maßstab?**
  Ist der Gewinn überhaupt eine vernünftige Größe? Selbst wenn man lediglich ein Sparbuch hat, achtet man nicht nur auf den Gewinn, die Zinsen, sondern fragt in erster Linie, wie sich das eingesetzte Kapital verzinst hat. Das ist die relevante Größe, auf die man auch in Unternehmen achtet. Hat man z. B. 100.000 DM Gewinn erwirtschaftet und 200.000 DM eingesetzt, hat man eine Rendite von 50 %. Hat man 10.000.000 DM (10 Mio. DM) eingesetzt, erzielt man zwar auch 100.000 DM Gewinn, aber eben nur 1 % Rendite.
  Der Faktor Gewinn ist also mit Vorsicht zu betrachten.

Überblick über die betriebswirtschaftlichen Aspekte dieser Perspektive

Bevor es in weitere Details geht, sollen zunächst die betriebswirtschaftlichen Grundzüge der Finanzperspektive dargelegt werden. Diese Perspektive ist eng mit dem Rechnungswesen des Unternehmens verknüpft, welches ein klassisches Werkzeug darstellt. So sagt z. B. Prof. Dr. Weber, ein bekannter Betriebswirtschaftler, dass die Betriebswirtschaftslehre rund um das Rechnungswesen entstanden ist.

Das Rechnungswesen: Der Spiegel des Unternehmens

Das Rechnungswesen bildet alle Vorgänge im Unternehmen ab. Kommt Ware ins Lager, wird dies durch die Bezahlung der Rechnung und den buchhalterischen Lagerzugang abgebildet. Der Verkauf von Produkten wird in der Buchhaltung registriert, und parallel dazu erfolgt die Registrierung des Lagerabgangs. Was physisch passiert, wird zahlenmäßig erfasst. So registriert die Materialbuchhaltung den Verbrauch von Waren, wenn diese in die Produktion gehen. Der Kauf von Maschinen zeigt sich in der Buchhaltung, und wenn diese Maschinen im Laufe der Zeit an Wert verlieren, zeigt die Anlagenbuchhaltung den Wertverlust, die Abschreibungen. Gleiches gilt bei Kreditaufnahme, Zinszahlungen usw. Am Jahresende werden dann alle Vorgänge im Jahresabschluss zusammengefasst.

Aber auch Vorgänge, die nicht unmittelbar die Buchführung berühren, zeichnet das Rechnungswesen auf. So wird der interne Produktionsprozess verfolgt, z. B. die Wertsteigerung im Rahmen des Produktionsdurchlaufes, oder es wird registriert, wenn eine Abteilung für eine andere interne Dienste leistet, z. B. Instandhaltungen. Auf diese Weise wird der *interne Leistungsprozess* beobachtet.

Aber es wird nicht nur registriert, was sich im sogenannten „Ist“ abspielt, also was tatsächlich angefallen ist. Es ist außerordentlich wichtig, dass man plant, dass man zielgerichtet in die Zukunft schaut und entsprechende Maßnahmen einleitet. Auch diese Planungen spiegelt das Rechnungswesen wider. Von Zeit zu Zeit vergleicht man dann das „Ist“ mit dem „Plan“. Was ist schief gelaufen, warum konnte der Plan nicht eingehalten werden? Wo gibt es Probleme? Das Rechnungswesen wird zum Controlling weiterentwickelt. Controlling = Steuerung des Unternehmens (nicht Kontrolle!)

Klassischerweise unterteilt man das Rechnungswesen in ein externes und ein internes Rechnungswesen. Die Balanced Scorecard arbeitet mit beiden Teilen des Rechnungswesens. (Abb. 31 auf S. 89)

Externes Rechnungswesen: Alle wollen was vom Unternehmen

Die Quelle des externen Rechnungswesens ist die Buchführung oder Buchhaltung, intern wird sie regelmäßig als „Fibu“ bezeichnet (Finanzbuchhaltung). Hier werden alle Geschäftsvorfälle registriert. Obwohl die Buchführung lediglich eine Registrationsfunktion hat (Spiegel des Unternehmens), ist es erstaunlich, dass es später bei der Bilanzerstellung doch so viele Möglichkeiten gibt, diese Registrierungen zu „gestalten“.

Das Rechnungswesen ist zuständig für ...

... die Erfassung, Speicherung und Verarbeitung von Informationen über angefallene und geplante Geschäftsvorfälle.

... die Dokumentation über das, was im Unternehmen passiert ist. Es legt Rechenschaft gegenüber internen und externen Interessenten ab.

... die Hilfe bei der Entscheidungsfindung für die Entscheidungsträger des Unternehmens. Es bereitet weitere betriebswirtschaftliche Aufgaben, z. B. das Controlling vor.

INSTRUMENTE

Externes Rechnungswesen

- Bilanz (Vermögenslage)
- Gewinn- und Verlustrechnung (Ertragslage)
- Anhang (Erläuterungen)
- Lagebericht (Kommentierung)

Ziele:
Dokumentation für externe und interne Interessenten
- Eigentümer/Gesellschafter
- Aktionäre
- Banken
- Fiskus
- Mitarbeiter
- Sonstige Umwelt (z.B. Gemeinden)

Internes Rechnungswesen

- Kostenartenrechnung (Welche Kosten sind entstanden?)
- Kostenstellenrechnung (Wo sind die Kosten entstanden?)
- Kostenträgerrechnung (Wofür sind die Kosten entstanden?)
  - Erfolgsrechnung
  - Kalkulation

→ CONTROLLING

Ziele:
- Wirtschaftlichkeit
- Analysen
- Planung, Plan/Ist-Vergleiche

Abbildung 31: Übersicht über das Rechnungswesen

Extern heißt das externe Rechnungswesen deswegen, weil es in erster Linie nach außen (extern) gerichtet ist, nämlich an die Gruppen, die Interesse am Unternehmen haben:

- **Eigentümer/Gesellschafter:** Welcher Gewinn ist zu erwarten? Wie ist die wirtschaftliche Lage der Gesellschaft? Wie wird mein eingesetztes Kapital verzinst? Thema für die Balanced Scorecard: Wie sehen uns die Eigentümer?
- **Aktionäre:** Gibt es eine Dividende? Wie wird sich der zukünftige Aktienkurs entwickeln? Sind zukünftig positive Entwicklungen zu erwarten? Hier kündigt sich bereits die aktuelle Shareholder-Value-Diskussion an: Der Wert des Unternehmens soll im Sinne zukünftiger positiver Aktienkurse gesteigert werden.
- **Sonstige Kapitalgeber:** Wie wird das Kapital verzinst? Hat sich das finanzielle Engagement in diesem Unternehmen gelohnt? Soll ich meine Gelder wieder abziehen oder das Engagement verstärken?
- **Banken:** Wie sicher sind die Kredite? Ist es zu verantworten, dem Unternehmen weitere Kredite zu gewähren? Welche Reserven (Sicherheiten) hat das Unternehmen?
- **Fiskus:** Wie viele Steuern muss das Unternehmen zahlen?
- **Mitarbeiter:** Wie sicher sind die Arbeitsplätze? Wie ist die wirtschaftliche Situation z. B. im Rahmen von Lohn- und Gehaltsfragen?

Aus dem externen Rechnungswesen ergeben sich eine Reihe von Zielvorgaben, z. B. die Steigerung der Rendite des Eigenkapitals, also der Verzinsung des eingesetzten Kapitals.

Im Gegensatz zum internen Rechnungswesen ist das externe gesetzlich ausführlich geregelt. (Abb. 32 auf S. 91)

Internes Rechnungswesen: Transparenz und Kalkulation

Das interne Rechnungswesen ist gesetzlich nicht geregelt. Hier ist das Unternehmen in der Gestaltung frei, muss auch kein internes Rechnungswesen haben.

Viele Unternehmen verzichten tatsächlich darauf bzw. beschränken sich auf ein wenig ausgebautes Rechnungswesen, was sich als problema-

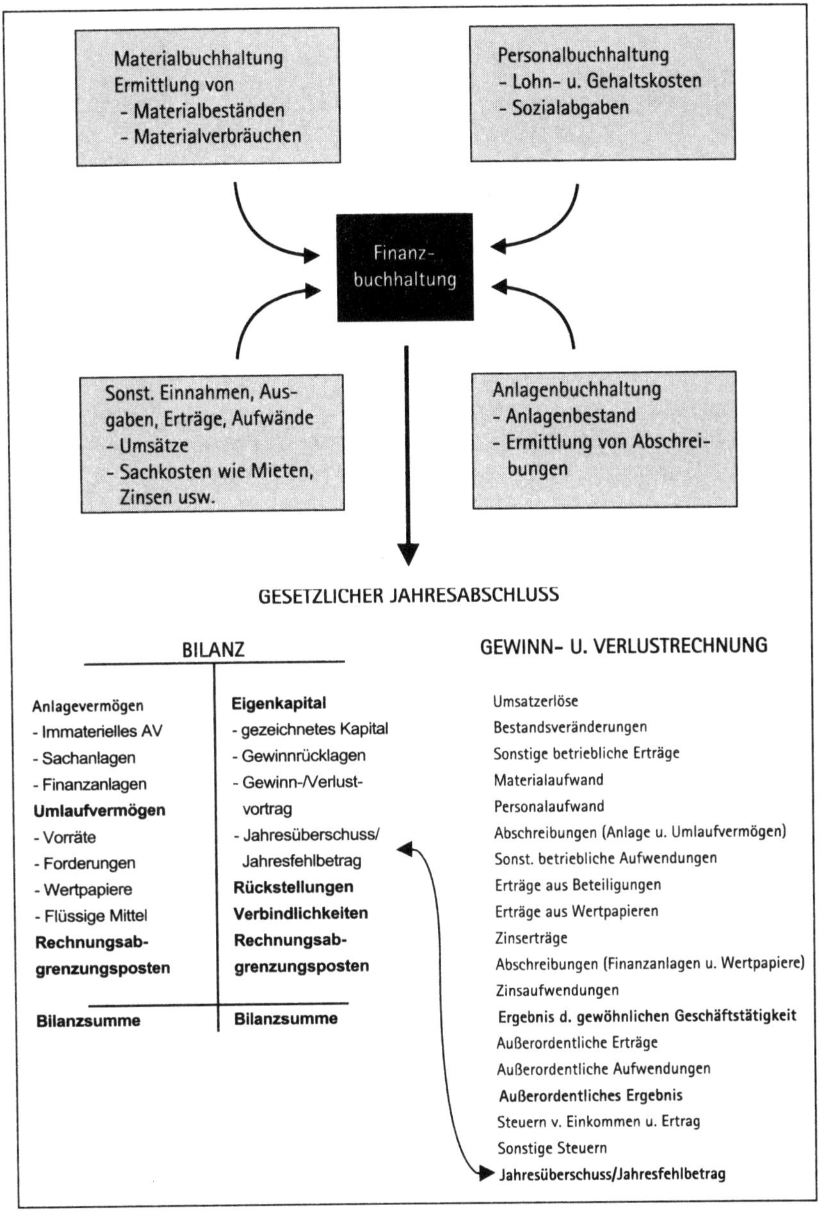

Abbildung 32: Übersicht externes Rechnungswesen

tisch erweist. Man kann sicherlich vertretbar behaupten, dass eine Balanced Scorecard ohne ein vernünftiges internes Rechnungswesen wahrscheinlich nicht funktionieren kann. Denn im internen Rechnungswesen werden wesentliche Fragen für die Steuerung des Unternehmens gestellt. Kernpunkt ist die Kostenrechnung:

- **Welche Kosten sind entstanden (Kostenartenrechnung)?**
  Hier geht es z. B. um die Analyse, welche Kosten unmittelbar mit der Produktion zusammenhängen, um die variablen Kosten. Oder um die Frage, welche Kosten anfallen, die „sowieso" anfallen, unabhängig davon, wieviel produziert wird, die sogenannten fixen Kosten.
  Des Weiteren stellt sich die Frage, welche Kosten sich direkt auf das Produkt verrechnen lassen, also die Einzelkosten, z. B. Materialkosten. Andere Kosten kann man nur „irgendwie" schlüsseln, die Gemeinkosten, da sie nicht direkt auf das Produkt zurechenbar sind. Aus diesen Überlegungen ergeben sich wichtige Fragen, wie z. B. ein Produkt kalkuliert wird bzw. wie genau die Kalkulation sein kann.

- **Wo sind die Kosten entstanden (Kostenstellenrechnung)?**
  Hier interessiert man sich für die sogenannten Kostenstellen, die Orte der Kostenverursachung. Die Kostenstellenverantwortlichen bekommen eine Kostenstellenauswertung und sehen, was sie an Kosten produziert haben. Wenn man jetzt noch die Kosten pro Kostenstelle plant und die Abweichung zur Planung analysiert, die durch den tatsächlichen Kostenanfall entstanden ist, kommt man zu einer wirksamen Kostenkontrolle. Verantwortlich ist der Kostenstellenleiter, der Rede und Antwort stehen muss.

- **Wofür sind Kosten entstanden (Kostenträgerrechnung)?**
  Ganz wesentlich ist, dass im Rahmen der Kostenrechnung die Kosten auf die Produkte kalkuliert werden. Man will schließlich wissen, was das Produkt in der Herstellung kostet (Kostenträgerstückrechnung). Ebenfalls will man wissen, was man am einzelnen Produkt verdient (Kostenträgerzeitrechnung). Denn ein Unternehmensergebnis ist letztlich die Summe aller Einzelergebnisse der Produkte des Unternehmens. In diesem Bereich der Kostenträgerrechnung spielen sich übrigens alle wesentlichen aktuellen betriebswirtschaftlichen Diskussionen ab, ob sie nun unter die Stichworte Deckungsbeitrag, Prozesskostenrechnung oder Target Costing fallen.

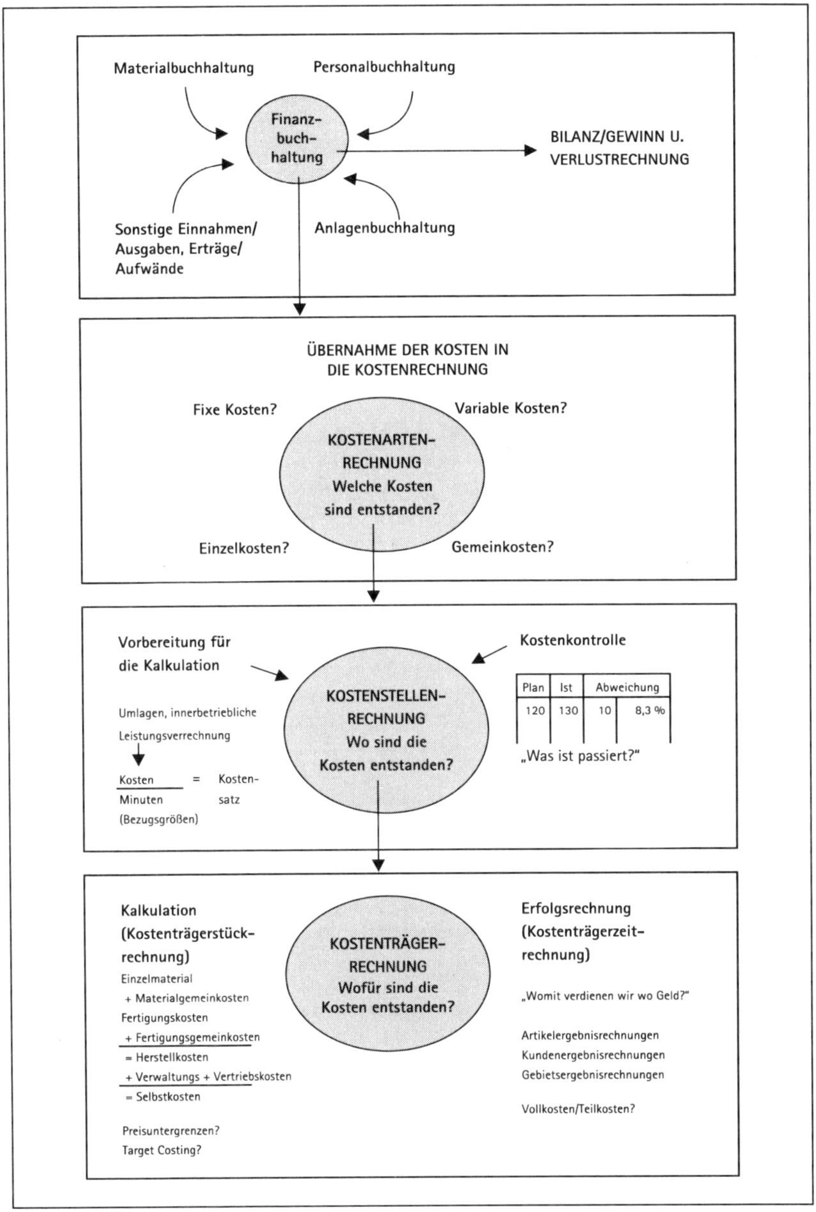

Abbildung 33: Übersicht internes Rechnungswesen

Der Deckungsbeitrag: Wissen, womit Geld verdient wird

In diesem Zusammenhang kommen wir zu einem der wichtigen Begriffe aus der Welt der Unternehmensführung, *dem Deckungsbeitrag.*

Fangen wir mit der klassischen Formel an:

Preis bzw. Umsatz
– variable Kosten
= Deckungsbeitrag

Um ein Produkt zu beurteilen, betrachtet man zunächst die variablen Kosten, also die Kosten, die in Abhängigkeit von der Ausbringung anfallen, z. B. Materialkosten oder die variablen Lohnkosten der Fertigung. Man betrachtet also nur Teile der Kosten, deswegen heißt die Deckungsbeitragsrechnung auch Teilkostenrechnung.

Warum beschränkt man sich aber nur auf die variablen Kosten und vernachlässigt zunächst die fixen Kosten? Fixe Kosten sind Kosten, die unabhängig von der Ausbringung anfallen, z. B. Abschreibungen, Mieten, Gehälter in der Verwaltung usw. Diese Kosten werden zunächst in der Deckungsbeitragsrechnung vernachlässigt, weil sie „sowieso da sind". Ob mehr oder weniger produziert wird, hat keinen Einfluss auf die Fixkosten. Ob die Ausbringung steigt oder sinkt, wird die Kosten des Pförtners oder gar des Managements wohl nicht beeinflussen. Also sind Fixkosten Kosten, die wenig entscheidungsrelevant sind. Die variablen Kosten dagegen gehen direkt in das Produkt ein. Ein Stück mehr, und die Kosten steigen. Und so macht man zunächst eine eingeschränkte Kostenbetrachtung und fragt, was denn übrig bleibt, wenn man erst einmal die variablen Kosten vom Preis oder vom Umsatz abzieht. Und mit dem was übrig bleibt, deckt man dann die Fixkosten. Und so muss man eigentlich die Deckungsbeitragsrechnung als Fixkostendeckungsbeitragsrechnung bezeichnen.

Für die Praxis hat diese Denkweise eine hohe Relevanz. Denn in der Regel wird mit allen Kosten kalkuliert. Mit den variablen und den Fixkosten, denn auch die Fixkosten müssen ja schließlich gedeckt werden. Und so werden die Fixkosten nach allen möglichen Methoden auf die Produkte umgelegt, z. B. die Gebäudekosten nach Quadratmetern, die Kantine nach Köpfen usw. Man legt also alle Kosten auf die Produkte um. Dies ist die sogenannte Vollkostenrechnung, doch diese Umlagen sind oft recht willkürlich. Wie sollen z. B. die Kosten der Verwaltung auf die Produkte umgelegt werden? Also unternimmt die Deckungsbeitragsrechnung keine

Vollkostenbetrachtung, sondern fragt: Was haben wir nach Preis und variablen Kosten verdient, um den Rest der Kosten, die sowieso nicht richtig zurechenbar sind, zu decken.

Und es können weitere wichtige Entscheidungen getroffen werden. Kommt z. B. ein Angebot unterhalb dieser sogenannten Vollkosten vom Kunden, so wird man nach der Vollkostenbetrachtung ablehnen. Wenn jedoch dieses Angebot über den variablen Kosten liegt, dann sind zumindest die direkten Produktkosten gedeckt, es entsteht ein Deckungsbeitrag und letztlich wird „verdient", wenn auch nicht alle Kosten gedeckt sind. Wenn dieses Angebot nicht angenommen wird, wird noch nicht einmal dieser Beitrag zur Deckung der fixen Kosten eingefahren.

Macht man keine Deckungsbeitragsbetrachtung, sind sogar krasse Fehlentscheidungen möglich. So kann es sein, dass man ein Produkt aus dem Sortiment nimmt, weil man vermeintlich nichts mehr damit verdient. Nur sind in dieser Betrachtung vielleicht willkürlich zugeordnete Fixkosten enthalten. Der Deckungsbeitrag ist aber noch positiv, die variablen Kosten liegen also noch unter dem Preis. Nimmt man das Produkt nun aus dem Sortiment, verliert man Deckungsbeiträge. Die Fixkosten müssen vom Rest der Produkte gedeckt werden, und es zeigt sich, dass die Entscheidung falsch war.

Deckungsbeiträge stellen also ein wichtiges Element dar. Darüber hinaus gibt es noch diverse Methoden, mit denen sich diese Deckungsbeitragsrechnung differenzierter gestalten lässt. So kann man z. B. im Rahmen einer stufenweisen Deckungsbeitragsrechnung die Fixkosten auf Produkte, Bereiche usw. verursachungsgerecht verteilen. Die Kostenrechnung hat hier eine Reihe von Methoden entwickelt, derartige Betrachtungen zu optimieren.

In diesem Zusammenhang muss die sogenannte Break-Even-Analyse erwähnt werden, einer der Klassiker der Betriebswirtschaftslehre. Hier wird die Frage nach Erreichen der Gewinnschwelle gestellt – ein wichtiger Punkt bei der Diskussion um die Balanced Scorecard. Denn es ist wichtig, ob z. B. die Stückzahl eines neuen Produktes ausreicht, um in die Gewinnzone zu kommen. Die Break-Even-Analyse arbeitet ebenfalls mit der Trennung in fixe und variable Kosten. Sie errechnet, wann der Punkt erreicht ist, ab dem die Deckungsbeiträge die fixen Kosten gedeckt haben. Man muss sich das Break-Even-Prinzip wie einen Topf vorstellen, den „Fixkostentopf", der so lange mit den Deckungsbeiträgen gefüllt wird, bis er voll ist. Ab dann sind alle Kosten gedeckt, und wenn der Topf überläuft, wird Gewinn eingefahren.

Das Produkt hat folgende Eckdaten:

Absatz	200.000
Verkaufspreis	75,-
Variable Kosten pro Stück	50,-
Fixe Kosten gesamt	7.500.000

Errechnen wir zunächst den Deckungsbeitrag: Preis - variable Kosten = 25,-
Pro Stück werden also 25,- der fixen Kosten gedeckt.
Frage ist nun, wie oft das Produkt verkauft werden muss, damit der Fixkostentopf gedeckt ist (voll ist)?

25,-

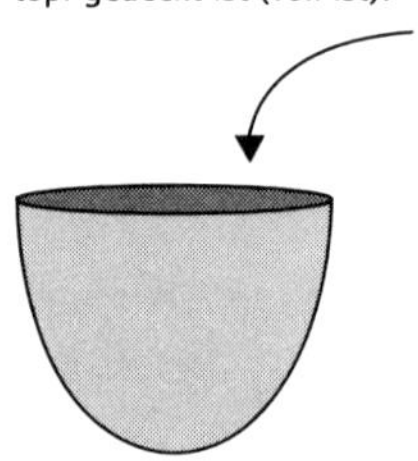

$$\frac{\text{Fixkosten}}{\text{Deckungsbeitrag}} \qquad \frac{7.500.000}{25,-} = 300.000$$

Das Produkt muß also mindestens 300.000 mal verkauft werden, damit man auf ein 0-Ergebnis kommt. Ab dem 300.001 Stück kommen wir in die Gewinnzone.

In der Praxis stellt man dies gern grafisch dar:

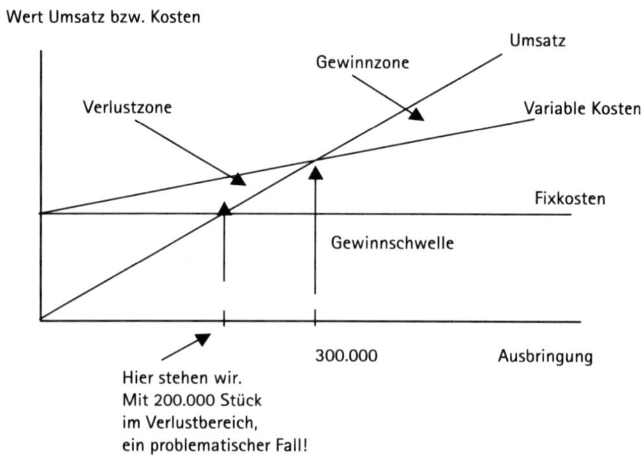

Darstellung 34: Break-Even-Darstellung

So ist das interne Rechnungswesen letztlich ein Instrument, mit dem mehr Transparenz im Unternehmen erreicht werden kann und das die Quellen des Erfolgs oder Misserfolgs offenlegt. Und so gibt es einen direkten Zusammenhang zwischen dem externen Rechnungswesen, angefangen mit der Finanzbuchhaltung, und dem internen Rechnungswesen, den zwei Seiten einer Medaille.

In diesen Rechnungsstrukturen spielt sich nun das Unternehmensgeschehen ab. Es wird geforscht, produziert, eingestellt und verkauft. Man kann sagen, dass sich die anderen Perspektiven in der Finanzperspektive zahlenmäßig wiederfinden, auch die Soft Facts der anderen Perspektiven. Wenn die Mitarbeiter motivierter sind, steigt vielleicht die Innovationsfähigkeit des Unternehmens, die Kunden sind zufriedener, kaufen mehr, der Umsatz steigt und letztlich der Gewinn bzw. die Rendite. Hier präsentiert sich wieder die bekannte Ursachen-/Wirkungskette.

Finanzierung und Investitionen: Wie gesund ist das Unternehmen?

Die Finanz- und Investitionsprozesse des Unternehmens marschieren bereits Richtung Prozessperspektive, insbesondere die Investitionsprozesse, werden aber noch hier im Finanzbereich behandelt.

Finanzierung des Unternehmens: Wo kommt das Geld her?

Ende der 90er Jahre ging einem kleinen Bauunternehmen schlicht das Geld aus. Ein Bauherr konnte sein angefangenes Haus nicht mehr bezahlen, die Zinsen drückten und Löhne und Sozialversicherung waren fällig. Neues Material für die anderen Baustellen gab es nur noch gegen Vorkasse. Im Gegensatz zu den Großunternehmen springt hier die Politik nicht ein (anders als im Fall des Baukonzerns Philip Holzmann im November 1999, wo die Politik mit Krediten aushalf und so ein Insolvenzverfahren abwenden konnte). Kleine und mittlere Unternehmen gehen im Notfall sang- und klanglos unter.

Nun suchte der Bauunternehmer nach weiteren Finanzierungsmöglichkeiten in der Hoffnung, dass die Krise mit den nächsten Aufträgen ausgestanden sein würde. Eigenes Geld war keines mehr vorhanden, die Bank wollte ohne Sicherheiten keine Kredite mehr geben. Gewinne wurden seit Monaten keine mehr erwirtschaftet. So fand sich in Absprache mit einem Berater der Hausbank folgende Notlösung: Die aktuellen Forderungen wurden verkauft, man führte sogenanntes Factoring durch. So konnten zumindest aktuelle Lohnzahlungen beglichen werden. Mittels einer Hypothek auf das firmeneigene Grundstück konnte so viel Liquidität erreicht werden, dass die laufenden Bauprojekte finanziert werden konnten. Der fast neue Firmenwagen wurde verkauft und ein kleinerer PKW geleast. So kam man zu zusätzlichen 35.000 DM. Unter dem Strich sicherte all dies das Überleben für ca. drei bis sechs Monate. In der Folge konnte sich das Unternehmen eher schlecht als recht, aber immerhin halten, wird aber noch für einige Zeit krisenanfällig bleiben.

Derartige Finanzierungsnothilfen sind teuer. Factoring gibt es nicht umsonst, und es fallen Hypothekenzinsen und regelmäßige Leasingraten an. In der Folge stellte man einen Finanzplan auf, der monatlich überprüft wurde. So wusste man immer, wann es zukünftig eventuell noch einmal knapp werden könnte. Ferner wurde dem Unternehmer empfohlen, Investitionen besser zu berechnen. Lohnt sich die Anschaffung einer Maschine bzw. welche Investition ist die günstigste und wann haben sich die Anschaffungskosten amortisiert? All dies sind auch „vertrauensschaffende" Maßnahmen für die Bank, die sieht, dass betriebswirtschaftlich verantwortlich gehandelt wird.

Wie sich Unternehmen finanzieren: Die Suche nach Geld

Die Finanzierung von Unternehmen findet permanent statt, beginnend bei der Gründung des Unternehmens. Es gibt eine Reihe von Finanzierungsmöglichkeiten, die sich grob in Außen- und Innenfinanzierung aufteilen lassen. Im Rahmen der Balanced Scorecard ist hier zu prüfen, welche Finanzierungsstrategie man verfolgen will. Will man z. B. mehr Anteilseigner, also Inhaber des Unternehmens, oder will man unabhängig bleiben? (Abb. 35 auf S. 99)

Außenfinanzierung: Geld von außerhalb des Unternehmens

Hier wird dem Unternehmen Geld von außen, z. B. vom Kapitalmarkt zugeführt. Das kostet Zinsen, die zu Lasten des Gewinnes bzw. der Rendite gehen. Dabei ergeben sich folgende Schwerpunkte:

- **Beteiligungs- bzw. Einlagenfinanzierung:** Zum einen können hier bereits vorhandene Anteilseigner ihre Kapitaleinlage erhöhen, zum anderen können neue Anteilseigner aufgenommen werden. Im ersten Fall

Außenfinanzierung	Innenfinanzierung
Einlagenfinanzierung Z. B. durch Eigenkapital durch die Eigentümer oder Aktienausgabe	**Selbstfinanzierung** Einbehaltung von Gewinnen bzw. durch den Cash Flow
Kreditfinanzierung Kredite z. B. von Banken	**Vermögensumschichtungen** Z. B. Verkauf von Grundstücken

Abbildung 35: Finanzierungsmöglichkeiten

erhöhen z. B. die Gesellschafter einer Kommanditgesellschaft ihre Kommanditanteile, oder GmbH-Gesellschafter erhöhen ihre GmbH-Anteile. Im zweiten Fall wird eine Gesellschaft gegründet, wobei der neue Gesellschafter Kapital mitbringt, oder eine vorhandene Gesellschaft nimmt neue Gesellschafter auf, z. B. eine Kommanditgesellschaft neue Kommanditisten oder ein Unternehmen einen stillen Gesellschafter.

Die Beteiligungsfinanzierung ist stark abhängig von der Gesellschaftsform und eignet sich idealerweise für die Aktiengesellschaft. Hier ist das Grundkapital in viele kleine Teilbeträge (Aktien) aufgeteilt, und eine Beteiligung ist bereits mit geringem Kapital möglich. Die Aktien werden ausgegeben (emissiert) und an der Börse gehandelt. Nehmen wir das Beispiel der Deutschen Telekom. Das Grundkapital ist in Aktien im Nennwert von 5 DM aufgeteilt. Da das Unternehmen aber mehr wert ist als das Grundkapital, wird das Unternehmen als Ganzes bewertet, und nach dieser Bewertung richtete sich der Ausgabekurs der Aktien, seinerzeit etwas über 25 DM. Das heißt, mit jeder verkauften Aktie wurden der Deutschen Telekom Finanzmittel in Höhe des Ausgabekurses zugeführt. Benötigt nun eine Aktiengesellschaft neues Kapital, um z. B. neue Märkte zu erobern, kann eine Kapitalerhöhung stattfinden. Es werden neue (sogenannte junge) Aktien ausgegeben, und mit dem Verkauf dieser Aktien fließt neues Geld in die Kasse.

In Ausnahmefällen sieht das Aktiengesetz noch eine Reihe anderer Kapitalerhöhungsmöglichkeiten vor, die alle genauestens gesetzlich geregelt sind.

- **Kreditfinanzierung:** Dies ist eine der gängigsten Finanzierungsformen. Voraussetzung ist die Kreditwürdigkeit des Unternehmens bzw. das Einbringen von Sicherheiten. Dies sind beispielsweise
  - Bürgschaften
  - Wechsel
  - Pfände (z. B. Wertgegenstände)
  - Hypotheken usw.

  Im Wesentlichen unterscheidet man kurzfristige, mittelfristige und langfristige Kredite. Über den Daumen kann man sagen, dass kurzfristige Kredite eine Laufzeit bis zu einem Jahr, mittelfristige Kredite bis zu ca. 3 Jahren haben.

  Die teuersten Kredite sind die Kontokorrentkredite, die jeder von seinem privaten Girokonto kennt: Die Überziehungskredite.

  Darüber hinaus gibt es z. B. noch Lieferantenkredite, und auch die Kundenanzahlung ist eine Art von Kredit. Große Unternehmen haben ferner die Möglichkeit, sich über die Börse Kredite zu besorgen (Obligationen).

  Kredite sind teuer, und die Unabhängigkeit ist auch nicht immer gewahrt. Schon manches Unternehmen ist von einer Bank abhängig geworden.

- **Factoring:** Bei dieser Finanzierungsform werden Forderungen des Unternehmens an seine Kunden vor Fälligkeit an einen Factor verkauft. Normalerweise muss man mit dem Geldeingang warten, bis die Forderung fällig ist, z. B. 30 Tage nach Lieferung der Ware. Verkauft man nun diese Forderung, bekommt man sofort, natürlich gegen eine Factoringgebühr, das Geld aus der Forderung. Der Factor übernimmt teilweise auch alle mit dem Geldeinzug verbundenen Formalitäten und bietet somit einen zusätzlichen Service, z. B. die Führung der Kundenbuchhaltung oder das Mahnwesen. Häufig übernimmt der Factor, natürlich auch wiederum gegen einen Aufschlag, das Ausfallrisiko der Forderung. Somit erfüllt Factoring in diesem Fall auch eine Versicherungsfunktion.

Innenfinanzierung: Geld im Unternehmen

Das Unternehmen nutzt interne Finanzmittel, die sich aus dem Gewinn oder aus dem Vermögen ergeben:

- **Selbstfinanzierung:** Bei dieser Finanzierungsart wird der entstandene Gewinn als Geldzufluss zur Finanzierung genutzt, z. B. um Investitionen zu finanzieren. Die Idee dabei ist, dass der Gewinn nicht an die Anteilseigner des Unternehmens ausgeschüttet wird, sondern dem Unternehmen erhalten bleibt.
  Im ersten Ansatz erscheint dies als eine „schicke" Finanzierungsform, da diese Möglichkeit im Gegensatz zum Kredit beispielsweise als kostenlose Finanzierung angesehen wird. Dabei darf man aber nicht übersehen, dass im Vergleich zur Kreditfinanzierung immer auch der entgangene Alternativertrag des Gewinns gesehen werden muss. Bietet der Kapitalmarkt z. B. die Möglichkeit, einen Gewinn mit 10 % anzulegen und liegen die Kreditzinsen bei nur 7 %, ist es sinnvoller, die Finanzierung durch Kredit vorzuziehen. Hier würde sich die „kostenlose" Finanzierung aus Gewinnen nachteilig auswirken.
- **Vermögensumschichtung:** Hier wird ein Teil des Vermögens des Unternehmens verkauft, z. B. das Anlagevermögen. Hier handelt es sich um nicht mehr benötigte Maschinen. In Notfällen oder dringenden Finanzierungsfällen wird man auch über das sogenannte „Tafelsilber" reden müssen, also über Grundstücke oder Anlagen, die nicht direkt für die Leistungserstellung benötigt werden, z. B. Vermögensanlagen (Aktien, Immobilien).
  In besonderen Fällen wird man auch Umlaufvermögen verkaufen, z. B. Vorräte.

Für welche Finanzierungform man sich entscheidet, hängt von vielen Faktoren ab.
- Benötigt eine Aktiengesellschaft viel Geld, bietet sich eine Kapitalerhöhung an, also der Verkauf weiterer Aktien
- Die Aufnahme weiterer Gesellschafter schränkt unter Umständen die Handlungsfähigkeit der bisherigen Anteilseigner ein. Ist dies nicht gewünscht, wird man sich vielleicht für die teure Kreditfinanzierung entscheiden
- Bekommt man keinen Kredit, ist auf der anderen Seite zu prüfen, ob bisherige Gesellschafter Kapital nachschießen oder neue Gesellschafter aufgenommen werden sollen.
- Kann man auf dem Kapitalmarkt für die Unternehmensgewinne hohe Renditen erwirtschaften (z. B. durch Aktien), wird man auf die Selbst-

finanzierung durch im Unternehmen verbleibende Gewinne verzichten und vielleicht zu Krediten greifen oder neue Gesellschafter aufnehmen

- Bei hohen Immobilienpreisen wird man sich vielleicht vom „Tafelsilber" trennen, die Finanzierung über den Verkauf eines Grundstückes lösen und so auf andere Finanzierungsformen verzichten.

Letztlich kommt es immer auf den Einzelfall an. Häufig ist es allerdings so, dass die Wahlmöglichkeiten eingeschränkt sind, entweder durch die Rechtsform (keine Aktienausgabe möglich), fehlende Sicherheiten für einen Kredit oder fehlendes Vertrauen potentieller Gesellschafter in das Unternehmen.

Glücklich kann sich ein Unternehmen schätzen, das seine Finanzierungsstrategie z. B. im Rahmen der Balanced Scorecard noch frei und ohne Abhängigkeiten wählen kann.

Liquidität: Wie flüssig sind wir?

Von außerordentlicher Wichtigkeit ist die Sicherstellung der Zahlungsbereitschaft, die Liquidität. So kann es passieren, dass das Unternehmen zwar Gewinne eingefahren hat, aber trotzdem den finanziellen Verpflichtungen nicht nachkommen kann. Wie kann es dazu kommen?
Beispiele:

- Umsatz wird dann gebucht, wenn die Forderung an den Kunden gegangen ist, wenn die Rechnung geschrieben ist. Wird diese Forderung zu spät bezahlt, ist zwar der Umsatz eine positive Ergebniskomponente, Geld (Liquidität) ist allerdings nicht rechtzeitig eingetroffen
- Man hat viel investiert. Investitionen sind zum Zeitpunkt der Investition nicht ergebniswirksam, schmälern also nicht den Gewinn. Der Gewinn wird erst dann durch die Investition beeinträchtigt, wenn die Investition, z. B. die Maschine, abgeschrieben wird.

In der Praxis wird gern mit Liquiditätskennzahlen gearbeitet. Es werden die Vermögenswerte aus der Bilanz gegliedert: In welcher Reihenfolge können die Vermögenswerte verflüssigt, also „zu Geld gemacht" werden? Was steht sofort flüssig zur Verfügung, was dauert etwas länger, bevor es flüssig gemacht werden kann? Diese Vermögenswerte werden dem kurzfristigen Fremdkapital gegenübergestellt, und zwar deshalb, weil hier aktuelle Zahlungsverpflichtungen bestehen, z. B. Verbindlichkeiten aus Warenlieferungen, kurzfristige Kredite u. ä.

Liquidität **ersten** Grades	Beispiel:
Flüssige Mittel	15,00
Kurzfristige Verbindlichkeiten	20,00
	= 0,75

Dies bedeutet, dass die flüssigen Mittel, die kurzfristig zur Verfügung stehen, unter den kurzfristigen Verbindlichkeiten liegen. Im Notfall, wenn die Verbindlichkeiten sofort fällig sind, reichen die flüssigen Mittel nicht aus, um diese bezahlen zu können.
Man schaut jetzt auf die Liquidität zweiten Grades.

Liquidität **zweiten** Grades	Beispiel:
Flüssige Mittel + Kundenford. + Wertpapiere	25,00
Kurzfristige Verbindlichkeiten	20,00
	= 1,25

Dies bedeutet, dass die Mittel, die immerhin relativ schnell flüssig gemacht werden können, über den kurzfristigen Verbindlichkeiten liegen.
Kundenforderungen können im Notfall verkauft werden (Factoring), ebenso Wertpapiere.

Liquidität **dritten** Grades	Beispiel:
Flüssige Mittel + Kundenford. + Wertpapiere + Vorräte	30,00
Kurzfristige Verbindlichkeiten	20,00
	= 1,50

Hier geht man davon aus, dass auch die Vorräte eine gewisse Liquiditätsreserve bilden.
Vorräte können ebenfalls relativ schnell flüssig gemacht werden, wenn auch längst nicht so schnell wie z. B. die flüssigen Mittel oder Forderungen.

Abbildung 36: Liquiditätskennzahlen

Wichtig ist also, die kurzfristigen Verbindlichkeiten wie Bankforderungen, Verbindlichkeiten aus Lieferungen u. ä. bedienen zu können. Dies ist schnell realisierbar, wenn genügend flüssige Mittel vorhanden sind, wenn Geld in der Kasse oder auf dem Konto liegt.

Die nächste Liquiditätsstufe rechnet mit Vermögensgegenständen, die noch relativ schnell zu realisieren sind, z. B. Forderungen. Bei diesen Positionen ist die Realisierung noch relativ sicher und zeitlich absehbar, zumindest aber planbar. Im nächsten Schritt kommen noch Vorräte dazu. Auch hier geht man davon aus, dass diese zu Liquidität verhelfen können, indem Fertigware auf Lager und Vorräte verkauft werden.

Idealerweise stellt man die Fristigkeiten der Verbindlichkeiten den Fristigkeiten der liquiden Mittel gegenüber. Wann ist eine Verbindlichkeit fällig, wann kommt Geld herein? Man erstellt einen Finanzplan.

Im Rahmen einer Balanced Scorecard-Diskussion wird Liquidität immer ein Thema sein und angesprochen werden. Wird es als ausdrückliches Ziel nicht aufgenommen, wird das Unternehmen an diesem Punkt auch keine Probleme sehen.

Investitionen: Sie sind die Zukunft des Unternehmens

Im Rahmen der Balanced Scorecard und der Investitionstätigkeit des Unternehmens stellen sich regelmäßig die berühmten W-Fragen. Unschwer zu erkennen, dass dies meist strategische Fragen sind (zumindest, wenn es sich um größere Investitionen handelt):

- Warum soll überhaupt investiert werden?
  Kann nicht einfach zugekauft werden?
- Wo soll investiert werden?
  In welchem Bereich sind die in der Regel knappen Mittel am besten angelegt?
- Wann soll investiert werden?
  Z. B. die Frage nach dem Zinsniveau. Wie teuer ist die Investition zum jetzigen Zeitpunkt?
- Wie soll investiert werden?
  Wie sollen die Investitionsprojekte umgesetzt werden? Evtl. muss die Anlage von Unternehmen selbst gebaut werden. Oder Umsetzung mit externen Beratern?

All dies ist freilich abhängig von der Art der Investition:

- Erst- oder Neuinvestitionen bei der Gründung eines Unternehmens; die Frage, wo es hingehen soll
- Ersatzinvestition, um z. B. eine defekte Maschine zu ersetzen. Hier bleibt man meist im operativen Bereich
- Rationalisierungsinvestition, um die Produktivität oder Prozesse zu verbessern. Eine Frage, die die Prozessperspektive berührt
- Erweiterungsinvestition wenn z. B. der Absatz erhöht werden soll. Wieder die Frage, wo es hingehen soll
- Investition aufgrund behördlicher Auflagen, z. B. Sicherungsmaßnahmen, die von der Gewerbeaufsicht verlangt werden. Vermeintlich eine Frage, der wenig Beachtung geschenkt wird. Ist beispielsweise in der Vergangenheit versäumt worden, in notwendigen Umweltschutz zu investieren, rächt sich das nun. Dies ist für die strategische Ebene relevant.

In der Praxis findet eine Mischung der Investitionsarten statt. So wird bei einer Ersatzinvestition versucht werden, gleichzeitig Rationalisierungseffekte zu erzielen. Außerdem wird man die Ersatzanlage in der alten Form auf dem Markt nicht wiederfinden, denkt man z. B. nur an die Entwicklung auf dem EDV-Sektor

Investitionsrechenmethoden: Welche Alternative wählen wir?

Die Frage kehrt regelmäßig wieder: Nach welchen Kriterien ist eine Investition zu beurteilen?

- **Wirtschaftlichkeit:** Man beurteilt die Investition nach den Folgekosten oder nach dem Gewinn
- **Rentabilität:** Man beurteilt die Investition nach der Verzinsung des eingesetzten Kapitals
- **Risiko:** Kurzfristige Gewinne mit einer Investition sind nicht alles. Wie entwickelt sich die Investition langfristig? Wie hoch ist das absehbare Risiko?
- **Liquidität:** Ist die Investition, so wichtig sie auch erscheint, überhaupt zu finanzieren?
- **Qualitative Kriterien:** Hier geht es um Einflüsse, die schwer rechenbar sind, sogenannte „soft facts“. Welche Auswirkungen hat die Investition auf die Umwelt oder auf die Zufriedenheit der Mitarbeiter u. ä.

Des weiteren stellt sich die Frage, wie hoch die Investitionen im Unternehmen mindestens sein müssen. Dies ist natürlich von vielerlei Faktoren abhängig: Von der mittel- und langfristigen Produktionsplanung, vom Zustand bzw. Alter der vorhandenen Anlagen usw. Trotz aller Vorbehalte gibt es eine „Daumenregel“:

Abschreibungen = Investitionshöhe

Investitionen sollten mindestens in Höhe der Abschreibungen getätigt werden, um einen Substanzverlust des Unternehmens zu vermeiden. Denn Abschreibung bedeutet Wertverlust, Alterung des Anlagegutes, z. B. der Maschine. Zwar spiegeln die Abschreibung den Wertverlust nicht exakt wider, aber durch die Abschreibung gewinnt man immerhin eine grobe Größenordnung des Werteverlustes im Unternehmen. Dieser tritt fortwährend auf, und wenn nicht investiert wird, blutet das Unternehmen aus, verliert es Substanz. Wenn z. B. über Jahre hinweg die Abschreibungen die Neuinvestitionen deutlich übertreffen, deutet dies auf einen Substanzverlust des Unternehmens hin. Außerdem muss man dann wirklich die kritische Frage stellen, welche Zukunft seitens der Unternehmensleitung dem Unternehmen noch eingeräumt wird.

Hat man sich entschieden zu investieren, stehen eine Reihe von Entscheidungsrechnungen zur Verfügung, die teilweise recht kompliziert sind und gute mathematische Kenntnisse voraussetzen. Die komplizierten Verfahren werden unter Experten vielleicht als die besseren diskutiert, aber man sollte immer bedenken, dass man bei Investitionsrechnungen weit in die Zukunft schauen muss. Und auch die ausgefeiltesten mathematischen Methoden sind nur so gut oder so genau wie die Zukunftsprognosen – und wer weiß schon, wie sich die Situation in fünf Jahren darstellt? (Abb. 37 auf S. 107)

Die Darstellung der Investitionsrechenmethoden würde ein eigenes Buch füllen. Hier nur ein paar Anmerkungen dazu:

- **Kostenvergleichsrechnung:** Man entscheidet sich für die Investition mit den geringsten Kosten. Zunächst legt man fest, was die Investition leisten muss, und wählt dann die billigste Alternative
- **Gewinnvergleichsrechnung:** Man wählt die Investition, die den höchsten Gewinn erwirtschaftet. Hier ist Vorsicht geboten. Es wurde gezeigt, dass Gewinn eine unzuverlässige Maßgröße darstellt. Wichtig ist zu

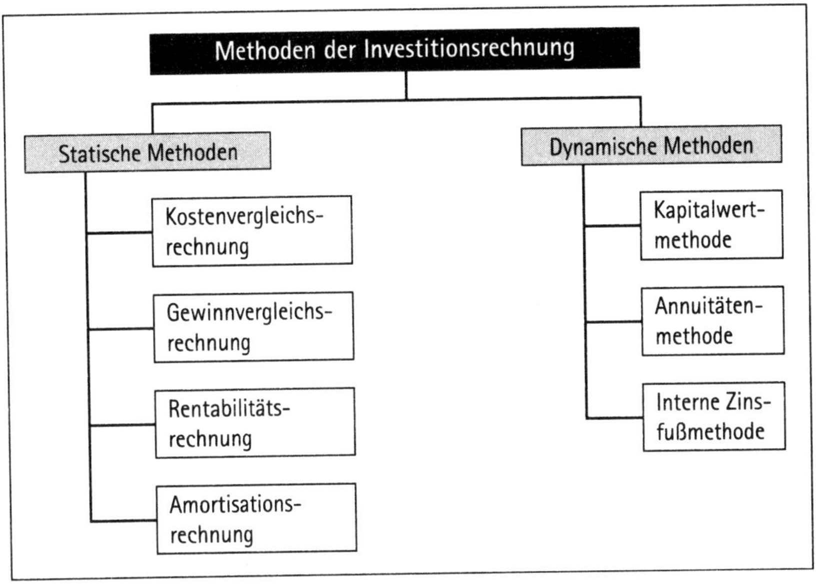

Abbildung 37: Methoden der Investitionsrechnung

fragen, mit welchem Einsatz der Gewinn erzielt wurde. Deshalb sollte ergänzend immer auf das eingesetzte Kapital geachtet werden.

- **Rentabilitätsrechnung:** Hier wird betrachtet, welche Rendite erwirtschaftet wird, der Gewinn wird also ins Verhältnis zum eingesetzten Kapital gesetzt
  Formel: $\frac{\text{Gewinn x 100}}{\text{eingesetztes Kapital}}$

- **Amortisationsrechnung:** Hier wird betrachtet, wann das eingesetzte Kapital zurückfließt. Wann hat sich die Investition amortisiert? Je kürzer die Amortisationszeit, desto geringer das Risiko der Investition
  Formel: $\frac{\text{Kapitaleinsatz}}{\text{Gewinn + Abschreibung}}$

- **Dynamische Methoden:** Bislang ging es um statische Methoden: Sie berücksichtigen nicht die Zinseffekte über die Laufzeit der Investition. Wenn Sie heute 1 Mio. DM für eine Investition ausgeben, könnten Sie diese auch alternativ anlegen, z. B. Wertpapiere kaufen. So bekämen

Sie jedes Jahr Zins und Zinseszinsen. Diese alternativen möglichen Einnahmen sind bei der Investitionsentscheidung zu berücksichtigen. Hat eine Investition eine jährliche Einsparung gegenüber einer anderen Alternative von z. B. 20.000 DM, so könnte man auch diese Einsparung anlegen und jedes Jahr würde wiederum Zins und Zinseszinsen bringen. Erzielen Sie Einnahmen aus der Investition, müssten auch hier die Zinsen im Zeitablauf berücksichtigt werden. All diese Effekte können in die Investitionsrechnungen einfließen, was allerdings sicherlich nur bei größeren Investitionen sinnvoll ist. Derartige Berechnungen erfolgen mit teilweise komplizierten finanzmathematischen Verfahren und sollen hier nicht vertieft werden.

Konkret: Wichtige Ziele und Maßgrößen. Dies alles kann in eine Finanzperspektive gehören

Alle obigen Aspekte fließen nun in komprimierter Form als Ziele und Maßgrößen in die Balanced Scorecard ein. Eine derartige Aufzählung wie die folgende kann nicht komplett sein. Es gibt branchenspezifische Maßgrößen und komplizierte finanzmathematische Berechnungen. Hier sollen die in der Praxis gängigsten genannt werden:

Wachstum

Dieses Ziel ist eines der beliebtesten, und man findet es oft in einer Balanced Scorecard. Meist wird Wachstum auf den Umsatz bezogen. Wachstum kann sich allerdings auf vielerlei Aspekte beziehen: Gewinn, Deckungsbeitrag, Rendite usw. Deswegen sollte man auch immer nachfragen, wenn von gewünschtem Wachstum die Rede ist. Erstens, was wachsen soll, und zweitens die Frage danach, wohin es geht und in welcher Größenordnung.

Wachstum wird meist in Prozent ausgedrückt, Basis ist dabei der Status Quo. Wir haben beispielsweise aktuell 1,5 Mio. DM Umsatz, Ziel ist 1,8 Mio. DM. Das wäre nun ein Wachstumsziel von 20 %.

Gewinn

Im klassischen Rechnungswesen wird der Gewinn auf zweifache Weise ermittelt, wobei das Ergebnis dasselbe ist:
In der Bilanz: Vermögen – Schulden = Gewinn
In der Gewinn- und Verlustrechnung: Erträge – Aufwendungen = Gewinn.

Dasselbe Ergebnis ergibt sich durch die sogenannte doppelte Buchführung.

Gewinn einmal vereinfacht unabhängig von der Fachterminologie des Rechnungswesens ausgedrückt:

Umsatz
– Kosten
= Ergebnis (Gewinn oder Verlust)

Formuliert man Gewinnziele, wird man meist differenzieren: Es wird ein Betriebsergebnis formuliert, also das Ergebnis, das man mit dem eigentlichen Betriebszweck verfolgt, z. B. die Herstellung von Lebensmitteln. Oder man betrachtet das Gesamtergebnis, in dem auch andere Ergebniselemente enthalten sind wie beispielsweise die Ergebnisse aus Aktienanlagen, die das Unternehmen tätigt.

Umsätze/Deckungsbeiträge

Umsätze kann man auf vielerlei Weise betrachten: Umsätze auf einem bestimmten Markt, Umsätze pro Produkt, Umsätze pro Kunde usw. Hier liegt eine große Schnittmenge mit der Kundenperspektive vor. Es stellt sich die Frage, ob es sich dabei eher um ein Thema für die Kundenperspektive oder für die Finanzperspektive handelt. Trösten Sie sich, wenn Ihnen nicht gleich spontan die Lösung einfällt. In Theorie und Praxis geht es wild durcheinander. Beim einen findet man das Umsatzthema in der Kundenperspektive, beim andern in der Finanzperspektive. Bei anderen gleich in beiden Perspektiven jeweils ein bisschen. Und wieder lautet die Lösung: Es kommt drauf an.

So kann z. B. die Erhöhung des Umsatzes pro Kunde um 5 % ein Ziel sein, um die Rendite im Unternehmen zu erhöhen. Dann ist es eher ein Ziel der Finanzperspektive.

Für die Kundenperspektive kann dieses Ziel der Außendienststeuerung dienen. So werden z. B. die Kunden in A-, B- oder C-Kunden eingeteilt (A=Sehr gute Kunden, B=mittelmäßige Kunden, C=eher (noch) unwichtige Kunden). Frage ist jetzt, mit welchen Kunden man am ehesten die 5 % Umsatzsteigerung erreicht. Soll man sich auf die guten Kunden konzentrieren oder vielleicht die noch unwichtigen Kunden umwerben? Wo liegen die Potentiale?

Mögliche Strategieformulierung für die Kundenperspektive: Verstärktes Umwerben der C-Kunden.

Dies war jetzt aber lediglich die Frage nach dem Umsatz. Wichtiger ist doch eigentlich die Betrachtung: Was haben wir mit dem Umsatz verdient? Man betrachtet den Deckungsbeitrag (Erklärung siehe oben). In Folge formuliert man keine Umsatzziele, sondern Deckungsbeitragsziele, was sich als der bessere Maßstab erweist.

Kostensenkungsziele

Hier sei einmal das Stichwort Globalisierung genannt. Kaum ein Unternehmen, das heutzutage nicht Kostensenkungsziele formuliert. Dies kann recht pauschal passieren, z. B. „unsere Kosten sollen um 3 % gesenkt werden", aber auch differenziert, also in speziellen Bereichen, z. B. im Materialbereich, Personalbereich usw. Oder man betrachtet spezielle Produkte und formuliert: „Die Produktgruppe Sport soll 10 % billiger hergestellt werden."

Cash-Flow

Der Cash Flow ist ein Indikator für die Finanzkraft des Unternehmens. Frei übersetzt ist es der Kassenzufluss. Denn der Gewinn ist ja nicht das, was tatsächlich als Cash in die Kasse fließt, denn im Gewinn sind Abschreibungen und Rückstellungen als Negativkomponente enthalten. Bei Abschreibungen und Rückstellungen fließt kein Geld, und obwohl der Gewinn gedrückt wird, ist das Geld noch im Unternehmen und steht so für die Finanzierung, beispielsweise von Neuinvestitionen zur Verfügung. Oder man kann Schulden tilgen und sich so von teuren Zinsen entlasten. Klar, dass Unternehmen mit einem hohen Cash-Flow leichter Kredite bekommen, da sie eine hohe Finanzkraft besitzen.

Der Cash Flow wird in seiner Grundstruktur wie folgt berechnet:

  Gewinn
+ Abschreibungen
+ Rückstellungen

= Cash Flow.

In der Praxis findet man manchmal eine Reihe von anderen Posten im Cash Flow. Letztlich handelt es sich aber nur um eine Aufschlüsselung des obigen Grundschemas.

Grundsätzlich gilt, dass vom Gewinn alle Aufwendungen abgezogen werden, die nicht Cash sind, wo also kein Geld geflossen ist. Es werden aber auch alle Erträge dem Gewinn zugeschlagen, bei denen kein Geld geflossen ist, z. B. Entnahme aus Rücklagen.

Cash Flow-Ziele sind wichtige Ziele, denn hier geht es um das zur Verfügung stehende Geld für Investitionen und damit um die Zukunft des Unternehmens. Somit verwundert es nicht, wenn man in sehr vielen Balanced Scorecards auf Cash Flow-Ziele trifft.

Der Cash Flow steht im engen Zusammenhang mit Liquiditätszielen bzw. umgekehrt. Denn bei der Liquidität wird zum einen gefragt, ob Geld für die Deckung aktueller Verbindlichkeiten vorhanden ist und zum anderen, ob eine gute Liquidität dem Unternehmen helfen kann, die Zukunft zu bewältigen.

Rentabilitäten

Jeder erwartet, dass sich das eingesetzte Kapital verzinst. Das beginnt mit dem Sparbuch, und die Eigenkapitalgeber eines Unternehmens erwarten ebenfalls, dass sich das eingesetzte Kapital gut verzinst. Verzinst es sich schlecht, wäre es vielleicht woanders besser angelegt gewesen.

Insbesondere in großen Unternehmen ist die Rentabilität ein wichtiges Unternehmensziel. So wird z. B. angestrebt, dass sich das Eigenkapital mit 15 % verzinst. Basis ist immer der Gewinn, und hier stellt sich die Frage nach Aussagekraft der Rentabilität immer dann, wenn kräftig am Gewinn „manipuliert" wurde. Idealerweise werden diese Gewinngestaltungen herausgerechnet, was für den externen Betrachter aber nur schwer möglich ist.

Interessant kann es auch für Unternehmen sein, sich (bei aller Vorsicht) zu verschulden. Wenn mit Fremdkapital eine Rendite über den Fremdkapitalzinsen erwirtschaftet werden kann, dann lohnen sich Schulden.

Beispiel: Ein Kredit kostet 10 % Zinsen, die Summe wird erfolgreich investiert und bringt vielleicht 15 % Rendite. Dies nennt man auch Hebelwirkung oder Leverage-Effekt.

- **Eigenkapitalrentabilität**

  Die Eigenkapitalrentabilität sollte immer über dem marktüblichen Zins für langfristige Kapitalanlagen liegen, denn sonst hätte man sein Geld alternativ gleich woanders und evtl. sicherer anlegen können.

  Die Eigenkapitalrentabilität errechnet sich

$$\frac{\text{Gewinn x 100}}{\text{Eigenkapital}}$$

- **Gesamtkapitalrentabilität**
  Diese Rentabilität ist aussagekräftiger als die Eigenkapitalrentabilität, da sie die Verzinsung des gesamten Kapitals beleuchtet.

  $$\frac{\text{Gewinn und Fremdkapitalzinsen} \times 100}{\text{Gesamtkapital (Eigen- u. Fremdkapital)}}$$

  Fremdkapitalzinsen müssen deswegen hinzugerechnet werden, da sie den Gewinn reduziert haben und bei Gegenüberstellung nun berücksichtigt werden. Gewinn und Fremdkapitalzinsen bezeichnet man auch als Kapitalgewinn.

- **Umsatzrentabilität**
  Dies ist die Verzinsung des Umsatzes, oder durch eine Frage ausgedrückt: Wieviel Gewinn wirft der Umsatz ab? Denn es wäre ja unsinnig, „Umsatz um jeden Preis" erzielen zu wollen, was heißen könnte, dass der Umsatz mit hohen Kosten erkauft wird, die dann aber den Gewinn schmälern. So gibt die Kennzahl Auskunft über den Erfolg der betrieblichen Tätigkeit beim Verkauf der Produkte auf dem Markt und ist somit eine der wichtigsten Kennzahlen. Das Raffinierte an dieser Kennzahl ist, dass durch die Einbeziehung des Gewinns die Kosten indirekt berücksichtigt werden und die Veränderung dieser Kennzahl auch kostenbedingt sein kann. So bietet die Analyse dieser Kennzahl de facto den Einstieg in eine umfassende Analyse des gesamten Unternehmens.

  $$\frac{\text{Gewinn und Fremdkapitalzinsen} \times 100}{\text{Umsatz}}$$

Manchmal findet man diese Kennzahl ohne Berücksichtigung der Fremdkapitalzinsen. Als Grund für das Anführen der Zinsen wird genannt, dass der Umsatz auch mit Hilfe des Fremdkapitals erzielt wurde.

Hier streiten sich die Experten, denn man kann auch ohne Einbeziehung der Fremdkapitalzinsen gut mit dieser Zahl arbeiten.

- **Return on Investment (ROI)**
  Der ROI kommt zum selben Ergebnis wie die Gesamtkapitalrentabilität. Der erhöhte Aussagewert dieser Kennzahl bildet sich dadurch, dass sie sich aus mehreren Komponenten zusammensetzt, die für sich genommen ebenfalls interessant sind.

Umsatzrentabilität

$$\frac{\text{Gewinn und Fremdkapitalzinsen} \times 100}{\text{Umsatz}}$$

Die Umsatzrentabilität ist oben erklärt.

Kapitalumschlag

$$\frac{\text{Umsatz}}{\text{Gesamtkapital}}$$

Der Kapitalumschlag zeigt, wie intensiv das eingesetzte Kapital im Unternehmen genutzt wird, wie produktiv das Kapital ist. Umschlagshäufig beschreibt, wie viel Umsatz mit dem Kapital erzielt wird. Eine Umschlaghäufigkeit von 2 bedeutet dann, dass mit einer DM Kapital 2 DM an Umsatz erzielt wurden. Je höher der Kapitalumschlag, desto geringer der Kapitalbedarf, denn das Kapital wird öfter umgeschlagen.

Die Rendite des gesamten Kapitaleinsatzes wird also (auch) durch die Umsatzrendite und die Umschlagshäufigkeit beschrieben:

ROI = Umsatzrentabilität x Kapitalumschlagshäufigkeit

Häufig werden die einzelnen Komponenten noch weiter untergliedert.

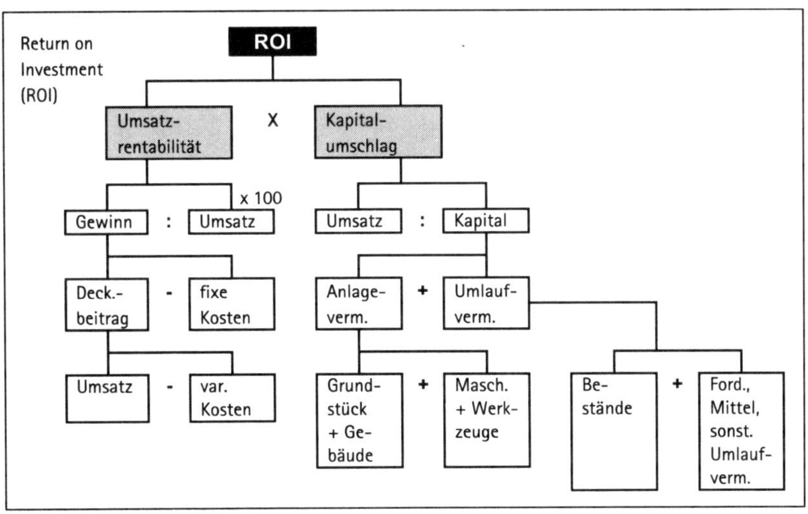

Abbildung 38: ROI im Detail

Man sieht also, an welchen Hebeln und Schrauben man drehen kann oder muss, um den ROI zu beeinflussen. Mit derartigen Instrumenten kann das Management hervorragend arbeiten. Nicht umsonst findet man sehr häufig ROI-Ziele in der Balanced Scorecard.

Shareholder Value

Der Shareholder Value-Ansatz ist eine recht neue Methode, um ein Unternehmensziel festzulegen. Mit der Zunahme der Unternehmen, die an die Börse gehen, wurde auch der Shareholder Value-Ansatz immer verbreiteter. „Shareholder“ ist das englische Wort für Aktionär, und „value“ bedeutet Wert. So könnte man Shareholder Value erklären als „den Wert, den ein Unternehmen für seine Aktionäre darstellt“. Der Shareholder Value ist eine Methode, um den Wert eines Unternehmens zu beziffern.

Für Börsenfachleute stellt sich immer das Problem, wie sie ein Unternehmen bzw. dessen Unternehmenswert einschätzen sollen. Soll hierzu der Gewinn herangezogen werden oder die erwartete Rentabilität der nächsten Jahre?

Aufgrund ihrer Einschätzungen raten die Börsenfachleute ihren Kunden zum Kauf oder Verkauf der entsprechenden Aktien eines Unternehmens.

Wie schon in diesem Kapitel erläutert, ist der Cash Flow eine wichtige Kennzahl zur Einschätzung der Finanzkraft eines Unternehmens und seiner Zukunftschancen.

Die Berechnung des Shareholder Value eines Unternehmens basiert auf der Betrachtung des Cash Flow eines Unternehmens. Doch nicht nur der aktuelle Cash Flow wird berechnet, sondern dieser Ansatz versucht eine Betrachtung der zukünftigen Cash Flow-Entwicklung eines Unternehmens. So wird der Unternehmenswert im Shareholder Value-Ansatz als die Summe aller zukünftig erwarteten Cash Flow-Zahlen abzüglich der erwarteten Fremdkapitalkosten berechnet.

Hierzu wurde ein recht komplexes Berechnungsschema entwickelt. (Abb. 39 auf S. 115)

Wenn Sie im ersten Ansatz Schwierigkeiten haben, die Ermittlungsmethode zu verstehen oder jetzt überhaupt passen müssen: Machen Sie sich nichts daraus. Viele erfolgreiche Börsenprofis verstehen sie ebenfalls nicht, und auch im Management sollte man die Damen und Herren besser nicht fragen, ob sie die Ermittlung schlüssig erklären könnten.

Nach welcher Methode man auch rechnet:

> Shareholder-Value ist **mehr ein Denkansatz als eine Rechenmethode.** Es geht um die Wertorientierung, die Werterhöhung des Unternehmens, mit welchen Mitteln auch immer.

$$SV = \sum_{t=1}^{n} \frac{CF_t}{(1 + WACC)^t} + \frac{Residualwert}{(1 + WACC)^n} - Fremdkapital$$

- CF_t stellt den für die einzelnen Perioden prognostizierten Cash Flow dar.
- Im Residualwert wird der über den expliziten Prognosezeitraum hinaus erzielbare Cash Flow erfaßt
- WACC ist der sog. Weighted Average Cost of Capital. Dieser wird als Diskontierungsfaktor verwendet. Er bringt die Mindesterwartung der Eigen- und Fremdkapitalgeber zum Ausdruck:

$$WACC = k_{EK} \times \frac{Eigenkapital}{Gesamtkapital} + k_{FK} \times \frac{Fremdkapital}{Gesamtkapital}$$

wobei die Eigenkapitalkosten k_{EK} nach dem sog. Capital Asset Pricing Model (CAPM) wie folgt ermittelt werden:

$$k_{EK} = rf + ß \times (rM - rf)$$

rf = risikolose Sockelrate
rm = Marktrendite
ß = Volatilitätsparameter

Die Fremdkapitalkosten kFK ergeben sich aus dem Zinssatz für langfristige Schuldverschreibungen.

Somit bestehen die Eigenkapitalkosten nach dem CAPM aus einem risikolosen Sockelsatz und einem Risikozuschlag. Letzterer ergibt sich aus der Differenz zwischen der Marktrendite (etwa der des DAX-Portfolios) und einer risikolosen Sockelrate multipliziert mit dem sog. Beta-Faktor.
Dieser stellt die in der Vergangenheit ermittelte Volatilität hinsichtlich der Kursentwicklung einer Aktie im Vergleich zur Entwicklung des Gesamtindex (etwa des DAX) dar. Ist ß>1, so wird sich die Aktie z.B. stärker verändern als der DAX.
Die Ermittlung dieses ß ist in der Praxis nicht ganz einfach.

Abbildung 39: Rechnerische Ermittlung des Shareholder Value

Und dies ist durchaus ein strategisches Ziel für die Balanced Scorecard. Im Zweifel wird die Wertsteigerung durch den Börsenkurs gemessen, denn durch den Kurs wird der Wert des Unternehmens von anderen eingeschätzt.

Alle Rechenmethoden bringen eine Reihe von Unsicherheiten mit sich. Kritiker sagen, dass deswegen die komplizierten Ermittlungsmethoden nur ein Aspekt unter vielen sein können. Wichtig ist eine erkennbare Zukunftsorientierung des Unternehmens, die richtige strategische Ausrichtung.

Was nun konkret in die Finanzperspektive aufgenommen wird, richtet sich nach den strategischen Fragestellungen (siehe 1. Kapitel).

In diesem Zusammenhang stellt sich die Frage: Ist die Finanzperspektive eigentlich Ausgangspunkt oder Endpunkt der Balanced Scorecard? Fest steht, dass ohne Liquidität, Rentabilität usw. kein Unternehmen auf Dauer existieren kann. Mit aller Vorsicht kann gesagt werden, dass die Finanzperspektive eher der Ausgangspunkt ist, weil hier auch die finanziellen Ziele der Eigentümer formuliert werden.

Die Prozessperspektive: Versuchen Sie mal, Kreativität zu messen

Wir befinden uns im Bereich der, wie es die Betriebswirtschaftslehre ausdrückt, betrieblichen Leistungsprozesse. Neben der Finanzperspektive stellt sie einen weiteren großen Bereich des Faches dar. Hierzu gehören im wesentlichen folgende Aufgaben:

- Beschaffung von Personal, Betriebsmitteln und Werkstoffen
- Produktion/Dienstleistung/Forschung und Entwicklung
- Absatz/Marketing.

Dem übergeordnet ist die Unternehmensführung.

Absatz und Marketing werden im Rahmen der Kundenperspektive behandelt.

Auch hier soll zunächst ein Überblick über wesentliche betriebswirtschaftliche Inhalte dieser Perspektive gegeben werden.

Zu den Produktionsunternehmen gehören alle Betriebe von der Rohstoffgewinnung bis hin zur eigentlichen Produktion, z. B. Industriebetriebe. Unter Dienstleistungsunternehmen versteht man Banken, Versicherungen, Verkehrsbetriebe, auch Handelsunternehmen, Hotels, Reiseveranstalter und die freien Berufe wie z. B. Steuerberater.

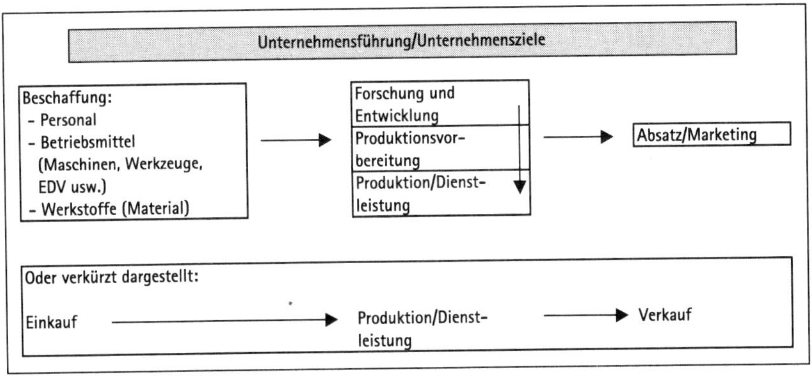

Abbildung 40: Betriebliche Leistungsprozesse

Betriebsmittelbeschaffung: Wir brauchen Maschinen, Computer usw.

Es geht um die Beschaffung des so genannten Anlagevermögens. Zunächst unterscheidet man zwischen

- Neubedarf (bei Gründung)
- Erweiterungsbedarf
- Ersatzbedarf.

Hier reden wir über Investitionen (siehe hierzu auch das Kapitel Finanzierung und Investition). Investitionen über die Betriebsmittel werden regelmäßig aus dem Absatz abgeleitet. Erst wenn man weiß, *was man in welcher Anzahl* verkaufen will, kann man die Betriebsmittel planen: Maschinen, Werkzeuge, aber auch EDV-Hard- und Software. Grundlegende Fragen lauten: Wie viele Maschinen benötigt man? Wie ist die spätere Auslastung? Die Beschaffung von Betriebsmitteln ist eine wesentliche strategische Entscheidung. Sie bindet Finanzmittel und legt zukünftige Kosten fest. Sind diese Betriebsmittel, z. B. Maschinen, nicht ausgelastet, laufen die Kosten (Abschreibungen und evtl. Personalkosten) trotzdem weiter. Dieser Faktor hat schon viele Unternehmen in eine Krise geführt.

Heißt z. B. das Ziel der Balanced Scorecard „Sicherung des Unternehmens“, dann beginnt dieser Prozess bereits hier bei der Beschaffung der Betriebsmittel.

Fast überflüssig, aber der Vollständigkeit halber bleibt zu erwähnen, dass die Beschaffung von Betriebsmitteln abhängig vom jeweiligen Fertigungsverfahren ist. Massengüter wird man mittels Fließfertigung („Fließbänder") fertigen, komplizierte Spezialwerkzeuge doch wohl eher in der sogenannten Werkstattfertigung, wo in verschiedenen „Werkstätten" (z. B. Gießen, Bohren, Fräsen usw.) das Produkt hergestellt wird.

Materialwirtschaft: Das richtige Material zur richtigen Zeit am richtigen Ort

Die Materialwirtschaft beschäftigt sich mit dem Einkauf, der Lagerung, Prüfung und dem innerbetrieblichen Transport der benötigten Materialien.

Es gibt dabei einige klassische Fragestellungen zu lösen: Die Frage nach der richtigen Menge (optimale Bestellmenge) in der richtigen Qualität am richtigen Ort zur richtigen Zeit, und dies alles mit so geringen Kosten wie möglich. Typische betriebswirtschaftliche Fragestellungen sind dabei:

- Brauchen wir überhaupt ein Lager?
  Viele Unternehmen verzichten mittlerweile auf aufwendige und kostenintensive Lagerung. Dies wird „just in time" genannt und soll Lagerkosten sparen, indem der Lieferant immer dann liefert, wenn die Ware gerade gebraucht wird. Diese, wie es auch heißt, fertigungssynchrone Anlieferung muss allerdings klappen. Bei Anlieferungsstörungen, sei es durch Qualitätsprobleme oder Streiks bei Zuliefererfirmen, gibt es keine Puffer durch Lager oder wenn doch, nur Notfallager für kurze Zeit. So kann es passieren, dass bei einem Automobilhersteller die Autos über Tage nicht ausgeliefert werden können, nur weil vielleicht der Hersteller der Lenkräder seinen Lieferungen nicht nachgekommen ist. Das bedeutet dann Millionenverluste. Somit ist die Form der Logistik, wie man auch sagt, recht sensibel, und einige Unternehmen nehmen wieder bewusst Abstand von „just in time".
- Was kostet uns die Beschaffung?
  Lagerware ist meist bereits bezahlt und somit gebundenes Kapital. Das Geld zur Finanzierung der Lagerware hat uns entweder bei der Kreditfinanzierung Zinsen gekostet oder, wenn eigenfinanziert, bringt uns keine Zinsen mehr, weil es im Lager gebunden ist. Unter Umständen fehlt jetzt das gebundene Kapital für andere Dinge, z. B. für Investitionen oder Werbemaßnahmen.
  Aber auch andere Beschaffungskosten werden analysiert. Welche gibt es sonst noch? Zum Beispiel die Einkaufsabteilung. Hier sind Mitarbei-

ter beschäftigt und verursachen Personalkosten. Oder die Kosten für das Lager, z.B. Abschreibungen, Heizung, Personalkosten. Derartige Kosten sind relativ schnell zu greifen und zu analysieren. Die Problematik ist allerdings, dass sie im Zweifel schwer abbaubar sind. Steht einmal die Lagerhalle, wird man um die Abschreibungen mittelfristig nicht herumkommen.
Was kosten uns die verschiedenen internen Lager? Brauchen wir unbedingt Zwischenlager in der Produktion? Was kosten die Ein- und Auslagerungsvorgänge; im Fachjargon: Was kosten Ein- und Auslagerungs*prozesse*? Das sind Detailfragen im Rahmen der Balanced Scorecard. All diese und ähnliche Probleme werden hinterfragt.
Ferner geht es um Einkaufskonditionen: Rabatte, Lieferfristen usw. Wie günstig wird eingekauft? Soll vielleicht eine Einkaufsgemeinschaft mit anderen Unternehmen gebildet werden (eine Kooperation)? In der Regel hängen die Einkaufskonditionen von der Einkaufsmenge und der Variantenvielfalt ab. In den letzten Jahren hat man sich viel mit diesen Fragen beschäftigt und insbesondere versucht, die Anzahl der zu beschaffenden Teilevielfalt zu beschränken bzw. zu straffen (Standardisierung). So hat beispielsweise ein Uhrenhersteller die Anzahl seiner Armbänder und Armbandlieferanten drastisch reduziert. Ergebnis: Höhere Stückzahlen von weniger Lieferanten = in Summe günstigere Kosten für die Armbänder in Höhe von 15 %.

- Kümmern wir uns um die richtigen Dinge?
  Bei der Beschaffung sollte eine Frage im Vordergrund stehen: „Welche Materialien machen das größte Einkaufsvolumen aus, *was ist wirklich wichtig?*“ Man macht nahezu überall die Erfahrung, dass nur wenige Artikel das größte Einkaufsvolumen ausmachen, viele Artikel aber nur ein geringes Volumen repräsentieren. So untersucht man die Artikelstruktur.

  Im folgenden Beispiel kommt man zu dem Ergebnis, dass
  - rund 13 % der Artikelanzahl 50 % des Einkaufsvolumens ausmachen = A-Artikel
  - 25 % der Artikelanzahl 30 % des Einkaufsvolumens = B-Artikel
  - 62 % der Artikelanzahl aber nur 20 % des Einkaufsvolumens = C-Artikel.

In der Praxis unterteilt man nach Maßgabe des Einkaufsvolumens in A-, B- und C-Materialien, macht eine sogenannte ABC-Analyse.

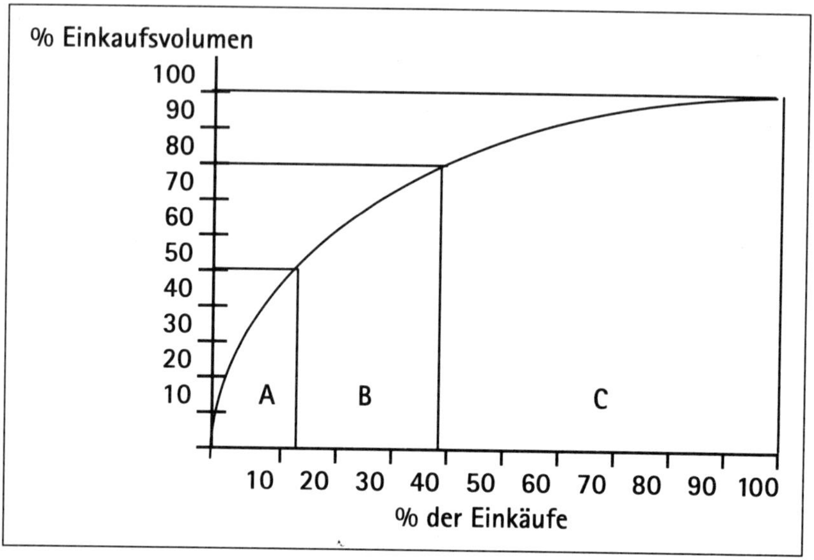

Abbildung 41: ABC-Analyse

Jetzt wird man sich als Erstes um die A-Artikel kümmern und diese im Hinblick auf die Kosten optimieren, z. B. durch Neuverhandlungen mit den Lieferanten, Angebotseinholung von anderen Lieferanten usw.

Die ABC-Analyse soll verhindern, dass man seine Kosteneinsparungsversuche auf die falschen Artikel lenkt. Wie oft beobachtet man in der Praxis, dass viele Einkäufer sich daran versuchen, den letzten Klebestreifenroller billiger zu bekommen, die letzten Schrauben für die Instandhaltung, aber jahrelang versäumen, sich um günstigere Beschaffung der Rohstoffe zu kümmern, obwohl diese vielleicht 30 % des Einkaufsvolumens ausmachen.

In Dienstleistungsunternehmen wie z. B. Banken, Versicherungen, Medienunternehmen oder dem öffentlicher Sektor spielt die Materialwirtschaft nur eine nachgelagerte Rolle.

Die Leistungen werden weniger durch Material als vielmehr mit Personal erbracht. Lager gibt es ebenfalls kaum.

Produktion/Technik/Forschung und Entwicklung: Wo etwas entsteht

In diesem Bereich sind Technik und Betriebswirtschaftslehre eng miteinander verbunden, denn abhängig vom Absatzprogramm geht es zunächst um die Organisation der Produktion, um die Produktionsprogrammplanung. Hier stellen sich folgende Fragen:

- Welche Kapazität ist notwendig? Momentan und in der Zukunft.
- Wo gibt es Engpässe? Welcher Engpass verringert die Kapazität erheblich?
- Wie müssen die Fertigungsprozesse aufeinander abgestimmt sein?

Es kommen hier vielfältige Instrumente zur Anwendung, z. B. die Netzplantechnik oder andere Ablaufdiagramme. In der Praxis findet man häufig EDV-gesteuerte Produktionsplanungssysteme (PPS). Diese koordinieren den Fertigungsablauf einschließlich der Materialdisposition.

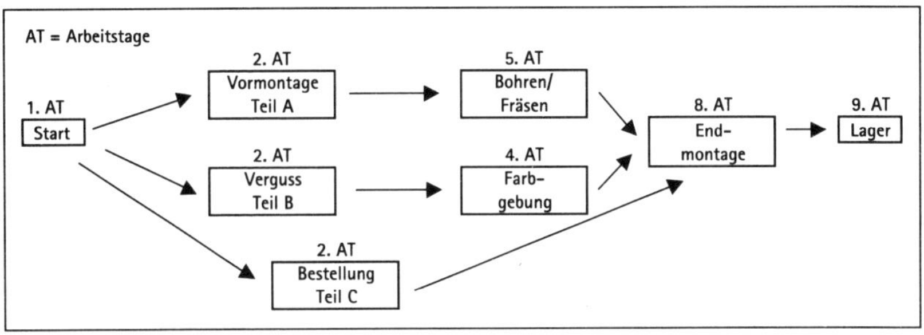

Abbildung 42: Grundschema Netzplan

Die BWL stellt auch hier kritische Fragen:

Stimmt die Produktivität? Produktivität fragt nach dem Verhältnis von Input und Output. Also z. B. Stückzahl pro Arbeitsstunde. Hier arbeitet man mit Kennzahlen, in erster Linie mit Produktionskennzahlen:

- Leistung zu Anwesenheit.
  Wieviel Prozent der Anwesenheit der Mitarbeiter werden zu Leistung? 70 %, 85 % oder gar 95 %? Was passiert in der Zeit, in der die Mitarbeiter zwar anwesend sind, aber diese Anwesenheit nicht zur Leistung wird? Wird auf Material gewartet, sind die Maschinen laufend defekt, wird gar unverkäuflicher Ausschuss produziert?
- Kosten pro Produktionsminute
  Was kostet die Minute in der Produktion einschließlich Personalkosten, Abschreibungen, Reparaturen und sonstigen Kosten? Dies ist eine we-

sentliche Kalkulationsgrundlage. Interessant ist zu beobachten, wie sich dieser Wert im Zeitablauf verändert, z.B. nach Lohntariferhöhungen, allgemeinen Preissteigerungen, aber auch nach technischen Rationalisierungsprojekten oder nach Anschaffung von neuen Maschinen. Um nur einmal eine Größenordnung zu nennen (dieser Wert ist natürlich von Branche zu Branche unterschiedlich): In einem Unternehmen der optischen Industrie lagen die Kosten pro Produktionsminute um die Jahrtausendwende bei rund 1,30 DM, davon entfielen auf die Personalkosten rund 0,65 DM.

- Ist die Produktion ausgelastet?
  Dummerweise laufen die meisten Kosten auch dann weiter, wenn nicht produziert wird. Bezeichnet werden sie als Leerkosten, Kosten der nicht genutzten Kapazität. Zum Beispiel die Abschreibungen für die Maschinen oder auch die Kosten der Mitarbeiter. So ist es ein wichtiges Ziel der Produktion, dass durchgängig produziert wird. Stillstand oder Produktionsdrosselung verteuert die Produkte. Die Kosten fallen meist für die gesamte Kapazität an. Wird diese nicht genutzt, müssen jetzt weniger Produkte die gesamten Kosten tragen.
  So ist festzustellen, dass die Unternehmen zunehmend versuchen, flexibler in der Produktion zu werden. Dies bedeutet, dass beispielsweise nur für 85 % der möglichen Kapazität Mitarbeiter „an Bord" sind. Benötigt man die restlichen 15 %, wird z. B. auf Zeitarbeit oder Subunternehmer zurückgegriffen.
- Muss alles im eigenen Unternehmen gefertigt werden?
  In den letzten Jahren ist festzustellen, dass zunehmend weniger selber gefertigt wird (Verringerung der Fertigungstiefe). Teile, die vorher im eigenen Unternehmen gefertigt wurden, werden nun von Zulieferern beschafft. Die Gründe liegen darin, dass andere es besser oder billiger erledigen und das eigene Unternehmen sich auf seine Kernkompetenz konzentrieren kann. Hier kommt Outsourcing zum Tragen.
- Wie effektiv sind Forschung und Entwicklung?
  Der Kostenblock Forschung und Entwicklung ist in den Unternehmen zunehmend gestiegen, und er steigt weiter. Um so wichtiger ist die Frage nach der Effektivität. Es stellt sich eine Reihe von Fragen:
  - Arbeitet unsere Forschungs- und Entwicklungsabteilung eigentlich konkret an Kundenaufträgen? Oder wird „auf Verdacht" geforscht?

- Sind wir sicher, dass die Forschungs- und Entwicklungskosten später über die Produkte wieder „eingefahren“ werden? (Amortisation von Forschung und Entwicklung). Was nützt das schönste Entwicklungsprojekt, das unseren Technikern eine Menge Spaß macht, wenn die Kosten später durch den Verkauf von konkreten Produkten nicht wieder hereinkommen?
- Forschung und Entwicklung wird meist in Form von Projekten durchgeführt. In der Praxis trifft man häufig die Situation an, dass der Fortschritt der Projekte und die Kosten der Projekte nicht beobachtet werden.
- Sind wir auf dem aktuellen Forschungsstand?
  Dies ist eine strategische Frage. Zwar werden unsere Produkte noch gut verkauft, aber hat man auch das Auge am Markt und an der Konkurrenz? Kennt man sein Produkt schon, das man vielleicht in drei Jahren verkaufen will? Kurzum: Sind die Weichen richtig gestellt?

- Wie ist die Kostenstruktur?
  Für die Produktion und Forschung und Entwicklung müssen hohe Kosten vorgehalten werden, sogenannte Fixkosten. Dies sind Kosten, die sich durch die Ausbringung nicht ändern, sozusagen Kosten der Aufrechterhaltung der Produktion, z. B. Abschreibungen, Mindestpersonal. Den Gegensatz dazu stellen variable Kosten dar. Diese Kosten steigen oder sinken mit der Ausbringung, z. B. den Materialkosten. Jetzt befindet man sich im Konflikt. Hat man durch einen hohen Fixkostenblock die Produktion z. B. durchrationalisieren können, hat man leistungsfähige Maschinen usw., dann sinken bei hoher Produktionszahl die Kosten pro Stück. Wenn die Produktion allerdings sinkt, kann dieser hohe Fixkostenblock ein Unternehmen „umbringen“. (Abb. 43 auf S. 124)

Die sinkenden Fixkosten pro Stück nennt man Fixkostendegression.

Heute versuchen Unternehmen, die Produktionsfixkosten so gering wie möglich zu halten. Produktionsspitzen werden lieber fremd vergeben, als dass dafür hohe Fixkosten vorgehalten werden, z. B. Personal und Maschinenkapazitäten. So ist ein Trend von fixen zu variablen Kosten zu verzeichnen. Das Stichwort lautet hier „schlanke Produktion”; alles wird lean.

Fixkosten gesamt: 1000
Stückbetrachtung

Ausbringung	Kosten
1	1000
2	500
3	333
4	250
5	200
6	167
7	143
8	125

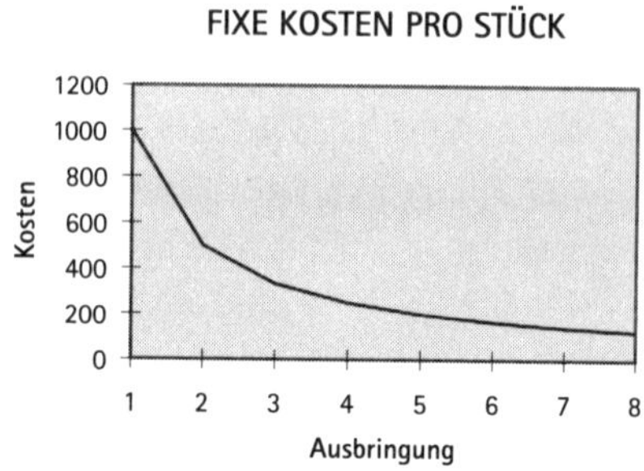

DIE FIXKOSTEN PRO STÜCK SINKEN BEI STEIGENDER AUSBRINGUNG

Abbildung 43: Fixkosten pro Stück (Fixkostendegression)

Aufbau- und Ablauforganisation: Wer macht was, wo und wie?

Aufbauorganisation

Wenn ein neuer Mitarbeiter ins Unternehmen kommt, weiß er oft noch nicht, an wen er sich mit seinen Anliegen wenden kann, wer für welche Aufgaben zuständig ist. Er ist mit den internen Strukturen noch nicht vertraut. Um ihm den Einstieg zu erleichtern, verteilen viele Firmen an ihre neuen Mitarbeiter ein Organigramm. Das Organigramm zeigt meist die Aufbauorganisation eines Unternehmens nach funktionalen Gesichtspunkten, d. h. nach den einzelnen Funktionen, die im Unternehmen wahrgenommen werden. Da gibt es ganz oben das Management, darunter die einzelnen Abteilungen (Produktion, Vertrieb etc.) und evtl. Stabsstellen. Stabsstellen sind Organisationseinheiten, die unmittelbar der Unternehmensführung unterstellt sind. Meist sind es Spezialisten eines Fachgebiets, z. B. Recht, Organisation oder Controlling, die beratende Funktionen sowohl für das Management als auch für die einzelnen Abteilungen ausüben. Stabstellen haben keine Anordnungsbefugnis gegenüber den Abteilungen.

Ein Organigramm kann neben der Nennung der Organisationseinheit auch die jeweiligen Führungskräfte namentlich nennen. In manchen Fällen ist auch die Telefonnummer mit abgebildet, so dass ein Außenstehender oder ein neuer Mitarbeiter sich gezielt an die zuständige Stelle wenden kann.

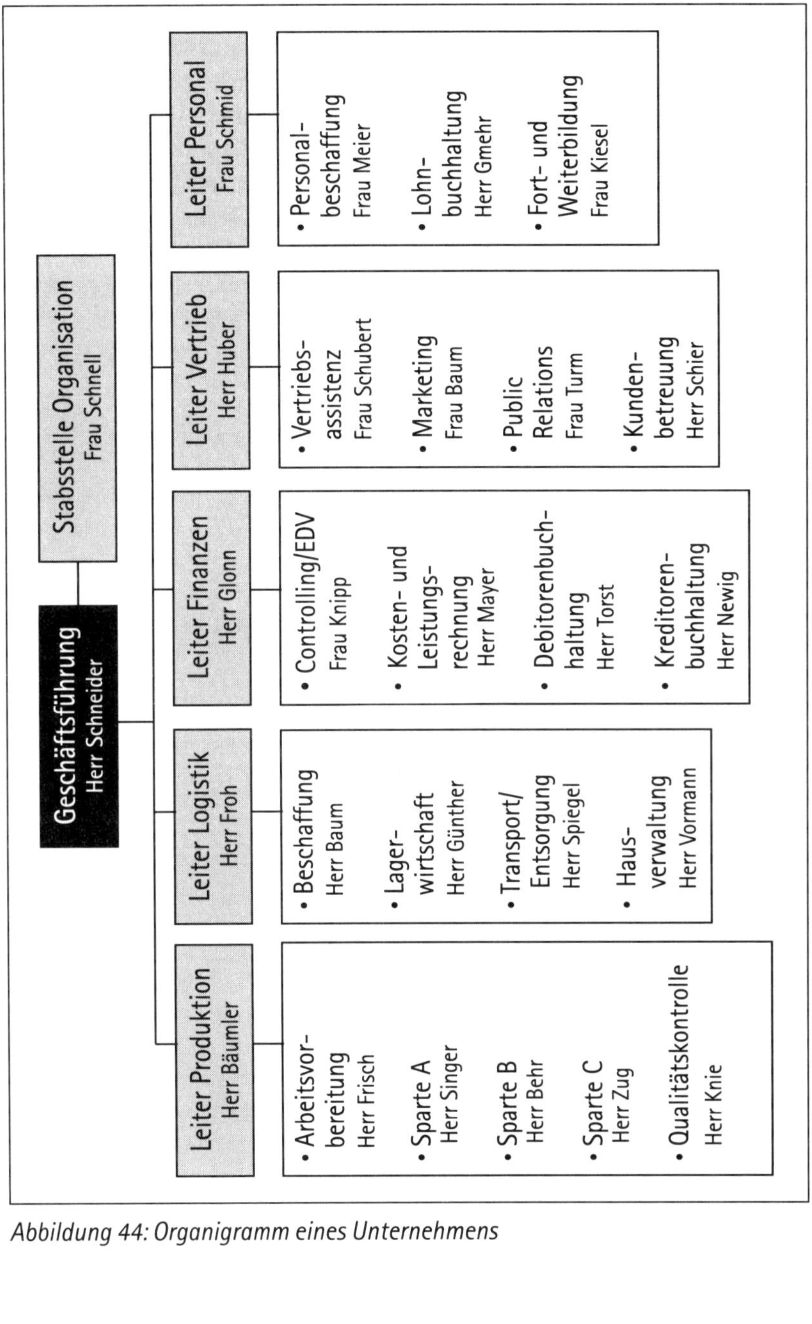

Abbildung 44: Organigramm eines Unternehmens

Mit dem Organigramm ist die interne Struktur abgebildet. Die hierarchischen Beziehungen zwischen Vorgesetztem und Mitarbeitern können anhand dieses Organigramms auch abgelesen werden.

Das oben gezeigte Organigramm stellt eine „klassische" Aufbauorganisation dar. Neuere Strömungen lehnen diesen rein hierarchischen Aufbau eines Unternehmens als zu schwerfällig ab. Die Entscheidungswege sind zu lang. Man muss immer über irgendwelche Hierarchien klettern. Die Matrixorganisation und die damit oft verbundene Profit-Center Organisation sind neuere Konzepte für die Aufbauorganisation, die ein Unternehmen flexibler gestalten wollen.

Matrixorganisation

In vielen Unternehmen finden zur Zeit Umorganisationsprozesse statt, die das Unternehmen nach einer Matrixorganisation neu strukturieren. Hierbei überlappen sich zwei Organisationsformen, die Organisation des Unternehmens nach Funktionen (Einkauf, Produktion, Vertrieb) und die Einteilung des Unternehmens in eine Spartenorganisation (Sparte A, Sparte B, Sparte C).

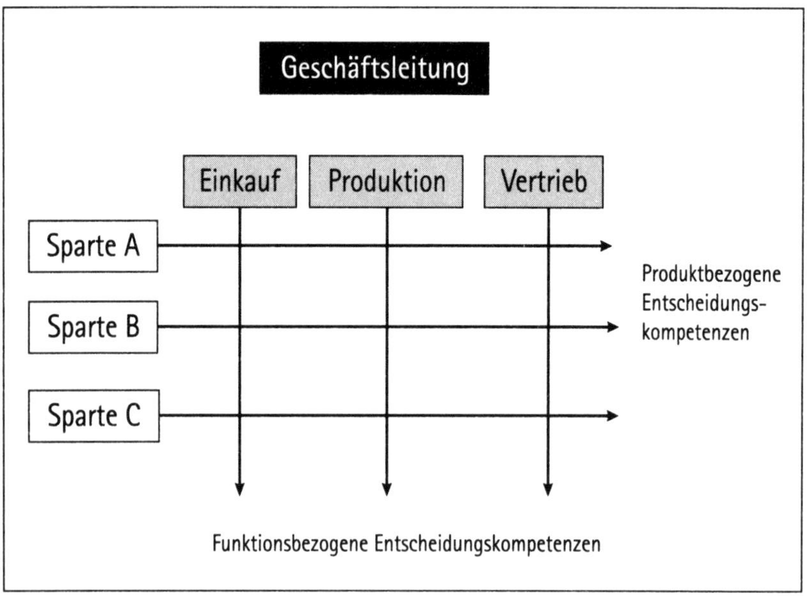

Abbildung 45: Matrixorganisation

Die Sparten werden oft auch als Divisions oder Business Units bezeichnet und sind meist zuständig für bestimmte Produkt- oder Kundengruppen. Die Sparten sind wiederum in sich nach funktionalen Gesichtspunkten (Einkauf, Produktion, Vertrieb etc.) gegliedert. Zunehmend arbeiten die Sparten als selbstständige Teile des Gesamtunternehmens, als sogenannte Profit-Centers. So ist die Profit-Center-Organisation die konsequente Weiterentwicklung der Matrixorganisation.

Profit-Center-Organisation

Bei der Profit-Center-Organisation geht es – kurz gesagt – darum, aus einem großen Unternehmen mehrere kleinere Unternehmen zu machen.

Der Begriff „Profit-Center" bezeichnet die Unterteilung eines Gesamtunternehmens in eigenständige, ergebnisverantwortliche Teilbereiche.

Profit-Centers sind gekennzeichnet durch:

- Ergebnisverantwortung des Profit-Center Leiters
- Der Profit-Center-Leiter agiert wie ein „Unternehmer"
- Schnelle und kurze Entscheidungswege
- Controlling-Begleitung des Profit-Center-Managements
- Interne Verrechnung der Profit-Center Leistungen

Im Einzelnen: Ergebnisverantwortung des Profit-Center-Leiters heißt, dass der Profit-Center-Leiter für sein Profit-Center-Ergebnis verantwortlich ist und dafür geradesteht. Sollten z. B. die Kosten aus dem Ruder laufen, muss der Profit-Center-Leiter steuernde Maßnahmen ergreifen. Er agiert wie ein Unternehmer und trifft alle Entscheidungen, die seinen Bereich betreffen, selbst. Dies können Investitionsausgaben sein, Neueinstellungen, Sachausgaben etc. Da ein Profit-Center wie ein eigenständiges Unternehmen agieren kann und darf, sind die Entscheidungswege schneller und kürzer als bei traditionellen Organisationsformen.

Ein weiteres, wesentliches Merkmal des Profit-Centers ist, dass es seine Leistungen an andere Abteilungen intern verrechnet. Im Gegenzug „kauft" ein Profit-Center Leistungen von anderen Bereichen, z. B. zentrale Dienstleitungen. Dieses Prinzip nennt man „Innerbetriebliche Leistungsverrechnung". Es ist die konsequente Weiterführung des Verständnisses des Profit-Centers als „Unternehmen im Unternehmen".

Positive Effekte aus der Einführung einer Profit-Center-Organisation sind:

- Mehr Transparenz der Kosten- und Leistungsströme

- Erhöhung des Kostenbewusstseins
- Motivation durch mehr Freiraum in den Entscheidungen
- Serviceverständnis und Servicebereitschaft (andere Abteilungen sind meine Kunden)

Hier gibt es also direkte Zusammenhänge mit Zielen der Balanced Scorecard. So kann es aussehen, wenn als Ziel „Organisation optimieren“ gewählt wird.

Projektmanagement

In manchen Unternehmen ist die Projektitis ausgebrochen. Man übertreibt es nach dem Motto: „Und wenn man nicht mehr weiterweiß, bildet man einen Arbeitskreis“ und startet ein Projekt. Unstrittig ist jedoch, dass vernünftige Projektarbeit sinnvoll ist. Es kommen Fachleute aus unterschiedlichen Bereichen mit unterschiedlichen Qualifikationen zusammen. Wissen wird gebündelt, die Realisierung von Aufgaben geht schneller als beim Einschalten der vielleicht eher bürokratischen Standardorganisation.

Ablauforganisation

Im Gegensatz zur Aufbauorganisation, die organisatorische Strukturen aufzeigt, regelt die Ablauforganisation die betrieblichen Abläufe und Prozesse. So ist in einem Unternehmen z. B. festgelegt, welchen Weg eine Kundenbestellung im Unternehmen geht. Die Kundenbestellung geht beim Vertrieb ein und wird an das Lager weitergegeben. Ist das gewünschte Produkt nicht im Lager, wird ein Fertigungsauftrag erstellt. Das Produkt wird qualitätsgesichert und anschließend verpackt und versendet. Gleichzeitig wird in der Buchhaltung die Rechnung erstellt.

Prozessoptimierung bedeutet in diesem Zusammenhang die Analyse und Straffung dieser internen Prozesse. Hier wird direkt die Kundenperspektive unterstützt: Je schneller das Produkt beim Kunden eintrifft, desto zufriedener ist der Kunde.

Synergieeffekte: 1+1=3

Das Wort Synergie ist im Begriff, eines der Modewörter der Betriebswirtschaftslehre zu werden. Schließen sich Unternehmen zusammen, wird vom Ausnutzen der Synergieeffekte gesprochen. Oder es werden sogenannte strategische Allianzen geschlossen, deren Ziel die Schaffung von Synergien ist. Bei anderen betriebswirtschaftlichen Instrumenten wie z. B. dem Benchmarking werden Synergien gezielt ins Blickfeld genommen.

Syn bedeutet zusammen, ergon heißt in etwa verarbeiten können, bewältigen. Etwas zusammen verarbeiten oder bewältigen. Populär ausgedrückt kann man auch sagen: Die Summe ist mehr als die Anzahl ihrer Teile (1+1=3). Letztlich geht es darum, dass man auf gemachte Erfahrungen zurückgreift, seien es eigene Erfahrungen oder die Fremder. Ziel ist zum einen das Nutzen von vorhandenen Potentialen, zum anderen die gegenseitige Verstärkung durch Zusammenarbeit. Klassische Beispiele dafür sind:

- Nutzen von Vertriebswegen oder Kundenstämmen
  Entweder wird ein Vertriebsweg beim Zusammenschluss mitbenutzt, oder im eigenen Unternehmen werden neue Produkte mit vorhandenen Vertriebskanälen unterstützt
- Übertragung von Fertigungs-Know-how auf andere Produkte
  (auch gegenseitige Übertragung bei der Zusammenarbeit)
- Beherrschen von bestimmten Prozessen
  Z. B. Verwalten von großen Kundenbeständen
- Besserer Marktzugang durch wirtschaftliche Stärke nach Fusionen

Total Quality Management: Qualität ist die Leitlinie!

Seit einigen Jahren wird die Qualitätsdiskussion verstärkt geführt, und nicht zuletzt ist sie ein wichtiger Punkt der Balanced Scorecard, denn Qualität wirkt sich unternehmensübergreifend aus.

Die Qualitätsdiskussion, die sich traditionell nur auf die Produktqualität bezog, wurde dahin gehend erweitert, dass nunmehr das Unternehmen als Ganzes im Qualitätszusammenhang gesehen wird. Im Mittelpunkt steht die Kundenorientierung, und ähnlich wie in der Marketingdiskussion soll das gesamte unternehmerische Handeln gebündelt werden: In diesem Fall im Hinblick auf Qualität.

Hierbei wird der Qualitätsbegriff aber erweitert, und es geht um die Ausnutzung der Kreativität der Mitarbeiter, um das Erkennen wertschöpfender Tätigkeiten bzw. unnötiger Tätigkeiten, um die Nutzung letztlich aller innerbetrieblicher Möglichkeiten. Es ist ein wesentlicher Punkt innerhalb der Qualitätsdiskussion, dass diese Möglichkeiten erkannt und genutzt werden.

Ziel ist die strategische Herangehensweise, d. h. Wertschöpfung, Qualität und Kundenorientierung stehen im Vordergrund und sollen von allen

Mitarbeitern gelebt werden. Die Grundidee lautet, dass jeder für Qualität verantwortlich ist.

Es wurden viele sogenannte TQM-Tools entwickelt; hier sollen einige wichtige genannt werden:

Zertifizierung nach ISO 9000

Vor dem Hintergrund der Qualitätsdiskussion wurde die Forderung erhoben, die Qualitätssicherung zu standardisieren bzw. die Unternehmen, die diese Standards erfüllen, zu zertifizieren. So erkennt ein Externer, z. B. ein Kunde, dass ein bestimmtes Unternehmen gewisse Qualitätsstandards erfüllt.

Die ISO 9000-Regeln bilden ein System der Qualitätssicherung von Gütern und Dienstleistungen und umfassen einen ganzen Normenkatalog.

Hier muss man wissen, dass durch die ISO-Normen nicht die Produktqualität festgelegt wird, sondern nur allgemeine Forderungen für Abläufe und Verfahren aufgestellt werden.

Qualitätszirkel

Eine Gruppe von Mitarbeitern trifft sich regelmäßig, um sich in einer Gruppensitzung über Qualitätsfragen auseinanderzusetzen.

Ziel ist das Aufdecken von Problemen und deren Lösung. Diese Gruppe kann sich aus Mitarbeitern aller Ebenen – auch der unteren! – zusammensetzen.

Betriebliches Vorschlagswesen

Vorschläge werden schnell prämiiert. Dieses bekannte Instrument kann die Arbeit der Qualitätszirkel oder aber einzelne Mitarbeiter anregen, sich Gedanken über Qualität zu machen.

Wichtig ist, dass es auch Prämien für im ersten Ansatz kaum quantifizierbare Vorschläge gibt. Das heißt, ein Mitarbeiter bekommt auch dann eine Belohnung, wenn sich der Vorschlag zunächst nicht in Mark und Pfennig rechnen lässt.

Fehlermöglichkeiten und Einfluss-Analyse (FMEA)

Potentielle Fehler werden in einem Gruppenprozess bewertet:

- Nach der Wahrscheinlichkeit Ihres Auftretens
- Nach der Bedeutung des Fehlers
- Nach der Entdeckungswahrscheinlichkeit vor Auslieferung des Produktes an den Kunden.

Total Productive Maintenance (TPM)

Im Rahmen von Murphys Gesetz wird immer wieder scherzhaft gesagt, dass Maschinen immer dann ausfallen, wenn man es sich am wenigsten leisten kann.

So werden im Rahmen von TPM Wartungs- und Austauschpläne für Anlagen erarbeitet, die sicherstellen, dass jederzeit sicher und in der vereinbarten Qualität geliefert werden kann.

Teilautonome Arbeitsgruppen (TAG)

TAG sehen den Mitarbeiter im Vordergrund und gehen davon aus, dass die Mitarbeiter vor Ort am besten in der Lage sind, Potentiale auszuschöpfen. Dies bedeutet Schulung der Mitarbeiter und Sensibilisierung für die entsprechenden Aufgaben. So ist das Ziel von schlagkräftigen TAGs ein schlankes Unternehmen, in dem möglichst auf Kundenauftrag gearbeitet wird und Kunden durch kurze Durchlaufzeiten schnell bedient werden können. Hohe Lagerbestände werden so vermieden, d. h. geringe Kapitalbindung und Minimierung des Risikos, Ladenhüter zu produzieren.

Quality Function Deployment

Hier geht es um die genaue Ermittlung der Kundenwünsche. Dies betrifft auch und besonders die Wünsche im Hinblick auf Qualität.

Im Rahmen einer TQM-Diskussion darf das Schlagwort **Kaizen** (ausgesprochen Kai-sen) nicht fehlen. Dieses Wort hatte zumindest in den 80er Jahren bzw. Anfang der 90er Jahre fast magischen Charakter. Kaizen kommt ursprünglich aus Japan und bedeutet ständige Verbesserung. Ziel ist ein kundenorientiertes, wirtschaftlich handelndes und nach Perfektion strebendes Unternehmen.

Von zentraler Bedeutung ist die Wertschöpfung des Unternehmens. Diese soll zum einen transparent gemacht werden und in Folge einem ständigen Optimierungsprozess unterliegen. Hintergrund dieses Denkens ist die Erkenntnis, dass ein Kunde langfristig nur die Dinge bezahlen wird, die wiederum seinem Wertdenken entsprechen. Somit ergibt sich eine eindeutige Kundenausrichtung.

Dies bedeutet, dass die nicht wertschöpfenden Arbeitsschritte so gering wie möglich gehalten werden. So bewirkt Kaizen ein tägliches, ja permanentes Überprüfen des jeweiligen Handelns im Unternehmen. Alles wird kritisch hinterfragt.

Wertanalysen: Geht's nicht ein bisschen billiger oder anders?

Wertanalysen weisen eine gewisse Verwandtschaft zum TQM auf, insbesondere zum Kaizen. Sie sind recht beliebt, z. B. bei der Kostensenkung, aber naturgemäß unpopulär bei den Mitarbeitern. Als Ausgangsfragen sind zu nennen:

- Kann man die Leistung mit geringeren Kosten erbringen?
  Beispiel: Bekommt man die logistische Betreuung des Produktes nicht ein bisschen billiger?
- Sind die Leistungen überhaupt notwendig?
  Beispiel: Ist die Bewachung unseres Firmengeländes überhaupt notwendig?

Ursprünglich kommt die Wertanalyse aus dem technischen Bereich. Man untersuchte die Produkte kritisch und fragte, ob eine Funktion, z. B. der Verschluss von Uhren, nicht billiger möglich wäre. Oder ob eine Funktion überhaupt notwendig ist, ob z. B. der Haartrockner zwei Geschwindigkeiten bieten muss?

Grundgedanke ist, das Produkt kritisch zu untersuchen:

- Was ist die Hauptfunktion, der Hauptnutzen des Produktes?
- Was ist der Nebennutzen?
- Was ist in erster Linie der Nutzen für den Kunden?
- Wie hoch schätzen die Kunden diesen Nutzen ein?
- Was sind die Kunden bereit, für diese Nutzen/Funktionen zu bezahlen?
- Wird etwas teuer in das Produkt „hineinproduziert", was vom Kunden nicht gesehen oder nicht honoriert wird?

Es werden also grundsätzliche Fragen nach dem Verhältnis von Leistung und Kosten gestellt.

Die Wertanalyse hat man dann auf die Verwaltungsbereiche oder sogenannte Overheadbereiche übertragen. Ziel ist auch hier die Kostensenkung. So stellen sich beispielsweise folgende Fragen:

- Sind die Verwaltungstätigkeiten notwendig?
- Ist der Bereich gut organisiert?
- Kann ein Bereich Tätigkeiten anderer Bereiche mit übernehmen?
- Was ist überflüssig?

Es liegt auf der Hand, dass derartige Wertanalysen sensibel zu handhaben sind. Hört man das Wort Wertanalyse, denkt man natürlich als Erstes an

Stellenabbau. Kein Wunder, ist dies doch in den meisten Fällen unter anderem ein Ergebnis der Wertanalyse.

Letztlich steht über allem:

Was man strategisch versäumt, muss man operativ ausbaden.

Das bedeutet, dass man eben frühzeitig wichtige Probleme lösen sollte. Typisches Beispiel ist hier der Zusammenhang zwischen Konstruktionsbereich und späterer Produktion. Man hat festgestellt, dass in der Konstruktionsphase von Produkten oft 80 % der späteren Kosten festgelegt werden, weitere 15 % in der Produktionsplanung, so dass letztlich, wenn alles gelaufen ist, in der operativen Phase der laufenden Produktion nur noch 5 % der Kosten beeinflusst werden können.

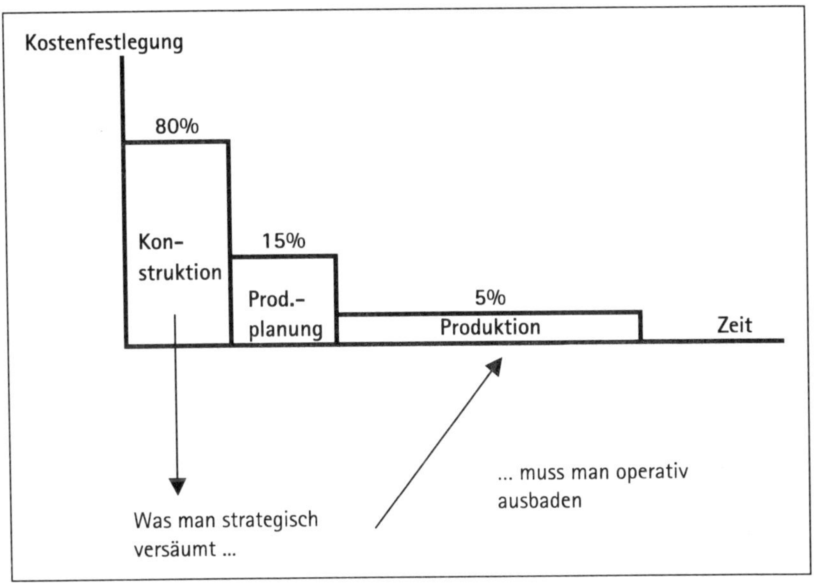

Abbildung 46: Kostenfestlegung

Ehe man später anfängt, hektisch Kostensenkungspotentiale zu suchen, kann man auch auf Kostenrechnungswerkzeuge zurückgreifen, zum Beispiel auf das Target Costing. Fragt man sich frühzeitig, was das Produkt kosten darf, erlebt man später keine Überraschungen, wenn das neue Produkt zwar wunderschön geworden, dummerweise aber zu teuer ist.

Strategische Fragen betreffen jedoch nicht nur das Produkt selbst. Im Vertrieb kann beispielsweise die Frage gestellt werden: Was kostet es, überall präsent zu sein? Muss ich unbedingt eine Verkaufsstelle für Steigeisen auf dem Gipfel des Mount Everest haben?

Unter dieser Fragestellung ist einiges zu betrachten. Nur zwei Beispiele:

- Produziere ich Qualität, spare ich später beim Kundendienst und in der Kundenakquise, denn die Kunden laufen nicht wieder weg
- Kümmere ich mich rechtzeitig um kleine Losgrößen (kleine Produktionsmengen) und kurze Durchlaufzeiten, muss ich mir später keine Gedanken wegen Organisation und Kosten großer Lager machen

Konkret: Wichtige Ziele/Maßgrößen und Maßnahmen. Dies alles kann in eine Prozessperspektive gehören

Hier können lediglich einige Beispiele aufgeführt werden. Diese Perspektive kann sehr vielfältig gestaltet sein.

Effektivität von Forschung und Entwicklung
Maßgröße: Produkterfolgsrate. Wie viele der Neuprodukte sind erfolgreich geworden (wobei individuell definiert werden muss, was erfolgreich jeweils bedeutet)
Maßnahmen: Ursachenforschung, warum Produkte nicht erfolgreich waren. Benchmarking (warum sind andere Produkte erfolgreich?)

Effektivität interner Projekte
Maßgröße: Projekterfolgsrate
Maßnahmen: Einsatz von unterstützenden Instrumenten zum Projektmanagement z. B. Projektcontrolling

Optimierung des Angebotsmanagements
Maßgröße: Angebotserfolgsrate
Maßnahmen: Bessere Vorbereitung von Angeboten. Kundenorientiertere Aufbereitung. Analyse, warum bestimmte Angebote fehlschlagen und der Kunde nicht reagiert? Z. B. intensive Nachfragen

Erhöhung der Kreativität
Maßgröße: Anzahl der Verbesserungsvorschläge der Mitarbeiter, Ideenverwertungsrate, Anzahl eingereichter Patente
Maßnahmen: Internes Anreizsystem, bessere Berücksichtigung von Vorschlägen

Verkürzung von Entwicklungszeiten
Maßgrößen: Time to market; wie lange braucht das Produkt vom Start der Entwicklung bis zur ersten Auslieferung? Break-Even-Time. Wann erreicht das Produkt die Gewinnschwelle?
Maßnahmen: Wertanalysen, externe Unterstützung, verbesserte Ausbildung der Mitarbeiter

Verkürzung der Durchlaufzeit von Produkten
Maßgrößen: Durchlaufzeit von Produkten durch die Produktion in z. B. Tagen
Maßnahmen: Lagerzeiten, Wartezeiten usw. verkürzen; neues Produktionssteuerungssystem, Standardisierung der Fertigung einführen

Kapazitätsauslastung, Verminderung von Leerkosten
Maßgröße: Prozent nicht genutzter Kapazitäten (Maschinen, Personal)
Maßnahmen: Bessere Koordination der Fertigung, Suche nach Auslastungspotentialen, Abbau von überflüssigen Kapazitäten

Verbesserung von Logistikprozessen
Maßgröße: ABC-Artikel, Lagerumschlag, Lagerkennzahlen (z. B. Umschlagshäufigkeit), Kooperation mit Lieferanten
Maßnahmen: ABC-Analysen, Verstärkung der Zusammenarbeit mit Lieferanten, just in time-Lieferungen

Kostensenkung durch Standardisierung
Maßgrößen: Anzahl Gleichteile oder Teile nach dem Baukastensystem
Maßnahmen: Wertanalysen

Qualitätsverbesserung
Maßgröße: Anzahl Reklamationen, Höhe interner Qualitätskosten
Maßnahmen: Einsatz von TQM-Tools, Kundenbetreuung/Kundendienst ausbauen, Benchmarking (was machen andere im Bereich Qualität?)

Verbesserung der internen Kommunikation
Maßgröße: Verbreitung/Interesse der Firmenzeitschrift, Anzahl Teilnehmer bei betrieblichen Veranstaltungen (z. B. Weihnachtsfeier), Anzahl informativer Treffen zwischen den Fachabteilungen
Maßnahmen: Organisation von „kommunikativen Maßnahmen“, z. B. regelmäßige Berichterstattung unter den Fachbereichen

Fähigkeit zum Wandel

Maßgrößen: Anzahl der Hierarchieebenen im Unternehmen, Durchlaufzeiten von internen Prozessen, z. B. Bearbeitung eines Auftrages. Anzahl der Verbesserungsvorschläge zur Aufbau- und Ablauforganisation. Anzahl interner Versetzungen, Anzahl von Veränderungen an bestehenden Prozessen

Maßnahmen: Prozessoptimierung, gezielte Suche nach Synergien. Anreize für Mitarbeiter, sich intern zu verändern, z. B. neue Aufgaben zu übernehmen

Die Lern- und Entwicklungsperspektive: Wissensinseln verbinden

Diese Perspektive wird auch Potentialperspektive genannt. Hier geht es im Wesentlichen um die Mitarbeiter.

Diese Perspektive deckt ein weniger großes Gebiet der Betriebswirtschaftslehre ab, ist aber deshalb nicht weniger wichtig, und wird von vielen als wichtigste Perspektive angesehen, da sie den Engpass schlechthin darstellt, denn ohne vernünftiges Personal klappt nichts.

Personalwesen: Human Ressources Management

Die Mitarbeiter eines Unternehmens, neudeutsch die „Human Resources", sind das wichtigste Kapital eines Unternehmens – zumindest steht es so in vielen Leitbildern und Imagebroschüren der Unternehmen. Die Verfügbarkeit von qualifizierten und motivierten Mitarbeiterinnen und Mitarbeitern wird als der wesentliche Erfolgsfaktor eines Unternehmens für die Zukunft betrachtet.

Aufgabe des Personalmanagements ist es einerseits, rechtzeitig und in ausreichender Qualität Mitarbeiter zur Erfüllung der Unternehmensziele bereitzustellen und andererseits auch Strukturen zu schaffen, die es ermöglichen, dass der Einzelne seine Leistungsfähigkeit, Leistungsbereitschaft und Leistungsmöglichkeit entfalten kann.

Personalwesen bzw. Human Resources Management hat folgende Aufgabenstellungen zu bewältigen:

- Personalauswahl: Der geeignete Bewerber wird eingestellt
- Personalplanung: Wie hoch ist der Personalbedarf?
- Personalführung: Wie werden Ziele erreicht, auch die oben beschriebenen Management by ...-Methoden

- Personalentwicklung: Reagieren auf neue Anforderungen. Ganz wesentlich für die Balanced Scorecard.

Da die Personalentwicklung außerordentlich wichtig ist, einige Details:

Personalentwicklung: Die innere Kündigung vermeiden

Die wirtschaftlichen Rahmenbedingungen ändern sich ständig.

Die Kundenbedürfnisse ändern sich, technologische Innovationen verändern die Marktchancen, politische Entwicklungen können Einfluss auf das Unternehmen haben und vor allem wächst der Konkurrenzdruck (Stichwort Globalisierung).

Aus diesen Veränderungen ergeben sich ganz neue Anforderungen an die Mitarbeiter und das Management eines Unternehmens. *Ständiges Lernen* wird von den Mitarbeitern verlangt. Besondere Bedeutung hat die *Förderung und Entwicklung eines ausgeprägten Kundenbewusstseins bzw. Dienstleistungsbewusstseins bei den Mitarbeitern*, weg von der Servicewüste. Auch die Stärkung von Eigenverantwortung und Kosten- und vor allem Qualitätsbewusstsein wird zunehmend gefördert. Man denke an das Stichwort Kaizen = ständiger Verbesserungsprozess.

Personalentwicklungsmaßnahmen sollen nicht nur sicherstellen, dass die Leistungsfähigkeit des Mitarbeiters weiterentwickelt wird, sondern Qualifizierungsmaßnahmen stellen auch ein Anreizsystem für die Mitarbeiter dar. Die gebotenen Möglichkeiten der Weiterbildung sollen die Mitarbeiter motivieren und ihrem Bedürfnis nach persönlicher Weiterentwicklung entgegenkommen.

Basisinstrument und Minimum in diesem Bereich sind jährliche Mitarbeitergespräche. Dort können Weiterbildungsmöglichkeiten abgestimmt werden. Diese jährlichen Mitarbeitergespräche wiederum bilden die Basis für eine umfassende Karriere- und Nachfolgeplanung im Unternehmen und werden durch entsprechende Fördermaßnahmen und -programme ergänzt.

Personalentwicklung soll auch dem Phänomen der „*Inneren Kündigung*“ entgegenwirken, also die Zufriedenheit mit dem Unternehmen stärken. Innere Kündigung bedeutet, dass der Mitarbeiter sich nicht mehr mit seiner Aufgabenstellung identifizieren kann und demotiviert ist. Man ist in der Praxis immer wieder verwundert, wie wenig dem Management bekannt ist, in welchem Umfang die Mitarbeiter in die „Innere Kündigung“

gegangen sind. Teilweise sind es ganze Bereiche im Unternehmen. Die Ursachen können vielfältig sein, und reichen von Unter- oder Überforderung bis zu schlechtem Betriebsklima.

Attraktive Arbeitsbedingungen stellen hierbei ein wichtiges Mittel dar, dieser „Inneren Kündigung“ entgegenzuwirken. Herausfordernde Aufgaben, Freiraum, Selbstständigkeit, sinnvolle Strukturen und Abläufe, Mitwirkungsmöglichkeiten, aber auch angenehme Arbeitsplätze, ein ansprechendes Arbeitsklima mit einer persönlichen Atmosphäre wirken der „Inneren Kündigung“ entgegen und können dazu beitragen, unausgeschöpfte Leistungspotentiale zu aktivieren. So kann ein Ziel einer Balanced Scorecard sein: Innere Kündigungen vermeiden.

Löhne und Gehälter: Die traditionellen Motivationsfaktoren

Spricht man mit Personalfachleuten, hat man manchmal den Eindruck, dass Löhne und Gehälter heutzutage nebensächlich sind. Alles spricht von anderen Motivationsfaktoren wie Befriedigung bei der Arbeit, Selbstverwirklichung usw. Manche wollen Gehaltserhöhungen schlicht durch „mehr Loben der Leistung“ ersetzen. Dagegen ist nichts einzuwenden, aber ein Mitarbeiter sagte sehr zutreffend: „So langsam möchte ich mal wieder traditionell motiviert werden, wie wär’s mit einer kleinen Gehaltserhöhung?”

Es geht also um Personalkosten. Dazu zählt das Bruttogehalt einschließlich aller Zulagen (z. B. Alterszulage) und Zuschlägen (z. B. Mehrarbeitszuschläge) sowie die Personalnebenkosten.

Personalnebenkosten sind die gesetzlichen und freiwilligen sozialen Aufwendungen sowie die sonstigen Personalkosten. Gesetzliche soziale Aufwendungen werden auch allgemein als Arbeitgeberanteil an den Sozialbeiträgen bezeichnet (Renten-, Kranken- und Arbeitslosenversicherung). Freiwillige soziale Aufwendungen sind z. B. Essensgeldzuschuss, Kantine, Beteiligung des Arbeitgebers an den Umzugskosten des Arbeitnehmers etc. Darüber hinaus gehören zu den Personalnebenkosten die sonstigen Personalkosten wie Urlaubs- und Weihnachtsgelder, Lohnfortzahlung im Krankheitsfall etc.

Grundsätze der Entlohnung

„Gleiches Geld für gleiche Arbeit!“ lautet ein Entlohnungsgrundsatz (arbeitsrechtlicher Gleichbehandlungsgrundsatz). Übersetzt heißt dies, dass man mit falschen Entlohnungsstrukturen eine ganze Menge an Motivation kaputtmachen kann. Deshalb ist dies ein ganz besonders sensibler Bereich. Somit sollte man sich in der Lern- und Entwicklungsperspektive Gedanken darum machen, wie man „Gerechtigkeit" erzielt. Ein erster Schritt wäre z. B. schon damit getan, mehr Transparenz bezüglich der Gehälter zu schaffen. Warum werden Gehälter geheim gehalten? Hat man etwas zu verbergen? Geht es nicht gerecht zu?

Es gibt verschiedene Möglichkeiten, sich an die Höhe von Löhnen und Gehältern heranzutasten. In Tarifgruppen ist z. B. festgelegt, was für welche Tätigkeiten bezahlt wird, es gibt diverse sogenannte analytische Bewertungsmodelle. Die Gehaltsfestlegungen sollen hier nicht vertieft werden. Hauptsache ist, dass im Rahmen der Balanced Scorecard gesehen wird, dass die „Gerechtigkeitsdebatte" einen wichtigen „Soft Fact" darstellt.

Erfolgsbeteiligung

Während früher fast nur das Management erfolgsabhängig bezahlt wurde, bezieht man zunehmend auch andere Hierarchiestufen mit ein. Immer mehr wird gesplittet in ein Grundgehalt und eine erfolgsabhängige Vergütung. Im Vertrieb, insbesondere im Außendienst eine Selbstverständlichkeit, aber auch im „Innendienst" immer häufiger anzutreffen. Basis ist entweder die persönliche Zielerreichung der Mitarbeiter (z. B. wird der Logistikchef in Abhängigkeit von dem Ziel Senkung der Lagerbestände entlohnt), verbreitet ist aber auch eine Beteiligung am Gewinn des Unternehmens. Das Ziel variabler Vergütungen besteht in höherer Identifikation mit dem Unternehmen und damit höherer Motivation.

Flexible Arbeitszeitmodelle: Arbeiten, wann man will?

Von Experten als das (!) Zukunftsthema im Bereich Personalwesen eingeschätzt.

Von vielen Arbeitgebern gewünscht, um Arbeitszeiten an Schwankungen der Kapazitätsauslastung anpassen zu können. Dienstleistungen kann man nicht lagern. Und Dienstleistungen sind mittlerweile auch in der Zeit nach 17.00 Uhr gefragt, man denke z. B. an Finanzdienstleistungen. Von vielen Arbeitnehmern werden flexible Arbeitszeitmodelle begrüßt, weil ein flexibles Arbeitszeitmodell ihren individuellen Bedürfnissen nach flexibler Freizeitgestaltung entspricht. Mit aller Vorsicht kann man sagen: Je höher die Qualifikation und die Verantwortung, umso größer der Wunsch nach Flexibilität.

Wie kann Flexibilität aussehen? Dies soll hier nicht vertieft werden. Nur ein paar Anmerkungen: Es gibt Jahresarbeitszeiten, Wochenarbeitszeiten oder sogenannte „Sabbaticals", bei denen man eine Auszeit von z. B. drei Monaten nimmt, um endlich mal seinen Jugendtraum verwirklichen zu können und mit dem Fahrrad zum Nordkap fährt. Oder man vereinbart, dass man in der Regel montags frei hat, wenn es aber viel zu tun gibt, auch mal der Samstag dran glauben muss und ähnliches.

Arbeitsrechtlich ist alles noch nicht ausdiskutiert, teilweise streitet man sich noch und die Gewerkschaften sind sehr skeptisch. Aber es wird ein Thema bleiben. Und was hat dies jetzt mit der Balanced Scorecard zu tun? Flexible Arbeitszeitmodelle sind ein Instrument, um Mitarbeiter zu motivieren. Der kreative Mitarbeiter mag es eher flexibel.

Flexible Arbeitsorganisation: Nicht immer dasselbe machen

Hier reden wir über einen der Klassiker aus dem Bereich Personalwirtschaft. Ziel ist es, Motivation zu schaffen.

- Job Rotation
  Job Rotation bezeichnet einen systematischen Arbeitsplatzwechsel, z. B. wechselt ein Mitarbeiter der Finanzbuchhaltung zwischen Kreditoren- und Debitorenbuchhaltung und verschafft sich Einblick in angrenzende Themengebiete, z. B. den Einkauf. In der Kreditorenbuchhaltung werden Lieferantenrechnungen bearbeitet, in der Debitorenbuchhaltung werden die Rechnungen an die Kunden erstellt.
  Der gewonnene Einblick in die betrieblichen Zusammenhänge wirkt motivierend und soll den Platz der eigenen Arbeitsleistung innerhalb der betrieblichen Funktionsabläufe verdeutlichen.

- Job Sharing
  Zwei oder mehr Arbeitnehmer teilen sich beim Job Sharing einen Arbeitsplatz. Im Lehrberuf kommt es ab und an vor, dass sich ein Lehrerehepaar eine Planstelle teilt, somit können auch die Haushaltsarbeit und Kinderbetreuung gemeinsam erfolgen.

- Job Enlargement
  Bei diesem Modell werden die Aufgaben eines Arbeitsplatzes erweitert.

Die Vergrößerung der Vielfältigkeit des Tätigkeitsspektrums soll die Arbeit für den einzelnen Arbeitnehmer abwechslungsreicher gestalten. Beispiel: Im Bereich der Kundenbearbeitung gibt es Mitarbeiter für Produktinformation und Beschwerdebearbeitung. In Folge sind die Mitarbeiter nicht mehr separat für die Aufgaben zuständig, sondern jeder macht alles.

- Job Enrichment
  Während beim Modell des Job Enlargement Tätigkeiten zusammengefasst werden, um die Arbeit für den einzelnen Mitarbeiter abwechslungsreicher zu gestalten, wird beim Job Enrichment gezielt das Aufgabenspektrum aufgewertet. Dies geschieht durch eine Erhöhung an Verantwortungskompetenz und Entscheidungsspielraum für den einzelnen Mitarbeiter. Um auf das vorgenannte Beispiel zurückzukommen, könnten die Mitarbeiter der Kundenbetreuung auch zusätzlich über Preisnachlässe von bis zu 25 % des Verkaufspreises selbständig entscheiden, was bislang in der Macht des Vorgesetzten lag.
- Teilautonome Gruppenarbeit
  Hier muss jetzt einfach das Volvo-Beispiel genannt werden, das seit vielen Jahren immer wieder in diesem Zusammenhang angeführt wird. Dort veränderte man den Produktionsablauf so, dass eine sich selbst steuernde Kleingruppe eine komplexe Aufgabenstellung in eigener Verantwortung übernimmt. Die Produktionsarbeitsgruppe organisiert sich selbstregelnd. Führungsaufgaben wie Arbeitsvorbereitung, Arbeitsorganisation und Qualitätskontrolle werden von der Gruppe in Eigenregie übernommen.

Wissensmanagement: Wissen wir, was die Mitarbeiter wirklich wissen?

Ein Fall aus einem Unternehmen im Jahre 2000: In einer Vertriebsabteilung wollte man den Kontakt zum russischen Markt ausbauen. Klar, dass man jemanden mit Russischkenntnissen brauchte. Man schaltete eine Anzeige und fand auch jemanden. Was niemand wusste: Ein langjähriger, bereits gut eingearbeiteter Mitarbeiter im Vertrieb kam aus den neuen deutschen Bundesländern und konnte hervorragend Russisch, hatte sogar ein Jahr in Moskau studiert. Nur wusste dieser Mitarbeiter nicht, dass jemand mit Russischkenntnissen gesucht wurde, und das Personalmanagement wusste nicht, dass dieser Mitarbeiter perfekt Russisch konnte.

Hand aufs Herz: Kann so etwas bei Ihnen im Unternehmen auch passieren?

Warum schafft man keine Kartei, in der die Fähigkeiten der Mitarbeiter festgehalten werden, die über die jetzigen Tätigkeiten hinausgehen?

Ein anderes Problem: Warum wird internes Wissen so wenig transferiert? Es fängt schon im Kleinen an. Da werden Heerscharen zu Standardsoftwareschulungen geschickt, dabei könnte mittlerweile fast jeder Auszubildende anderen Grundkenntnisse beibringen. Und im Unternehmen kann man sogar am Praxisfall Softwarekenntnisse erlangen.

Man könnte es so handbaben wie einige Unternehmensberatungsgesellschaften. Diese verfügen über eine Art Wissensdatenbank, wo Projekte und Erfahrungen abgelegt werden. So muss nicht jeder Mitarbeiter das Rad neu erfinden.

Um also im Rahmen der Balanced Scorecard Kreativität, Motivation und Wissen der Mitarbeiter zu verbessern, muss man mit diesen personalwirtschaftlichen Instrumenten umgehen können. Ein hierarchischer Führungsstil wird hier eher kontraproduktiv wirken.

Kritisch ist hier anzumerken, dass in der Praxis, insbesondere in kleineren Unternehmen, der Bereich Personalwirtschaft eher traditionell geführt wird. Personalwirtschaft bleibt eine reine Abrechnungsstelle für die monatlichen Löhne und Gehälter. Und auch das Denken bleibt konservativ. Wer Teilzeit arbeiten möchte, ist im Zweifel faul. Flexible Arbeitszeiten passen angeblich nie in den Organisationsablauf des Unternehmens (vielleicht stimmt hier mit der Organisation was nicht?). Hier wird Potential verschenkt!

Informationstechnologie: Sind die Möglichkeiten ausgeschöpft?

Zu dieser Perspektive gehört auch das Ausschöpfen der Potentiale, die die Informationstechnologie (EDV) bietet. Häufig wird die EDV lediglich für Abrechnungsfragen oder zur Steuerung der Produktion eingesetzt. Aber noch viel zu wenig für Aufgaben des Wissensmanagements. Man müsste in jedem Unternehmen einmal eine Analyse machen, was wirklich an Informationen in der EDV steckt und sich fragen, wie diese Informationen gebündelt und sinnvoll komprimiert werden können. Ein Weg dorthin ist die Data Warehouse-Konzeption.

Es gibt eine bekannte Geschichte um die Data Warehouse-Konzeption: In einem amerikanischen Supermarkt wurden neben Baby-Windeln die sogenannten Six-Packs platziert. Das heißt, zusammen mit den Windeln konnte man gleich Bier kaufen. Über eine Data Warehouse-Konzeption war man zu dieser unüblichen Warenzusammenstellung gekommen. Durch sogenanntes Data-Mining hatte man festgestellt, dass sehr viele Männer nach Feierabend noch schnell in den Supermarkt fahren, um Windeln zu kaufen. Bei dieser Gelegenheit nahmen sie gern noch eine Bierpackung mit. So ging man davon aus, dass noch eine Bierumsatzsteigerung möglich wäre, wenn diese Männer nicht extra zur Bierabteilung laufen müssten. Data Warehaus bedeutet nicht, wie viele meinen, Datenwarenhaus, sondern schlicht Lagerhaus. Man versteht darunter das Sammeln und sinnvolle Komprimieren von Daten aus verschiedenen Anwendungsgebieten. Zum Beispiel Vertriebsdaten, Kundendaten, Kostendaten usw. Grundidee ist, aus verschiedenen dezentralen Datenquellen eine zentrale Datenhaltung zu schaffen und diese den Anwendern zur Verfügung zu stellen.

Konkret: Wichtige Ziele/Maßgrößen und Maßnahmen.
Dies alles *kann* in eine Lern- und Entwicklungsperspektive gehören

Anteil qualifizierter Mitarbeiter erhöhen
Maßgröße: Prozent eingestellter Mitarbeiter mit bestimmten Berufsqualifikationen oder Bildungsabschlüssen
Maßnahmen: Zielvorstellungen für die Bewerberauswahl entwickeln

Erhöhung der Qualifikation vorhandener Mitarbeiter
Maßgröße: Anzahl Weiterbildungsmaßnahmen oder Weiterbildungskosten sind fragwürdig. Hier ist es besser, konkrete Umsetzungsprojekte nach Weiterbildungsmaßnahmen ins Auge zu fassen (z. B. könnte man die Mitarbeiter anhalten, festzuhalten, welche Maßnahmen aus der Weiterbildung für das Unternehmen sinnvoll sein können)
Maßnahmen: Gezielte Weiterbildung

Wissen erfassen
Maßgröße: Anzahl erfasster Größen in einer Datenbank
Maßnahmen: Fragebögen, Mitarbeitergespräche, Schaffung einer Wissensdatenbank

Mitarbeitermotivation
Maßgröße: Anzahl Verbesserungsvorschläge. Krankenstand, freiwillige Überstunden, Anzahl von Aktivitäten, die über das „normale Maß“ hin-

ausgehen. Oder auch Teilnahmezahlen beim Betriebsausflug. Wenn beispielsweise der Chef beim Betriebsausflug mit der Chefsekretärin alleine bleibt, muss man wohl kritische Fragen bezüglich der Motivation der Mitarbeiter stellen
Maßnahmen: Anerkennung von Leistungen, gerechte Entlohnung

Leistungsanerkennung schaffen
Maßgröße: Anzahl geführter Mitarbeitergespräche, Anzahl und Höhe von Leistungsprämien
Maßnahmen: Einführung eines Beurteilungssystems, Schaffung eines Prämiensystems für besondere Leistungen

Entlohnungsgerechtigkeit schaffen
Maßgröße: Prozent-Gehaltsabweichungen bei nahezu gleicher Tätigkeit
Maßnahmen: Gehaltsanalyse und ggf. Angleichung

Mitarbeitertreue
Maßgröße: Fluktuation, Firmenzugehörigkeit
Maßnahmen: Leistungsanerkennung, gerechte Entlohnung

Mitarbeiterzufriedenheit
Maßgrößen: Fluktuation, Krankenstand, Umfragen, Steigerungen von Bewerbungen aus dem Bekanntenkreis
Maßnahmen: Leistungsanerkennung, gerechte Entlohnung, Weiterbildungsmaßnahmen

Mitarbeiterproduktivität
Maßgröße: Umsatz pro Mitarbeiter, Deckungsbeitrag pro Mitarbeiter, Leistung zu Anwesenheit
Maßnahmen: Letztlich steigern alle oben genannten Maßnahmen in irgendeiner Weise die Mitarbeiterproduktivität

Insbesondere in dieser Perspektive ist die Messung teilweise schwer und man sollte vom Anspruch hoher Messgenauigkeiten Abstand nehmen. Was häufig ebenso hilft, sind Einschätzungen, zum Beispiel Punkt- oder Portfolioabfragen, wie in Kapitel 2 unter Messung von Zielen beschrieben. Man tastet sich an die Probleme heran.

Die Kundenperspektive: Über Treue und Beziehungskrisen

Es gibt im südbayerischen Raum einen Vertriebsleiter, der im Rahmen von Bewerbungsgesprächen mit Nachwuchsvertrieblern immer die Frage stellt: Wer bezahlt eigentlich Ihr Gehalt? Und wehe, der Bewerber sagt: Das Unternehmen. Was er hören will: Das Gehalt bezahlt der Kunde. Ausgedrückt werden soll damit, dass man sich um die kümmern muss, die einen letztlich bezahlen.

Das ist überall so, nur hat es im Denken oft nicht Eingang gefunden. Man stelle sich einen Studenten in der Cafeteria einer Universität vor, der zu der Dame hinter der Theke sagt, dass er, bzw. die Studierenden eigentlich ihr Gehalt bezahlen. Er würde für verrückt gehalten. So ist es aber. Die Studentenwerke tragen sich heute zum großen Teil selbst.

Zunächst soll wieder ein Überblick über die betriebswirtschaftlichen Aspekte dieser Perspektive gegeben werden.

Marketing und Vertrieb: Hier zeigen sich die Erfolge aller Bemühungen

Früher war es oft so, dass man die Produkte nur produzieren musste und sie einem dann förmlich aus der Hand gerissen wurden. Man nennt dieses Phänomen den „Verkäufermarkt“, da alle Einflussmöglichkeiten beim Verkäufer liegen. Diese Situation eines Verkäufermarktes gab es zu Zeiten des sogenannten Wirtschaftswunders in Deutschland nach dem zweiten Weltkrieg.

Heute ist die Situation völlig anders. Es wird eine unüberschaubare Menge an verschiedensten Produkten angeboten, und der Kunde wählt. Sein Kaufurteil ist entscheidend, wir haben einen „Käufermarkt“. Deswegen sind alle bestrebt, den Kunden zu binden, er soll treu bleiben. Denn es ist eine alte Vertriebsweisheit, dass es in der Regel teuer ist, einen Neukunden zu werben. Es ist immer populärer, Kunden mit Prämien, Sonderangeboten oder Preisnachlässen zu werben.

Aber heutzutage sind Kunden immer weniger treu, zu vielfältig sind die Verlockungen. Und jede Reklamation des Kunden führt dann zu einer ernsten Beziehungskrise. Anstoß für die Unternehmen, der Qualität einen hohen Stellenwert einzuräumen und insgesamt die Kundenbeziehungen zu pflegen. Der Kunde will heutzutage gehegt und gepflegt werden. Hier reicht nicht mehr die Flasche Weinbrand zu Weihnachten für den Chefeinkäufer.

Wer ist der Käufer?

Der Käufer ist schwer durchschaubar. Bei den Käufern, den Konsumenten, sind die unterschiedlichsten Wertvorstellungen und Kaufvorlieben zu beobachten. Um das unterschiedliche Kaufverhalten transparenter zu machen, teilt man die potentiellen Käufer in unterschiedliche Zielgruppen ein. Da gibt es den Trendsetter, der immer das Neueste erwerben muss. Da gibt es den Genussmenschen, der zum Kauf bereit ist, wenn sein persönliches Wohlbefinden positiv beeinflusst wird und den traditionellen Käufer, der gern auf Bewährtes zurückgreift.

Oder man definiert Zielgruppen nach soziologischen Gesichtspunkten. Da gibt es die Familie mit Kindern, die Singles, die ältere Bevölkerung oder die Jugendlichen.

Die Absatzplanung orientiert sich an diesen Zielgruppen. Bei welcher Zielgruppe kann ein bestimmtes Produkt platziert werden? Wie hoch wird der Absatz bei den einzelnen Zielgruppen sein?

All dies sind strategische Fragen, die im Vorfeld gestellt werden müssen.

Konkurrenzanalyse: Andere schlafen nicht

Neben der Erforschung des zukünftigen Käuferverhaltens ist für die Absatzplanung auch die Analyse des Verhaltens konkurrierender Unternehmen von Bedeutung. Wie stark ist die Konkurrenz? Wer ist Marktführer? Wie wird die Konkurrenz auf eine Werbeoffensive reagieren? Wo liegt das Preisniveau der Konkurrenzprodukte?

Volkswirtschaftliche Rahmenbedingungen: We are not alone

In der Absatzplanung muss auch über die volkswirtschaftlichen Rahmenbedingungen nachgedacht werden. In welcher Konjunkturphase befindet man sich, boomt die Wirtschaft gerade oder befindet man sich inmitten einer Rezession?

Hier kommt es auch ganz auf die Branche an, welche Auswirkungen diese gesamtwirtschaftlichen Rahmenbedingungen auf den Absatz haben. Billige Regenschirme kann man zu jeder Zeit verkaufen, ob nun die Wirtschaft boomt oder gerade eine wirtschaftliche Rezession herrscht. Mit Luxussonnenbrillen sieht es da schon anders aus.

Interne Unternehmenssituation: Lagerbestände, Finanzen

Hier muss man die Frage stellen, welche Produktmenge überhaupt produziert werden kann. Gibt es Lagerbestände? Müssen evtl. Investitionen getätigt werden, um eine höhere Produktionsmenge zu erreichen? Hier stellt die Kundenperspektive Fragen an die Prozessperspektive. Und kann sich das Unternehmen das überhaupt alles leisten? Welches Werbebudget kann für das Produkt ausgeben werden? Hier ist die Finanzperspektive gefragt.

Produktanalyse: Wo steht das Produkt im Markt?

Zunächst beurteilt man ein Produkt mit den klassischen Instrumenten des Rechnungswesens: Umsatz und Deckungsbeitrag. Was wird am Produkt verdient? Weiter analysiert man nach Verkaufsgebieten, Großkunden, Kleinkunden usw.

Dann überlegt man sich, in welcher Phase des Lebenszyklus das Produkt ist.

Muss ein Produkt ersetzt werden? Wie geht man mit „Flops" um? Oder ein Produkt kommt erst gar nicht in die Wachstumsphase, der Markt nimmt das Produkt nicht an. Massive Werbemaßnahmen, Preispolitik, Produktveränderung?

Oder man nimmt einen „Relaunch" vor, d.h. das Produkt befindet sich in der Degenerationsphase, die Absatzzahlen sinken. Durch massiven Werbeeinsatz wird versucht, die Absatzzahlen wieder zu steigern, indem man eine kleine Änderung an dem Produkt vornimmt oder eine Verbesserung des Produktes erfindet. Im Waschmittelbereich ist dies schön zu beobachten. Da wirbt man mit dem „weißesten Weiß Ihres Lebens", dann geht man eventuell zur „Bioformel" über und später verkauft man vielleicht das Produkt statt in Pulverform in Form von kleinen Perlen, die „mega" genannt werden. Am Produkt bzw. am Nutzen für den Kunden hat sich nicht viel geändert.

Wichtiges Hilfsmittel: Portfolio-Analyse

Die Portfolio-Analyse haben wir bereits im Rahmen der Frühwarnung kennengelernt. Im Laufe der Zeit ist dieses Instrument eben auch dorthin gewandert, ihren Ursprung hat sie aber im Bereich der Produktbeurteilung.

Übertragen auf die Produktpalette eines Unternehmens bedeutet die Portfolio-Analyse die Analyse der Produkte nach ihrer Stellung im Markt.

- **Star:** Befindet sich das Produkt in einem wachsenden Markt und hat es gleichzeitig einen hohen Anteil an diesem Markt, so ist es ein Star-Produkt. Dies könnte z. B. ein Mobiltelefon (Handy) eines führenden Telekommunikationsanbieters sein. Der Telekommunikationsmarkt ist ein Markt mit hohem Marktwachstum. Ist ein bestimmtes Mobiltelefon in diesem Markt gut eingeführt und hat es einen hohen Marktanteil, kann man von einem „Star“ sprechen.

- **Question Mark:** Im Gegensatz zum Star ist ein „Question Mark“ (Fragezeichen) ein Produkt, das sich zwar auch in einem wachsenden Markt befindet, aber noch keinen hohen Marktanteil hat. Es könnte sich um ein Produkt handeln, das sich frisch auf dem Markt befindet, also in der Einführungsphase, und man noch nicht weiß, ob das Produkt sich am Markt behaupten kann oder ein Flop wird. Daher wird es als Fragezeichen, als „Question Mark“ bezeichnet. Beispiel für ein Question Mark: Internet per Fernsehapparat.

- **Cash Cow:** Als „Cash Cow“ („Melkkuh“ oder „Goldesel“) werden Produkte bezeichnet, die sich in einem Markt befinden, der nur noch wenig wächst, die aber an diesem Markt einen hohen Marktanteil verzeichnen. Nach dem Produktlebenszyklus-Bild sind dies Produkte, die sich in der Marktsättigungsphase befinden. Ein Beispiel hierfür ist eine bekannte Schokoladenmarke. Der Pro-Kopf-Verbrauch von Schokolade steigt nicht mehr, es gibt also kein Marktwachstum, aber durch attraktive Verpackungen und geschickte Werbung schafft es eine bekannte Schokoladenmarke, sich einen hohen Marktanteil an diesem Markt zu sichern.

- **Poor Dog:** Ein „Poor Dog“ („Armer Hund“) ist schließlich ein Produkt, das es nie in den Markt geschafft hat oder ein Produkt, das „out“ ist. Das Marktwachstum ist gering, und ebenso verhält es sich mit dem Marktanteil.

Bewertet wird „mehr aus dem Bauch heraus“. Man bildet z. B. eine Expertenrunde und lässt am Flipchart mit Klebepunkten das Produkt beurteilen.

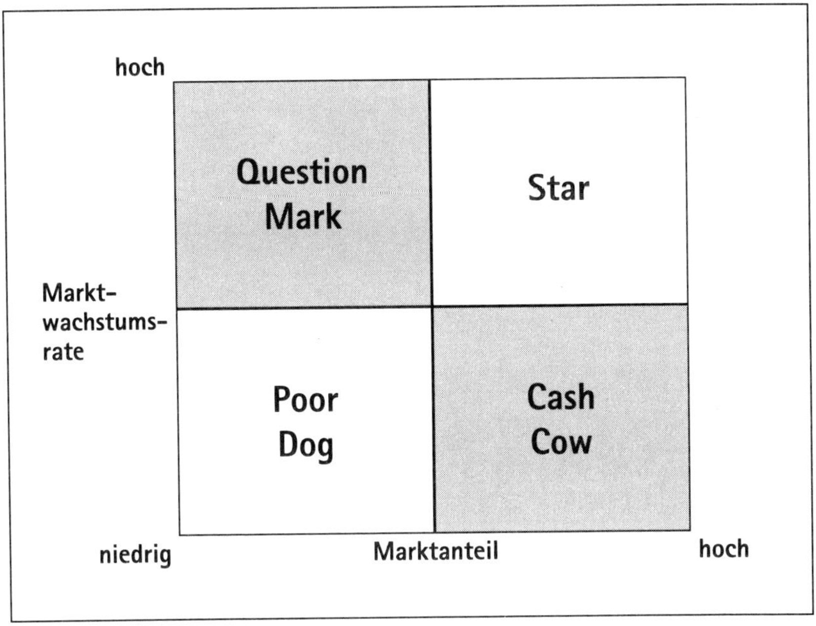

Abbildung 47: Portfolioanalyse

Was ist eigentlich Marketing?

Marketing ist, wenn Sie im 5. Stock ohne Lift wohnen und der Getränkefahrer immer noch lächelt, wenn er Ihnen den Bierkasten an der Wohnungstür abliefert.

Wie der Name „Marketing" schon andeutet, richten sich beim Marketing alle Anstrengungen des Unternehmens auf den Markt (engl. „market").

Der Grundgedanke des Marketing ist also: „Wir sind für den Kunden da!" oder „Gut ist, was für den Kunden gut ist." oder „Die Kunden entscheiden, ob es unser Unternehmen in Zukunft noch gibt oder nicht."

Marketingkonzeption: Wie wird Marketing umgesetzt?

Eine Marketingkonzeption hat folgenden Aufbau: (Abb. 48 auf S. 150)

Ausgehend von Zielen wie „Wir wollen Marktführer werden", werden Strategien entwickelt, die festlegen, auf welchen Märkten man sich mit

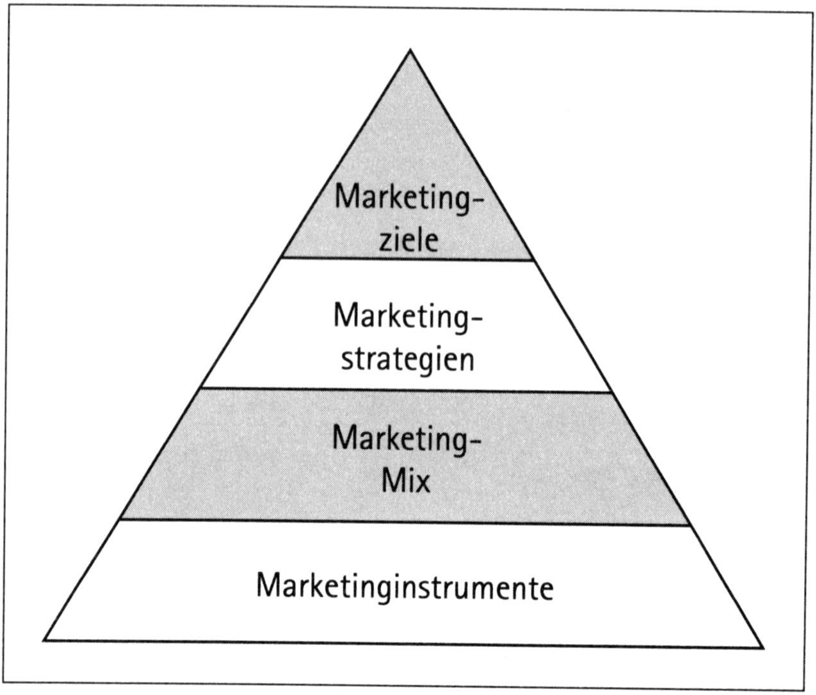

Abbildung 48: Marketingkonzeption

welchen Produkten platzieren möchte. Im Marketing-Mix wird weiter erörtert, wie man den Markt bearbeiten möchte, z. B. durch eine Preisoffensive oder neue Vertriebswege. Die Marketinginstrumente sind schließlich die konkreten Maßnahmen, die sich aus den vorhergehenden Entscheidungen ergeben, z. B. einer Anzeigenkampagne in bestimmten Tageszeitungen.

Marketingziele

Marketingziele fragen danach, was letztendlich durch die Marketingkonzeption erreicht werden soll. Welche Zielgruppe möchte man ansprechen, welche Marktziele möchte man erreichen. Beispiele für Marketingziele:

- Erhöhung der Marktanteile
- Verbesserung der Kundenbindung
- Erschließung neuer Zielgruppen, neuer Kundengruppen
- Erreichung eines Alleinstellungsmerkmals am Markt

- Erhöhung des Bekanntheitsgrades
- Umweltverträglichkeit der Produkte.

Alles Ziele, die auch im Rahmen der Balanced Scorecard diskutiert werden. Auch hier wieder ein Beispiel, dass die Balanced Scorecard mit bekannten Instrumenten arbeitet. Sie ordnet sie nur anders.

Marketingstrategien

In den Marketingstrategien werden, abgeleitet aus den Marketingzielen, die näheren Rahmenbedingungen für die Marketingkonzeption festgelegt.

- Mit welchen Produkten möchte man sich auf welchen Märkten präsentieren?
- Welche Marktsegmente, welche Zielgruppen will man ansprechen?
- Auf welchen Märkten möchte man agieren? Regional, Europa, überall?
- Mit welchen Kaufimpulsen wählt man den Preis, die Qualität usw.?

Marketing-Mix: Ein Klassiker, den man kennen muss

Jetzt werden die Maßnahmen aus den Marketingzielen konkreter formuliert. Es geht um vier Pakete.

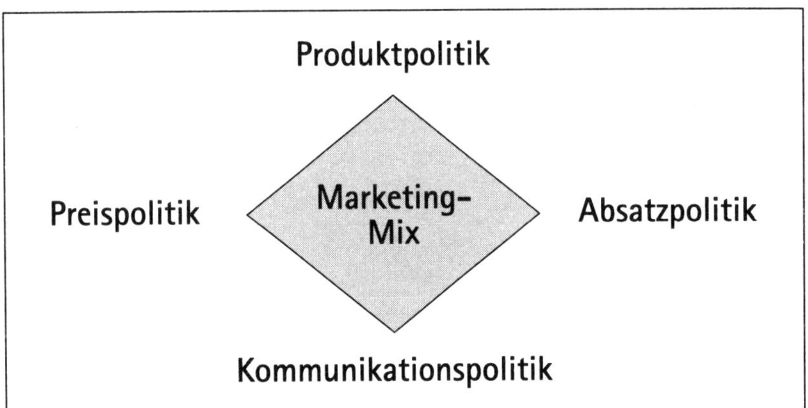

Abbildung 49: Marketingmix

Produktpolitik

Welche Produkte werden angeboten? Konzentriert man sich auf ein Kernprodukt oder auf eine ganze Produktpalette in einem Produktsortiment? Welche Eigenschaften sollen diese Produkte aufweisen?

Preispolitik

Soll man zu niedrigen Preisen anbieten, um konkurrenzfähig zu sein, oder geht man bewusst in das höhere Preissegment.

In der Preispolitik wird auch über Rabatte, z. B. Mengenrabatte oder besondere Rabatte für Kundentreue entschieden und über die Staffelung der Provisionen für die Vertriebspartner.

Absatzpolitik, auch Distributionspolitik genannt

In der Absatzpolitik werden die Vertriebswege und Vertriebssysteme festgelegt. Geht man über Direktwerbung direkt an den Kunden heran (z. B. Versandhäuser oder direkte Kundenmailings) oder schaltet man Vertriebsmittler ein? Beispielsweise verkaufen Reiseveranstalter und Fluggesellschaften ihre Produkte meist nicht direkt an den Kunden, sondern nutzen das Vertriebssystem der Reisebüros. Das Internet bietet in diesem Zusammenhang ganz neue Möglichkeiten.

Im Rahmen der Absatzpolitik geht es auch um die Entscheidung, wie hoch die Lieferbereitschaft ist. Muss gewährleistet sein, dass der Kunde das Produkt notfalls innerhalb von 24 Stunden erhält (z. B. bei Arzneimitteln) oder genügt eine Lieferbereitschaft von fünf Tagen?

Kommunikationspolitik

Die Kommunikationspolitik ist wohl das Maßnahmenpaket innerhalb der Marketingkonzeption, das am ehesten von der Öffentlichkeit wahrgenommen wird. Hier geht es darum, den potentiellen Kunden zum Kauf des Produktes zu motivieren. Instrumente der Kommunikationspolitik sind im Wesentlichen Werbung und Öffentlichkeitsarbeit (Public Relations, kurz PR).

Hier geht man oft vom AIDA-Modell zur Kaufmotivation des Kunden aus:

- A = „attention“, der Kunde soll durch die Werbung auf das Produkt aufmerksam werden
- I = „interest“, die Anzeige weckt das Interesse des Kunden am Produkt
- D = „desire“, der Kunde hegt den Wunsch, das Produkt zu besitzen
- A = „action“, der Kunde kauft das Produkt, indem er z. B. eine Telefonnummer wählt oder eine Bestellkarte ausfüllt

Marketinginstrumente

Die Marketinginstrumente sind nun die konkreten Maßnahmen zur Umsetzung der Marketingziele, -maßnahmen und des Marketing-Mix, z. B. eine konkrete Anzeigenkampagne oder eine Messeveranstaltung.

Konkret: Wichtige Ziele/Maßgrößen und Maßnahmen. Dies alles kann in eine Kundenperspektive gehören

Marktanteil erhöhen
Maßgröße: Umsatzanteil in Prozent regional, international usw.
Maßnahmen: Alle Marketinginstrumente

Kundenbindung verbessern
Maßgröße: Wiederholungskäufe, Kundenanfragen
Maßnahmen: Pflege der Kundenbeziehungen (z. B. Kundenbesuche), regelmäßige Kundeninformationen

Neukundengewinnung
Maßgröße: Prozentanteil Neukunden/Altkunden, Umsatzanteil Neukunden
Maßnahmen: Werbung, Pflege der Altkunden zwecks „Mundpropaganda“

Kundenzufriedenheit erhöhen
Maßgröße: Wiederholungskäufe, Anzahl positiver Rückmeldungen zum Produkt oder zum Service, Anzahl von bekannt gewordenen Weiterempfehlungen
Maßnahmen: Alle Maßnahmen im Bereich Service und Produktinnovation

Kundenbetreuung verbessern
Maßgröße: Anzahl Vertreterbesuche, Wiederholungskäufe, Anzahl positiver Rückmeldungen
Maßnahmen: Kundenbesuche, regelmäßige Kundeninformation, guter Service

Kundenrentabilität
Maßgröße: Deckungsbeitrag pro Kunde, Cash Flow pro Kunde
Maßnahmen: Alle Marketinginstrumente

Kundentreue
Maßgröße: Umsatzanteil Altkunden, Wiederverkaufsquote
Maßnahmen: Kundenbesuche, regelmäßige Kundeninformation, guter Service

Serviceeigenschaften verbessern
Maßgröße: Lieferfähigkeit, Pünktlichkeit, Fehlerquote, Retourenquote, Reklamationen, Reklamationsbehebungszeit
Maßnahmen: Sicherstellung, dass obige Messgrößen optimiert werden

Imageverbesserung
Maßgröße: Werbebudget und Budget für Öffentlichkeitsarbeit, Anzahl von Veröffentlichungen des Firmennamens oder der Firmenprodukte in Presse oder Fernsehen, Anzahl Fachbesucher auf einer Messe, Umfragen nach dem Bekannheitsgrad und mit dem damit verbundenen Image
Maßnahmen: Interne Erhebungen oder Einschaltung eines Marktforschungsunternehmens

Sonstige mögliche Perspektiven: Nur nicht dogmatisch sein

Die Väter der Balanced Scorecard betonen ausdrücklich, dass die klassischen Perspektiven nicht in Beton gegossen sind. Es sind eben die Perspektiven, die auf Grund der Forschungsergebnisse die meisten Unternehmen zum Erfolg gebracht haben. Möglich sind je nach Branche, Bereich oder Situation aber noch eine Reihe weiterer Perspektiven:

Energieperspektive
Auf dem Energiemarkt ist einiges in Bewegung geraten, und die Entwicklungen sind noch längst nicht abgeschlossen. Während dieses Buch geschrieben wird, sinken die Strompreise, während die Benzin- und Dieselpreise steigen.

All dies wird von der Politik begleitet, die ihrerseits Einfluss auf die Energiepreise nimmt wie beispielsweise mit der Ökosteuer. Neue Energieerzeuger treten auf den Plan, z. B. die Sonnenenergie. Energiesparmaßnahmen werden immer effektiver, Investitionen in Energiesparmaßnahmen werden gefördert.

Unternehmen, die in hohem Maße auf Energie welcher Art auch immer angewiesen sind, können vor diesem Hintergrund die Energieperspektive mit einbeziehen, etwa Speditionsunternehmen oder öffentliche Transportunternehmen. Insbesondere Frühwarnung spielt hier eine Rolle. Welche Auswirkung hat die Energielastigkeit für die Zukunft des Unternehmens? Szenarien sind gefragt: Was passiert, wenn sich der Dieselpreis verdoppelt?

Aber auch Energieerzeuger können diese Perspektive wählen und z. B. fragen: In welche strategische Richtung gehen wir? Was wollen die Kunden langfristig? Mit welchen Energieträgern geht es in die Zukunft? Welche Rolle spielen ökologische Belange?

Ziel: Sicherstellung der Energieversorgung

Maßgröße: Energiepreisentwicklung, Energiesteuerentwicklung, Indikatoren zur langfristigen Verfügbarkeit von Energieträgern

Rohstoffperspektive

Ganz ähnliche Fragestellungen wie bei der Energieperspektive. Betrifft Unternehmen, bei denen ein bestimmter Rohstoff einen Engpass darstellen kann, z. B. Erdöl bei Kraftwerken, Holz in der Möbelindustrie usw.

Ziel: Sicherstellung der Rohstoffversorgung

Maßgröße: Rohstoffpreise

Ökologische Perspektive

Es gibt Unternehmen, die durch das wachsende ökologische Bewusstsein in diesem Bereich besonders sensibel sein müssen, z. B. Müllverbrennungsanlagen. Hier kann man sich der Ökologie besonders widmen.

Ziel: Ökologische Leistungserstellung

Maßgröße: Umweltindikatoren wie z. B. Schadstoffe in Tonnen pro Jahr u. ä., Mix verbrauchter erneuerbarer/nicht erneuerbarer Energieträger

Forschungs- und Entwicklungsperspektive

Diese Perspektive ist für Unternehmen interessant, deren wesentlicher Erfolgsfaktor die Forschung und Entwicklung ist, z. B. Pharmaunternehmen. Diese Perspektive kann auch mal vorübergehend gewählt werden, um z. B. das Unternehmen nach Jahren technologischen Schlafens wieder „up to date" zu bringen.

Ziel: Effiziente Forschungs- und Entwicklungsprozesse

Maßgröße: Produkterfolgsrate, Umsetzungsrate von Ideen, Time to Market-Zeit

Informationsperspektive

Stichwort Informationsgesellschaft. Es gibt Unternehmen, bei denen die Information eine besonders wichtige Rolle spielt, z. B. Finanzdienstleistungsunternehmen, die täglich auf dem neuesten Stand sein müssen.

Ziel: Immer auf dem neuesten Stand sein

Maßgröße: Anzahl der Informationen, Informationserfassungszeiten

Perspektiven müssen nicht immer für das gesamte Unternehmen gelten. Es kann auch sinnvoll sein, bestimmte Bereiche, ausgegliederte Unternehmensteile usw. über spezielle Perspektiven zu steuern:

Perspektiven für bestimmte Branchen/Bereiche/Abteilungen oder bestimmte Situationen

Sicherheitsperspektive

Ein EDV-Dienstleister wird der Sicherheit besondere Wichtigkeit einräumen. Im Unternehmen selber kann die EDV-Abteilung diese Perspektive wählen.

Ziel: Datensicherheit nach innen und außen

Maßgröße: Anzahl unerlaubter Datenzugriffe, Aufwand für Sicherheitsmaßnahmen, u. a. Schulungsaufwand von Mitarbeitern

Soziale Perspektive

Balanced Scorecard für den Betriebsrat? Dann wird er sicherlich ein Augenmerk auf eine soziale Perspektive lenken. Aber auch bei größeren Umstrukturierungsmaßnahmen, Betriebsschließungen u. ä. kann man vorübergehend mit dieser Perspektive arbeiten.

Ziel: Ein hohes Maß an sozialer Sicherheit und Gerechtigkeit

Maßgröße: Anzahl Kündigungen, Höhe der Gehaltssteigerungen, Gehaltsniveau im Branchendurchschnitt, durchschnittliche Abfindungen, Anzahl Beschwerden beim Betriebsrat

Einführungsperspektive

Diese Perspektive kann für Unternehmen interessant sein, die beabsichtigen, neue Unternehmen zu gründen oder Teilbereiche in eigene Unternehmen umzuwandeln. Oder für Beratungsunternehmen, die sich speziell mit „start ups“ befassen, also Unternehmensgründungen unterstützen.

Ziel: Neue Unternehmen sicher einführen und schlagkräftig machen

Maßgröße: Einführungszeiten, Plan-/Ist-Vergleiche bezüglich Einführungszeit, erste Umsätze u. ä., Erfolgsquote eingeführter Unternehmen

Personalrekrutierungsperspektive

Diese Perspektive kann für stark wachsende Unternehmen interessant sein. So gab es in der Vergangenheit Beratungsunternehmen, die jährlich ihren Personalstand um 50 % aufgestockt haben. Die wesentliche Schwierigkeit lag darin, das richtige Personal zum richtigen Zeitpunkt zu finden und organisatorisch in das Unternehmen einzugliedern.

Ziel: Einstellung qualifizierter Mitarbeiter

Maßgröße: Plan-/Ist-Vergleiche im Bereich Einstellung, Anzahl Kündigungen während der Probezeit und in den nachfolgenden zwei Jahren, Einstellungskosten, Einarbeitungskosten

Rechtliche Perspektive

Kann in bestimmten Situationen interessant sein, z. B. in einer Sanierungsphase, in der es um Vergleiche, Sozialpläne usw. geht.

Ziel: Rechtliche Absicherung der Maßnahmen

Maßgröße: Anzahl Rechtsstreitigkeiten, Kosten der rechtlichen Absicherung

Finanzierungsperspektive

Nicht zu verwechseln mit der Finanzperspektive. Hier geht es speziell um Finanzierung. Stehen Finanzierungsaufgaben an, kann dies eine Perspektive werden. Z. B. bei starkem Wachstum, Unternehmenskäufen, Finanzierungsproblemen u. ä.

Ziel: Absicherung der Unternehmensfinanzierung

Maßgröße: Cash Flow, Liquiditätskennzahlen, Entwicklung des Finanzierungsbedarfs

Umstrukturierungsperspektive

Auch eine Perspektive für eine bestimmte Situation. Ist ein eher langfristiger Umstrukturierungsprozess erkennbar, kann dieser mit dieser Perspektive gesteuert werden.

Ziel: Sicherung der Umstrukturierungsmaßnahmen

Maßgröße: Kosten der Umstrukturierung, Anzahl Rechtsstreitigkeiten während der Umstrukturierung, Anzahl Beratereinsätze. Bei mehreren Maßnahmen: Erfolgsquote der Umstrukturierungsmaßnahmen

Perspektiven können ganz individuell gebildet werden. So arbeitet z. B. ein öffentliches Personenbeförderungsunternehmen mit folgenden Perspektiven:

- **Kundenzufriedenheit/Marktanteil:** Höherer Marktanteil, bessere Auslastung
- **Effizienz/Finanzziele:** Umsatzsteigerung, Investitionen
- **Qualität der Leistungserstellung:** Sichere Züge, pünktlichere Züge, saubere Züge
- **Engagement der Mitarbeiter:** Zufriedene Mitarbeiter, gesündere Mitarbeiter.

Im Übrigen kann man auch ganz andere Dinge mit der Balanced Scorecard steuern wie politische Parteien, die ihre strategischen Ziele in verschiedene Perspektiven gießen, z. B.:

- Soziale Sicherheit
- Außen- und Sicherheitspolitik
- Wirtschaftspolitik
- Kommunikation mit den Bürgern

Selbst sein Privatleben kann man mit einer Balanced Scorecard steuern:
Strategisches Ziel: Zufriedenheit und Sicherheit.
Die Perspektiven:

- Familienperspektive (Maßgröße: Die mit der Familie verbrachte Zeit, Anzahl der Kinder)
- Berufsperspektive (Maßgröße: Einkommen und Zufriedenheit)
- Freizeitperspektive (Anzahl und Zeiten von Freizeitaktivitäten)
- Zukunftssicherungsperspektive (Maßgröße: Ersparnisse, Versicherungen)

Man kann alles übertreiben, aber gleichzeitig hat jeder im Privatbereich auch „seine" Balanced Scorecard im Kopf.

Maßnahmen ableiten: Jeder bekommt sein Ziel

Hat man nunmehr Ziele, Maßgrößen und mögliche Maßnahmen erarbeitet, erfolgt das „Feintuning". Es ist die Zeit der Aufgabenverteilung, denn irgendwer muss nun aktiv werden und die Ziele umsetzen. Hier sollen Ziele bzw. Maßnahmen mit Köpfen verbunden werden. Es wird Verantwortung geschaffen, es muss Ansprechpartner geben. Die Ziele und Maßnahmen durchwandern die Hierarchien. Es gibt nun Ziele für die Bereichsleiter bis vielleicht hinunter zum Sachbearbeiter.

Dabei sind einige grundlegende Regeln zu beachten. Beim Militär werden Ziele und Maßnahmen als Befehle schlicht „ausgegeben". Es wird wenig diskutiert, und die meisten Soldaten werden wenig mit einbezogen. Was beim Militär noch sinnvoll sein kann, ist im Unternehmen eher kontraproduktiv.

Im Laufe der Zeit haben sich einige Regeln bewährt:

Stellen Sie sich vor, Sie hören, dass „irgendwo" im Unternehmen an der Balanced Scorecard gearbeitet wird. Eines Tages kommt der Geschäftsführer zu Ihnen, knallt Ihnen ein Blatt Papier auf den Schreibtisch und sagt: „Das ist unsere Balanced Scorecard, und hier sind Ihre Ziele und Maßnahmen. Viel Spaß bei der Realisierung." Es dürfte klar sein, dass Ihre Motivation, die Balanced Scorecard zu unterstützen, gegen Null geht. **Deswegen der erste Grundsatz:**

Diejenigen, die die Balanced Scorecard realisieren sollen, müssen ander Erarbeitung von Zielen, Maßgrößen und Maßnahmen beteiligt sein.

Zur Erreichung der Ziele gehört eine Portion Anspannung und Ehrgeiz. Die wird aber oft übertrieben, und werden die Ziele unrealistisch, wird man erst gar nicht versuchen, diese zu erreichen. Angeführt sei hier das Beispiel eines Geschäftsführers, der immer bewusst zu hohe Zielvorgaben ausgab. „Ich will 15 % erreichen und sage aber 25 %. Dann erreichen die Leute vielleicht mindestens die 15 %." Das ist schlechte Kultur. Wenn 15 % notwendig und realistisch sind, werden 15 % hingeschrieben. **Daraus folgt der zweite Grundsatz:**

Ziele müssen auf der einen Seite herausfordernd, auf der anderen Seite aber auch realistisch sein.

Alte Denkweisen werden immer wieder auf die Balanced Scorecard übertragen, was sich im Rahmen von Planung bemerkbar macht: Im Technikbereich ging es um die Verkürzung der Produktdurchlaufzeiten in der Produktion. Sie lag aktuell bei sechs Tagen. Man ging Punkt für Punkt des gegebenen Produktionsablaufes durch, sparte hier und dort eine Stunde ein. Hier ein bisschen kürzer lagern, dort ein bisschen schneller transportieren.

Das Ergebnis war nicht gerade umwerfend. Man suchte nicht nach grundlegenden Alternativen, informierte sich nicht außerhalb des Unternehmens (wie machen es andere: Benchmarking). Dabei soll doch gerade die Balanced Scorecard anregen, nach kreativen Lösungen zu suchen. **Es folgt der dritte Grundsatz:**

Wurden genügend Alternativen geprüft, ist die Informationsbasis überhaupt ausreichend für die Festlegung des Zieles?

Manche wollen besonders schlau sein und planen gleich mehrere Versionen. Eine für die Bank, in der die rosige Zukunft prophezeit wird, denn man will schließlich kreditwürdig erscheinen. Eine für den Betriebsrat, in der die für das Personal unpopulären Personalmaßnahmen nicht auftauchen. Und eine letztlich realistische Version. Nur darf man jetzt nicht durcheinanderkommen, und nichts davon darf nach außen dringen – all das ist in der Praxis schon passiert. **Deswegen der vierte Grundsatz:**

Es darf nur eine Balanced Scorecard geben.

In nahezu jedem zumindest größeren Unternehmen gibt es ein Berichtswesen. Man bekommt Kostenstellenauswertungen, Ausschussberichte, Umsatzberichte usw. Das ist oft ein eingespielter Prozess. Nun kommt die Balanced Scorecard mit neuen Informationsanforderungen – und schon geht was schief. Der Datentransfer ist schlecht organisiert. Man hat brav an der Balanced Scorecard mitgearbeitet, hat Ziele verabschiedet, arbeitet intensiv an den Maßnahmen. Aber was nicht kommt, ist ein Feedback. Wie ist der Grad der Zielerreichung? Zwar setzt man selber die Maßnahme um, das Feedback (z. B. die Ist-Kennzahl) bekommt aber der Vorgesetzte. Nichts ist demotivierender! **Deshalb der fünfte Grundsatz:**

Derjenige, der an den Zielen und Maßnahmen mitgearbeitet hat bzw. sie umsetzt, erhält auch die Ist-Daten, das Feedback.

Trotz aller Anstrengungen passiert es eben in der Praxis häufig, dass Ziele nicht erreicht werden. So ist z. B. in der Balanced Scorecard eine Kostensenkung von 10 % festgeschrieben, es werden aber nur 7 % realisiert. Es ist eine negative Abweichung aufgetreten. Nun gibt es mehrere mögliche Umgangsformen mit Abweichungen:

1. Man sucht den Schuldigen und unternimmt Schuldzuweisungen, sucht nach Fehlern. Die Horde stürzt sich auf die Beute. Der Schuldige ergeht sich in Rechtfertigungen
2. Oder man sagt: „In Ordnung, die Abweichung ist vorgekommen, das ist nicht schön. Aber nehmen wir dies als Anlass für einen Lernprozess und versuchen gemeinsam, das Ziel vielleicht doch noch so gut wie möglich zu erreichen.“

Zielführender ist sicherlich die zweite Methode, obwohl – wie allseits bekannt – die erste Methode noch weit verbreitet ist.

Eine Balanced Scorecard muss „leben"

Oben wurde es schon kurz angesprochen: Es muss ein Feedback geben. Wurden die Ziele erreicht? Feedback bedeutet aber auch interne Kommunikation über die Balanced Scorecard:

- Welche Erfahrungen haben wir gemacht?
- was ist schief gelaufen?
- was sollte das nächste Mal besser gemacht werden?

Insgesamt wird in den Unternehmen zu wenig kommuniziert. Im Grunde ist es möglich, einen ganzen Konzern von seinem Notebook aus auf einer einsamen Insel aus zu steuern. Alle relevanten Daten sind dank moderner Informationssysteme abrufbar, jeder Winkel der Erde kann eingesehen werden.

Für viele „zählt nur die Zahl“. Man hat sich im Laufe seines Berufslebens daran gewöhnt, dass sich Ergebnisse nur quantitativ ausdrücken lassen. Aber es reicht nicht, sich lediglich an Maßgrößen zu orientieren. Wichtig ist Kommunikation, und die sollte auch vor Ort stattfinden. Jemand umschrieb dies einmal mit „Management by walking around“. Einfach mal fragen: Haben Sie das Gefühl, dass wir das Ziel erreicht haben? Mehr zahlenunabhängig kommunizieren!

Wie ein neues Instrument „lebt“, erfährt man auch, wenn man sich ein bisschen in „der Szene“ umschaut.

Bei neuen Instrumenten bleibt zunächst ungewiss, ob es sich lediglich um eine Modewelle handelt oder ob sich das Instrument durchsetzt. Die Balanced Scorecard scheint sich durchzusetzen und kommt bereits in vielen, meist größeren Unternehmen zur Anwendung. Folgende Unternehmen beispielsweise setzen die Balanced Scorecard ein:

- Philips Bildröhrenfabrik in Aachen
- ABB in der Schweiz
- Die „Keksfabrik“ (die machen viel mehr) Bahlsen in Hannover
- ARAG Lebensversicherung
- die belgische Gendarmerie hat eine Balanced Scorecard entwickelt
- die Deutsche Bundeswehr setzt gleich mehrere an verschiedenen Standorten ein

Ein Erfahrungsbericht:

Einführung der Balanced Scorecard bei der „Heidelberger Druckmaschinen AG“

Lassen wir doch einmal jemanden zu Wort kommen, der die Balanced Scorecard eingeführt hat:

Heidelberger Druckmaschinen AG
von: Dr. Ing. Joachim Englisch
Senior Vice President
Sales Operations Management

Die Heidelberg Gruppe in Zahlen und Fakten
Im Geschäftsjahr 1998/99 7,7 Mrd. Umsatz bei ca. 24.000 Mitarbeitern mit Erzeugnissen zur Aufbereitung von Druckdaten (Scanner, Film- und Plattenbelichter), Druckmaschinen (Bogen- und Weboffsetdruck) bis hin zur Weiterverarbeitung der Druckerzeugnisse (Schneiden, Heften). Weltweit sind ca. 400.000 Heidelberger Druckmaschinen installiert. Weitere Infos unter http://www.heidelberg.com

Die Balanced Scorecard in der Heidelberg Gruppe
Start der Einführung der Balanced Scorecard (im folgenden BSC abgekürzt) als Management-Tool Ende 1995 im Rahmen eines TQM Programms. Die Einführung erfolgte top-down vom Vorstand bis in jeden Bereich/in jede Abteilung der Heidelberg Gruppe. Selbst in Meister-/Teambereichen der Produktion wird die BSC verwendet. In 1999 hatten ca. 1.000 Führungskräfte weltweit die BSC. Bei ca. 350 Führungskräften ist die BSC heute mit gehaltswirksamen Anteilen gekoppelt.

Die BSC wird verwendet bei der Planung, Steuerung und beim Review von strategischen und operativen Geschäftsprozessen im Unternehmen. Drei Kennzahlen finden sich in jeder Balanced Scorecard: ROI, Kundenzufriedenheitsindex und Mitarbeitermotivationsindex. Diese Kennzahlen werden auf jeder Ebene im Unternehmen ermittelt und auf Gruppenebene verdichtet. Erforderliche Prozesse und Tools wurden im Rahmen des gruppenweiten TQM Programms in den Bereichen implementiert. Die Durchführung des TQM Programms wurde durch ein internes internationales Beraterteam unterstützt (ca. 10 Mitarbeiter weltweit) mit zusätzlicher Begleitung in der Startphase durch externe Berater (PA Consulting, Frankfurt). Weitere Bereiche (Corporate Strategy, Controlling, Quality, Customer Focus, Communication, Organization) haben aktiv an der Entwicklung und Einführung mitgewirkt.

Die BSC wird visuell auf der Basis von MS Office Produkten abgewickelt. Führungskräfte erhalten Zielvorgaben auf einheitlichen Formularen und entwickeln hieraus ihre eigene BSC. Bei der Entwicklung werden vertikale und horizontale Abstimmungsprozesse angestoßen, d. h. Führungskräfte, Mitarbeiter und andere Bereiche geben ihren Input in die BSC. Fünf Formulare werden benutzt: BSC, SMART Objectives, Actionplan, BSC Review, Actionplan Review.

Unsere Erfahrungen
Ein Projekt „Einführung der BSC“ gab es in der Heidelberg Gruppe nicht, da dies im Rahmen eines umfangreichen Management-Programmes stattgefunden hatte. Die Reaktionen der Führungskräfte auf die BSC waren durchweg positiv. In den drei Jahren haben wir sehr viel gelernt, z. B. dass die BSC nicht zu viele Ziele enthalten darf, dass nur wenige Kennzahlen „durchgängig“ sein sollten, dass Führungskräfte bei der Entwicklung ihrer BSC mitarbeiten sollen usw.

Unsere Empfehlungen sind:

DO ...
Top-Down einführen
Führungskräfte für die Einführung verantwortlich machen
Planungs- und Steuerungsprozesse auf die BSC ausrichten
Flexibilität in begrenztem Rahmen zulassen
Mit Lösungen von 60–80 % beginnen, später weiter verbessern
Vergütungssysteme ankoppeln

DON'T DO ...
Führen wie bisher
Mit Softwarelösungen beginnen
Kennzahlen starr miteinander verketten

Was tut sich sonst noch in der „Szene"?

Soweit die Erfahrungen der Heidelberg Gruppe. Der obige Bericht stammt übrigens aus dem Internet. Auch sonst tut sich eine ganze Menge. Die Diskussion hat vielfältige Formen angenommen:

- In vielen Fachzeitschriften, insbesondere aus dem Bereich Controlling, wird über erste Erfahrungen berichtet, es gibt Sonderhefte usw.
- Auch der Hochschulbereich kümmert sich intensiv um das Thema, insbesondere die Fachbereiche „mit angeschlossener Unternehmensberatung“. Es ist ja gar nicht so selten, dass ein Professor einer Fachhochschule oder Universität parallel ein Unternehmensberatungsunternehmen betreibt. Das ist praktisch, kann man doch so Theorie und Praxis verbinden (und natürlich auch dazuverdienen).
  Auch existieren eine Reihe von Dissertationen und Diplomarbeiten zum Thema.

- Es gibt diverse Seminare zu diesem Thema. Kaum ein Veranstalter aus dem Controllingbereich, der nicht ein Seminar zum Thema Balanced Scorecard im Angebot hat. Positiv bei vielen Seminaren ist zu vermerken, dass sie recht praxisorientiert sind. Es kommen viele Leute zu Wort, die eine Balanced Scorecard in ihrem Unternehmen eingeführt haben. Leider beschränken sich viele Vorträge auf reine Folienvorträge am Overheadprojektor. Da kommen auch schon mal Unternehmensberatungen mit ihren Akquisefolien zu Wort. Also aufpassen, wenn man ein Seminar bucht!
- Es gibt sogar einige Institutionen, die die BSC fördern. Allerdings verbirgt sich dahinter manchmal auch ein Beratungsunternehmen, das auf diesem Weg akquirieren will
- Wie nicht anders zu erwarten, wird die BSC intensiv von Unternehmensberatungsfirmen bearbeitet. Kaum ein größeres Beratungsunternehmen, das sie mittlerweile nicht im Programm hätte (ob die Qualifikation der Mitarbeiter immer passt, sei dahingestellt)

Tipp: Schauen Sie mal ins Internet. Unter dem Stichwort Balanced Scorecard gibt es dort einige Informationen, wohinter sich zwar häufig Werbung verbirgt, aber vieles ist interessant und vor allem aktuell.

4. Umsetzung konkret

Hier wird maßgeschneidert, es gibt nichts von der Stange

Balanced Scorecards für alle und einfach mal anfangen

Bei der Einführung neuer Instrumente im Unternehmen stellt sich immer wieder die gleiche Frage: „Gibt es das nicht schon irgendwo?“ Man möchte gern abschreiben, wenn dies möglich ist. Gibt es also eine beispielhafte Balanced Scorecard für das Unternehmen, die mit kleinen Änderungen übernommen werden kann?

Hier muss man ein enttäuschendes Nein anbringen. Natürlich gibt es die Grundstruktur, bestehend aus der Vision und Strategie und den Perspektiven. Auch die Struktur Ziel, Maßgröße, Maßnahme ist anzutreffen. Aber letztlich ist jede Balanced Scorecard selbstgestrickt. Denn was nicht „abgeschrieben“ werden kann, sind eben die Strategien, die Ziele und Maßnahmen.

Und somit ist jede Einführung einer Balanced Scorecard ein individueller Prozess und jede sieht deswegen anders aus.

Die Balanced Scorecard wird „heruntergebrochen"

Die Einführung einer Balanced Scorecard ist ein sogenannter Top-Down-Prozess. Das heißt, die Unternehmensleitung gibt den Anstoß und legt auch zunächst die globalen Ziele fest, die dann nach unten verfeinert werden.

Die Balanced Scorecard wird „heruntergebrochen“, wie es so schön heißt. Dies bedeutet:

- Teilziele für nachgelagerte Einheiten, z. B. Umsatzsteigerung für Produkt 1
- Delegation von Aufgaben und Verantwortung hinein ins Unternehmen, z. B. Verkürzung von Durchlaufzeiten in der Produktion.
  (Abb. 50 auf S. 166)

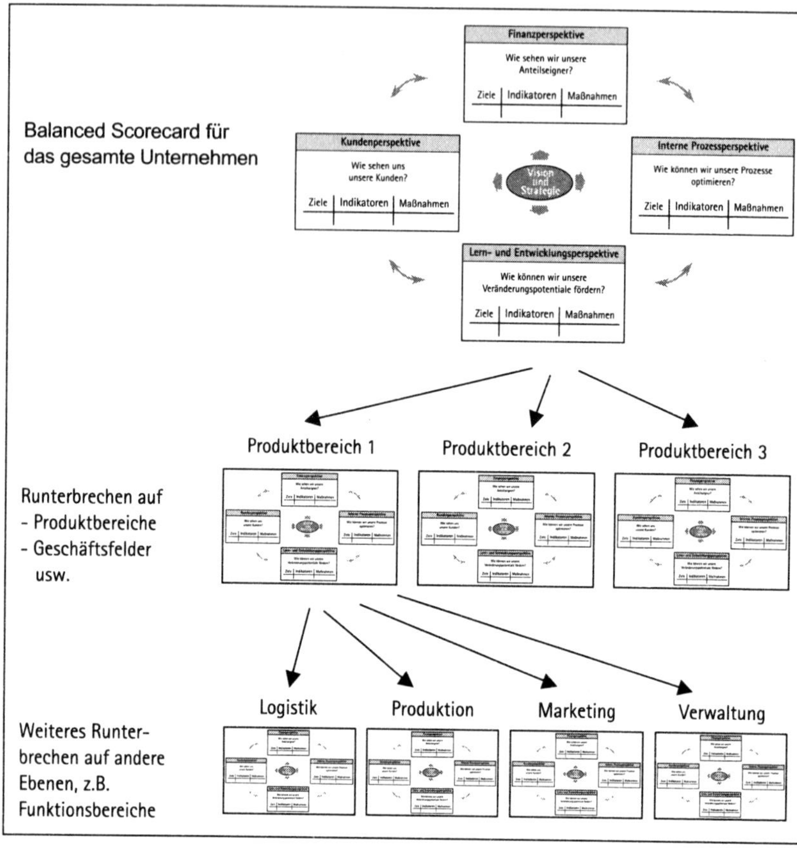

Abbildung 50: „Runterbrechen" der Balanced Scorecard

Beim Runterbrechen ist eines wichtig zu sehen: Die Perspektiven der Unternehmens-Balanced Scorecard werden nicht etwa 1:1 von den Bereichen übernommen. Es ist also nicht etwa so, dass der Personalbereich die Lern- und Entwicklungsperspektive „bekommt", Marketing und Vertrieb die Kundenperspektive. Es ist viel differenzierter. So bekommt natürlich auch der Vertriebsbereich Ziele aus der Lern- und Entwicklungsperspektive, z. B. Erhöhung der Motivation der Mitarbeiter. Diese Ziele findet dann der Vertriebsbereich in „seiner" Balanced Scorecard eben unter der Perspektive Lernen und Entwicklung. Dies mag im ersten Ansatz etwas kompliziert klingen. Deshalb stellt sich die Frage, ob man nicht von der

Balanced Scorecard des Unternehmens lediglich Ziele ableitet, die dann Bestandteil z. B. der Jahresplanung werden, oder ob die Einheiten tatsächlich eigene Balanced Scorecards bekommen. Dies hängt sicherlich von der Größe und Struktur des Unternehmens ab und davon, wie intensiv man mit der Balanced Scorecard arbeiten will. Wichtig ist, dass überhaupt Ziele und Maßnahmen in die Einheiten gegeben werden.

Eigene Balanced Scorecards sind möglicherweise transparenter, weil sie methodisch durchgängig sind, das heißt von oben nach unten geht man immer nach dem gleichen Muster vor.

Wie viele Freiräume gibt es?

Weitere Frage dabei ist, wie hoch die Freiräume für die nachgelagerten Einheiten sein sollen. Hier bieten sich die oben beschriebenen Management by ...-Techniken an. Beispiel: Reduzierung der Durchlaufzeiten in der Produktion. Dieses Ziel steht in der Unternehmens-Balanced Scorecard. Es wird in den technischen Bereich delegiert. Und zwar z. B. nach dem Prinzip Management by results nach dem Motto: Uns ist es „wurscht", wie ihr das Ziel erreicht, Hauptsache ihr erreicht es. Die Maßnahmen bleiben also von „oben" offen, entschieden wird vor Ort. Die andere Methode ist, dass man die Maßnahmen nach der Zielfindung abstimmt. Derartiges muss immer unternehmensindividuell entschieden werden.

Fangen Sie einfach mal an!

Man erlebt es häufig. Man hat im Unternehmen eine Idee, da diese aber mit Arbeit verbunden ist, scheut man sich anzufangen und verschiebt immer und immer wieder. Management by Planierraupe: Man schiebt die Aufgaben vor sich her. Deswegen einfach mal mit der Balanced Scorecard anfangen. Man muss nicht gleich die 100-%-Lösung anstreben, auch hier gilt das Prinzip Learning by doing.

Wie wird es in der Praxis gemacht? Man beginnt mit einem sogenannten „Piloten", mit einem Pilotprojekt. Man muss ja nicht gleich das ganze Unternehmen mit der Balanced Scorecard überziehen. Was eignet sich als Pilotprojekt?

- z. B. ein eigener Produktbereich im Unternehmen
- ein Funktionsbereich, z.B. der Logistikbereich.

Es gibt in der Praxis immer wieder Diskussionen, welches Auswahlkriterium sinnvoll ist. Die einen sagen, man solle einen Problembereich nehmen. Denn dann kann man zwei Fliegen mit einer Klappe schlagen: Man löst das Problem und hat gleichzeitige eine vielleicht repräsentative Methode entwickelt, die auch für andere Bereiche nützlich sein kann.

Andere sagen, dass sich ein Problembereich zu Beginn nicht empfiehlt. Man solle nicht mit dem Schwierigsten beginnen, sondern einen Bereich wählen, bei dem es keine Probleme gibt, an dem man sozusagen ohne Schaden üben kann. Klappt es dann, hat man sich Know-how angeeignet, um dann in Folge die Problembereiche besser bewältigen zu können.

Beispiel: In einem mittelständischen Unternehmen gab es diverse Logistikprobleme, die sich letztlich darin äußerten, dass die Lagerbestände zu hoch lagen, auf der anderen Seite aber die Produktion kleiner Auftragsmengen wegen hoher Rüstkosten u.ä. teuer war. Das Modell eines Zentrallagers hatte sich nicht bewährt, und man wollte dezentralisieren. Ferner sollte im Rahmen dieser Dezentralisation ein interner Lieferservice aufgebaut werden, um Engpässe auszugleichen. Was im USA-Lager fehlt, gibt es vielleicht im Europalager.

Dann kam noch dazu, dass die Logistikmannschaft zu den „Altgedienten" im Unternehmen gehörte. Das bedeutete zwar sehr viel Erfahrung, doch die Motivation für Veränderungen war nicht gerade ausgeprägt. Es gab noch weitere Probleme, aber die aufzuzählen würde den Rahmen sprengen. Kurz gesagt: Im Bereich Logistik war etwas faul. Eigentlich eine ideale Aufgabenstellung für die Balanced Scorecard. Man musste sich intensiv um Prozesse kümmern, aber auch die Lern- und Entwicklungsperspektive wurden berührt und letztlich diente dies alles der Kundenperspektive und damit wieder der Finanzperspektive. Trotzdem entschloss man sich, die Probleme zunächst „herkömmlich" anzugehen. Das Argument lautete, dass in diesm Bereich ein weiteres Problem nicht handhabbar war. Wenn mit der Balanced Scorecard etwas schief ginge, wäre vielleicht gar nichts mehr zu retten und auch der letzte Rest Motivation wäre zerstört.

Organisatorische Umsetzung: Den sogenannten Roll out managen

Roll out ist im Rahmen der Umsetzung bzw. Realisierung ein neuer Begriff. Er bedeutet die Ausfächerung oder Übertragung der Lösung in einzelne Unternehmensbereiche.

Die Umsetzung einer Balanced Scorecard ist Projektarbeit

Dabei stellen sich auch für die Balanced Scorecard die Basisfragen der Projektarbeit:

- **Fixiertes Ziel**
  Die Umsetzung der Strategie soll verbessert werden
- **Sachlich und zeitlich eingegrenztes Vorhaben**
  Wir wollen die Balanced Scorecard innerhalb von sechs Monaten einführen
- **Definierter Mitteleinsatz**
  Es steht ein Budget von 100.000 DM zur Verfügung
- **Projektcharakter**
  Dies ist zunächst ein Pilotprojekt
- **Projektteam**
  Es setzt sich zusammen aus zwei Mitgliedern des Vorstands und den Bereichsleitern. Später werden weitere Hierarchien und Experten herangezogen
- **Projektunterstützung**
  Es wird das Beratungsunternehmen Müller GmbH herangezogen. Unterstützungsleistung etwa 30 Tage.

Bei der Organisation des Projektes wird man in der Regel mit Aufgabenplänen arbeiten und die Projektzeiten beispielsweise mit Balkendiagrammen organisieren.

Zuständig / Aktivität	Huber	Meier	Schulze	Müller	Schuster
Projektorganisation			X		
Strategiediskussion	X	X	X	X	
Definition Ursachen-/Wirkungsketten		X	X		
Zielmessung/Kennzahlen			X	X	
Maßnahmen				X	X
Feintuning in den Perspektiven				X	X
Organisation „Runterbrechen"				X	X
EDV-technische Betreuung					X
Betreuung Beratungsunternehmen		X			

Abbildung 51: Aufgabenplan

Zuständigkeiten bedeuten übrigens nicht immer, dass diejenigen auch die Arbeit machen müssen, sondern dass sie vor allem die Verantwortung tragen.

Wochen / Aktivität	1	2	3	4	5	6	7	8	9	10	11	12
Projektorganisation	■	■	■	■	■	■	■	■	■	■	■	■
Strategiediskussion	■	■	■									
Definition Ursachen-/Wirkungsketten			■	■								
Zielmessung/Kennzahlen					■	■						
Maßnahmen							■	■	■			
Feintuning in den Perspektiven							■	■	■	■		
Organisation „Runterbrechen"										■	■	■
EDV-technische Betreuung								■	■	■	■	■
Betreuung Beratungsunternehmen	■	■	■	■	■	■	■	■	■	■	■	■

Abbildung 52: Balkendiagramm

Von Zeit zu Zeit bieten sich Projektberichte an: (Abb. 53 auf S. 171)

Wie immer eine Projektberichterstattung aussieht, wichtig ist zumindest eine gewisse Dokumentation des Projektes; nicht zuletzt deshalb, um in Folgeprojekten davon zu profitieren.

Fast überflüssig ist zu erwähnen, dass es mittlerweile jede Menge Software zur Unterstützung von Projektarbeit gibt.

Verknüpfung von Zielen mit dem Gehalt: Manche ziehen sich warm an

Oder anders formuliert: Verknüpfung mit Incentives. Bei Führungskräften wird es sowieso schon häufig einen variablen Gehaltsanteil geben, nicht nur im Außendienst des Vertriebes.

Hier geht es jetzt darum, dass man die Erreichung der Ziele der Balanced Scorecard mit der variablen Vergütung koppelt. Ist z. B. das Ziel die Erhöhung des Marktanteiles um 15 % erreicht, steigert sich das Grundgehalt um 10 %. Die Ausgestaltung derartiger „Motivierungsmodelle“ hängt von den individuellen Unternehmen ab.

Es ist offensichtlich, dass hier eine Problematik besteht. Nämlich die, dass sich möglicherweise einige Leute „warm anziehen“. Gelingt es nämlich, das Ziel möglichst konservativ zu halten, wird die Zielerreichung eher leicht gelingen. Beim „Warmanzieher“ liegen die Zahlen immer unter

PROJEKTBERICHT

Berichtszeitraum: Mai 2001

Bezeichnung: Einführung Balanced Scorecard

Nr.: 8/2000

Kurzbeschreibung des Projektes:

Mit dem Projekt soll erreicht werden, dass die Umsetzung der Strategie auf den einzelnen Ebenen optimiert wird

Quantitatives Ziel:	Verbesserung der Finanzziele. ROI + 8%
Qualitatives Ziel:	Verbesserung der Zielerreichung, bessere Kommunikation
Investitionen:	20.000 f. Software
Kosten:	80.000 im Wesentlichen f. Beratungsleistungen
Projektstart:	Dez. 2000
Vorauss. Ende:	Juli 2001

Projektbeurteilung

	Zielkonformität				
Zielelemente	1	2	3	4	5
Sachliches Projektziel		X			
Termin		X			
Kosten			X		
Gesamteinschätzung		X			

1 = zielkonform
5 = nicht zielkonform

Anmerkungen:

Evtl. Überschreitung v. 15.000 DM

Kommentar:

Das Projekt verläuft im Wesentlichen planmäßig. Schwierigkeiten sind aufgetaucht, weil sich die Messung der „Soft Facts" verzögert hat und ein interner Konsens nur schwer zu erreichen war.
Unterschiedliche Meinungen gibt es bezüglich der Arbeit des externen Beraters. Hier fehlt teilweise die personelle Kontinuität der Berater, da viele zu kurzfristig im Projekt eingebunden sind.

Vorschläge:

Ergänzung des Projektteams durch Frau Schulze (Logistik)
Gespräch mit dem externen Beratungsunternehmen bezüglich obiger Kritik

Datum: 30. Mai 2000

Projektleiter: M. Schulze

Abbildung 53: Projektbericht

dem Möglichen; er versucht immer, auf der sicheren Seite zu liegen. Das Ergebnis lautet dann: „Ich bin besser als die Zielvorgaben." Derartige Handlungsweisen sind weit verbreitet. Da braucht es schon Erfahrungen, um solche Leute zu „ertappen". Wer einmal diesen Ruf hat, wird es in Zukunft schwer haben im Unternehmen.

Voraussetzung für die variablen Vergütungen sind Gespräche und solide Zielvereinbarungen. Zielsetzend, aber realistisch, lautet die Devise.

Einbindung der Balanced Scorecard in die Jahresplanung

Zwar wird jede Balanced Scorecard Auswirkungen auf die Jahresplanung haben, sie wird sie aber nicht ersetzen. Denn bei der Jahresplanung geht es in die Details. Die Balanced Scorecard setzt Eckdaten, abgeleitet aus der Strategie. Aber auch bei der Maßnahmenplanung geht sie nicht so weit, dass z. B. der Materialbedarf genau geplant wird.

So bekommen beispielsweise die Kostenrechnung oder das Controlling als planungsverantwortliche Bereiche die Vorgabe, einen bestimmten Absatz für das nächste Jahr „durchzuplanen". Diese Vorgabe bestimmt die konkrete Planung für alle Bereiche. (Abb. 54 auf S. 173)

Wie merkt man, dass eventuell etwas schief läuft?

Idealerweise hat jetzt jeder Bereich, jede Abteilung, auf jeden Fall aber jeder Verantwortliche Plandaten, an denen er sich messen kann. Sind diese auf den Monat heruntergebrochen, werden die monatlichen Ist-Daten dagegengesetzt.

Jetzt greift man wieder in seinen Werkzeugkasten – und findet den sogenannten Plan-/Ist-Vergleich. In der einen oder anderen Form ist er in der Praxis größtenteils nach folgendem Grundgerüst aufgebaut: (Abb. 55 auf S. 174)

Der interessante Prozess der Abweichungsanalyse kann beginnen. Ein Terrain, auf dem sich Kostenrechner und Controller austoben können und wo im Notfall Korrekturzündungen vorgeschlagen werden: „Stopp, hier läuft was falsch, der Plan ist in Gefahr." Ist jedoch der Plan in Gefahr, sind auch die Ziele der Balanced Scorecard in Gefahr, denn diese waren ja eingearbeitet in den Jahresplan. Möglicherweise wird im Laufe der Zeit erkannt, dass die strategischen Ziele nicht zu erreichen sind, weil sich beispielsweise die Konjunkturdaten schlecht entwickelt haben. Hier muss

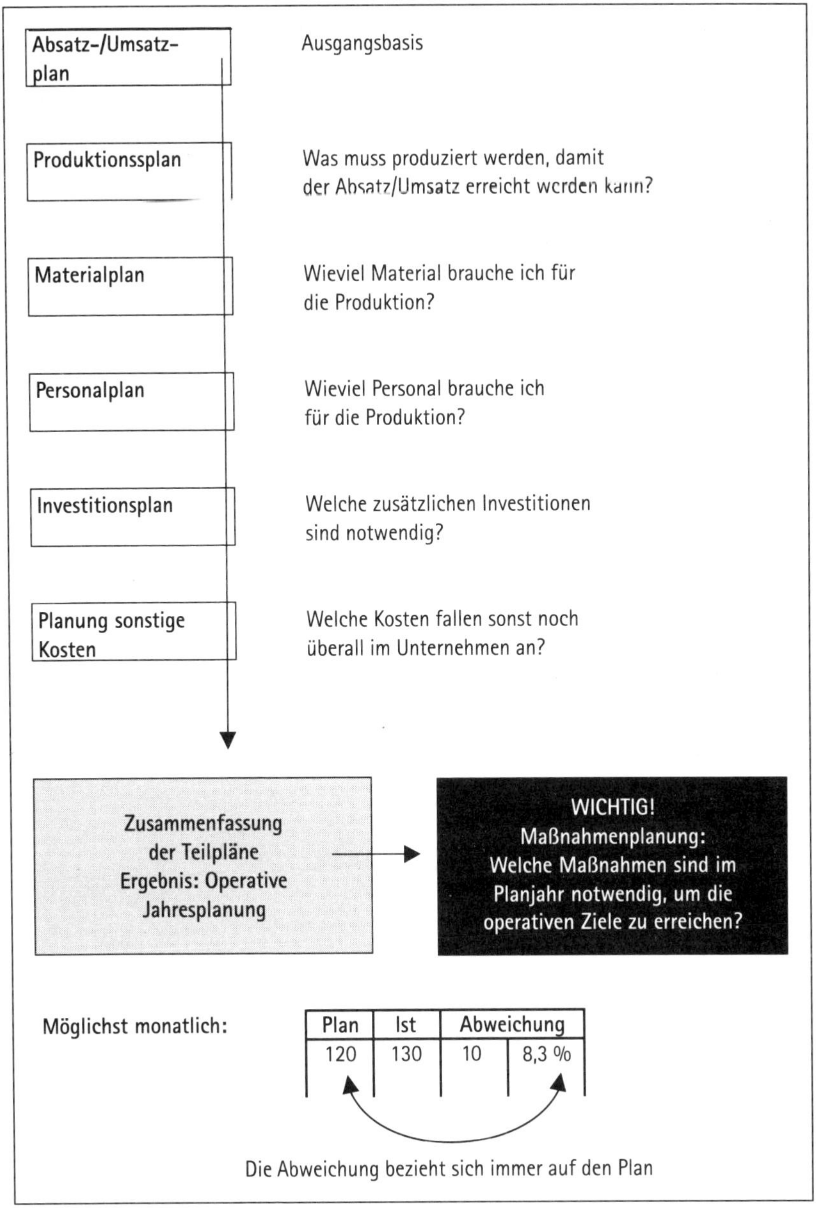

Abbildung 54: Jahresplanung im Detail

		Plan	Ist	Abweichung absolut	Abweichung %
Verkaufte Stückzahl ←	Absatz	12.000	13.600	1.600	13,3 %
Verkaufspreis pro Stück ←	Preis	2,49	1,99	-0,50	-20,1 %
Absatz x Preis ←	Umsatz	29.880	27.064	-2.816	-9,4 %
Kosten: Hier liegen sämtliche Kostenarten dahinter, z.B. - Materialkosten - Personalkosten - Abschreibungen usw. ←	- Kosten	24.000	25.160	1.160	4,8 %
	= Ergebnis	5.880	1.904	-3.976	-67,6 %

Abbildung 55: Grundschema Plan-/Ist-Vergleich

eine strategische Kurskorrektur erfolgen, die sich dann wiederum in der operativen Planung niederschlägt. So sind Balanced Scorecard und Jahresplanung vernetzt.

Vernetzungen finden sich also überall. Die Vergütung spielt eine Rolle, die herkömmliche Jahresplanung. Nur stichwortartig seien weitere Aspekte beim Roll out genannt:

- Rechtzeitige Information aller Betroffenen (auch der nicht direkt Betroffenen)
  Die Balanced Scorecard wird früher oder später nahezu jeden Mitarbeiter mehr oder weniger intensiv erreichen
- Möglicherweise Einbindung des Betriebsrates
  Hier geht es um Mitarbeiterbelange
- Außenwirkung nicht vergessen, Public Relations
  Zeigen Sie durch die Einführung der Balanced Scorecard nach außen, dass Sie ein fortschrittliches Unternehmen sind.

All dies muss bzw. kann bei der konkreten Einführung berücksichtigt werden.

Einige konkrete Einführungsmethoden: Wie hätten Sie es denn gern?

Wir bewegen uns hier in dem Bereich der betriebswirtschaftlichen Arbeitsmethoden und weiterhin im Projektmanagement.

Arbeitsmethoden der BWL: Wie man die Dinge anpackt. Der Klassiker

Man kann sich z. B. an folgendem Schema einer strukturierten Vorgehensweise orientieren:

1. Definition der Zielsetzung

Egal, ob es sich um die Planung einer Besprechung, eines Projekts oder einer anderen Aktivität handelt, zuerst ist die Frage zu klären, was dabei herauskommen soll. Was soll erreicht werden? Was ist das Ziel dieses Projektes, dieser Besprechung, dieser Tätigkeit?

In der Praxis passiert es leider des Öfteren, dass man voll Tatendrang an die Dinge herangeht, ohne vorher eine bestimmte Zielsetzung festgelegt zu haben. Es kann dann vorkommen, dass man erst im Laufe der Besprechung oder eines Projektes merkt, dass die Teilnehmer von ganz unterschiedlichen Zielvorstellungen ausgegangen sind. Das kostet Zeit und Nerven.

Bei der Festlegung der Zielsetzung sollte man auch darauf achten, ein bestimmtes Ziel festzulegen, d. h. am besten konkret schriftlich festgelegt mit Terminen und der Nennung von Verantwortlichen.

2. Ist-Analyse

In der Ist-Analyse erfolgt die Bestandsaufnahme aller vorhandenen Informationen zu einem Thema oder einem Projekt.

3. Soll-Konzeption

Die Soll-Konzeption ist eine Darstellung, wie die Dinge idealerweise ablaufen könnten. Wie würde die optimale Lösung des Prozesses aussehen?

Aus der Gegenüberstellung von Soll-Konzeption und Ist-Situation kann man die Schwachstellen des jetzigen Verfahrens offenlegen und einen dementsprechenden Änderungsbedarf festhalten.

4. Abstimmung Maßnahmenkatalog

Wichtig ist, es nicht bei den vorhergehenden Stufen zu belassen, sondern ganz konkret die Ergebnisse und Erkenntnisse aus Ist-Analyse und Soll-Konzeption festzuhalten und den Handlungsbedarf aufzuzeigen. Daraus ergibt sich ein Maßnahmenkatalog. Hierbei kommt es wie bei der Zielsetzung wieder darauf an, ganz konkrete Maßnahmen festzulegen, Termine für die Durchführung der Maßnahmen zu setzen und Verantwortliche zu benennen.

Bei der Einführung der Balanced Scorecard wird diese klassische Vorgehensweise modifiziert. Nahezu jedes Beratungsunternehmen hat seine eigene Methode entwickelt. Hier stichwortartig einige Methoden:

1. Einführungsmethode

So wird z. B. vorgeschlagen, modular vorzugehen.

1. Modul: Vision und Strategie
   - Einführungsworkshop: Hier werden die Teilnehmer mit den Grundgedanken der Balanced Scorecard vertraut gemacht
   - Einzelinterviews mit den Teilnehmern des Einführungsworkshops: Beleuchtung von individuellen Ansichten
   - Feedback zu den ersten Schritten und erste Entscheidungen
2. Modul: Know-how-Übertragung
   - Intensivtraining mit den Balanced Scorecard-Beauftragten: Einige Mitarbeiter werden speziell geschult
   - Arbeitsgruppentätigkeiten der Balanced Scorecard-Beauftragten: Konkretisierung der Erkenntnisse aus Modul 1
   - Auswertungsworkshop der Arbeitsgruppen mit Präsentation. Vorbereitung zu weiteren Entscheidungen
3. Modul: Umsetzung
   - Herunterbrechen von strategischen Zielen
   - Festlegen von Kennzahlen
   - Überarbeitung des internen Berichtswesens
   - Organisation des Feedbackprozesses zur Balanced Scorecard aus dem Unternehmen

2. Einführungsmethode:

- Definition der Projektziele
- Projektvorbereitungen
- Auswahl des Pilotbereiches
- Veranstaltungen (Information über die Balanced Scorecard im Unternehmen)
- Festlegung der Mitglieder des Einführungsteams
- Workshops
- Moderation mit Gruppenarbeit, Plenumsdiskussion usw. Mögliche Teilnehmer: Produktbereichsleiter, Werkleiter, Produktionsleiter, Vertriebsleiter, Entwicklungsleiter, Auftragsabwicklung, Controlling.
- Koordination und Moderation durch eine Unternehmensberatung

3. Einführungsmethode

1. Schritt: Strategy Assessment
   - Analyse vorhandener Informationen und strategisch relevanter Prozesse
   - Bewertung der Informationsstruktur
   - Festlegung des Umsetzungsbereiches
   - Konsensfindung
   - Projektkonzeption
2. Schritt: Scorecarding
   - Definition der strategischen Ziele
   - Analyse der Ursache-/Wirkungsbeziehungen
   - Definition von Maßgrößen
   - Maßnahmenkatalog
   - Umsetzungsplanung
3. Schritt: Roll Out
   - Anpassung der strategisch relevanten Prozesse (Zielvereinbarung, Planung usw.)
   - Abstimmung aller Elemente der Balanced Scorecard
   - Zuordnung von Kennzahlen usw.

4. Einführungsmethode

- Ausgangssituation und Handlungsbedarf
- Projektinitialisierung (Festlegung der Ziele, Projektplanung)
- Rahmenkonzept
- Feinkonzept
- IT- und organisatorische Realisierung
- Roll out und Feedback

5. Einführungsmethode

- Strategische Grundlagen klären: Strategiefindung
- Organisatorischen Rahmen für die Einführung schaffen: Den Ablauf klären; hier geht es um Fragen des Projektmanagements
- Eine Balanced Scorecard entwickeln: Z. B. Definition der Perspektiven usw.
- Roll out managen
- Kontinuierlichen Einsatz sicherstellen

6. Einführungsmethode:

- Identifikation strategischer Ziele
- Modellierung von Ursachen- und Wirkungsketten

- Bestimmung von Kennzahlen zur Messung der Zielerreichung
- Festlegung der Etappen- und Endwerte für die Kennzahlen
- Erarbeitung strategischer Programme

Ähnlichkeiten der Einführungskonzepte sind deutlich erkennbar. Die Grundelemente der Einführung sollen hier einmal grob zusammengefasst werden:

- Strategischer Rahmen
- Pilotprojekt
- Kennzahlendefinition
- Realisierung
- Sicherstellung des Einsatzes

Wichtig ist die Akzeptanz des Projektes Balanced Scorecard. Sie darf nicht als „Spielwiese“ der Geschäftsleitung oder des Controllings gesehen werden. Was tut man dagegen? Information ausgeben! Die relevanten Mitarbeiter sollen auf individuelle Weise geschult werden. Diejenigen, die die Balanced Scorecard verantwortlich einführen, werden ausführlich geschult, alle anderen aber zumindest ausführlich informiert.

Finden Sie Ihre eigene Handschrift

Wie man die Balanced Scorecard letztlich einführt, hat sicherlich mit dem „Finden der eigenen Handschrift“ zu tun. Lässt man sich von einem Beratungsunternehmen unterstützen, wird man in der Regel dessen Methode übernehmen. In der Praxis wurden sehr viele Einführungen durch Beratungsunternehmen begleitet.

Die Dauer der Einführung ist sehr unterschiedlich, kann aber, um mal eine Größenordnung zu nennen, 3 Monate bis ca. 1 Jahr währen.

Technische Umsetzung: Über OLAP, Frontends usw.

Es gibt eine Reihe von Unternehmen, die eine Balanced Scorecard ohne zusätzliche Software eingeführt haben, bei denen die Informationstechnologie keine Rolle gespielt hat. Alles wurde mit den vorhandenen Werkzeugen gelöst.

Aber natürlich ist der Einsatz geeigneter Software sinnvoll. Im Internet erhält man unter dem Suchwort Balanced Scorecard einige Seiten von Softwareanbietern zu diesem Thema.

Nun beginnt die schwierige Auswahl. Auswahlkriterien sind schwer zu standardisieren, da eben, wie oben bemerkt, es keine Balanced Scorecard von der Stange gibt, sondern nur die individuelle Lösung. Trotzdem seien im Folgenden einige wesentliche Fragen zur Auswahl der Systemunterstützung genannt. Fünf Aspekte werden abgefragt:

- Eignung des Systems für die Balanced Scorecard
- Benutzerfreundlichkeit
- Analysefähigkeit des Systems
- Möglichkeiten des unternehmensweiten Einsatzes
- Service des Softwarehauses

	Anbieter		
Balanced Scorecard im folgenden BSC abgekürzt	A	B	C
Darstellung aller relevanter Daten			
Modellgerechte Abbildung der BSC			
Entwicklung der Perspektiven auf einen Blick			
Hierarchiebildungen möglich			
Spalten, Zeilen usw. frei definierbar			
Direkte Datenübernahme von Zuliefersystemen			
Bewältigung von Schnittstellenproblemen			
Benutzerfreundlichkeit			
Hilfefunktionen			
Benutzerführung			
Trendanalysen			
Arbeit mit Bezugsgrößen			
Einbeziehung von Planzahlen			
Hochrechnungen			
Plan-/Ist-Vergleiche, Abweichungsanalysen			
Verbindung mehrerer Planungshorizonte			
Beliebige Skalierbarkeit			
Gestaltbarkeit von Berichten			
Basisberatung			
Installationshilfen			
Einweisung/Schulungen (Kosten?)			
Wartung, technische Betreuung			
Bewertung			

Abbildung 56: Auswahl geeigneter Software

Ferner bietet sich an, die Anforderungen evtl. noch zu gewichten. So kann z. B. die Hilfefunktion unwichtiger eingeschätzt werden als die freie Gestaltbarkeit der Berichte. Gewichtung z. B. von 1 bis 3 (1 = nicht so wichtig, 3 = sehr wichtig).

Ein bisschen Technik

Die Balanced Scorecard verarbeitet Daten aus allen Unternehmensbereichen. Diese werden nach bestimmten Kriterien ausgewählt, verdichtet und dem Anwender präsentiert. Im vorigen Kapitel wurde schon angesprochen, dass sich dazu die Data Warehouse-Technologie anbietet. Hier findet man folgende Komponenten:

- Informationsgewinnung aus einzelnen Datenquellen inklusive Datenbereinigung
- Datentransformation (Denormalisierung, Summierung usw.)
- Datenpräsentation einschließlich Auswertung und Analyse.

Wichtigste Funktion für den Anwender ist naturgemäß die Präsentationsfunktion, da sich hier der Nutzen zeigt.

Ohne hier auf technische Details eingehen zu wollen, sollen ein paar derzeitige Trends aufgezeigt werden.

Zum einen die mehrdimensionale Auswertung durch sogenannte OLAP-Produkte (On-Line Analytical Database). Neben den mehrdimensionalen Datenbank-Servern (M-OLAP) gibt es am Markt auch relationale Datenbankmodelle, die eine mehrdimensionale Sicht erlauben (R-OLAP, R für relational).

Dies bedeutet letztlich nichts anderes, als dass man Daten aus verschiedenen Perspektiven betrachten kann (Beispiel: Produktanalyse). Hier zeigt sich, welchen Umsatz diverse Produkte bei welchen Kunden und in welchen Gebieten verzeichnen können. Dann erweitert man dieselbe Sichtweise auf Deckungsbeiträge. Im Folgenden lassen sich Daten verknüpfen (z. B. mehrere Produkte oder mehrere Kunden). Man kann sich das wie einen großen Datentopf vorstellen, in dem die Daten beliebig verknüpft werden können.

Für die Balanced Scorecard stellt dies eine hervorragende Datenquelle dar. (Abb. 57 auf S. 181)

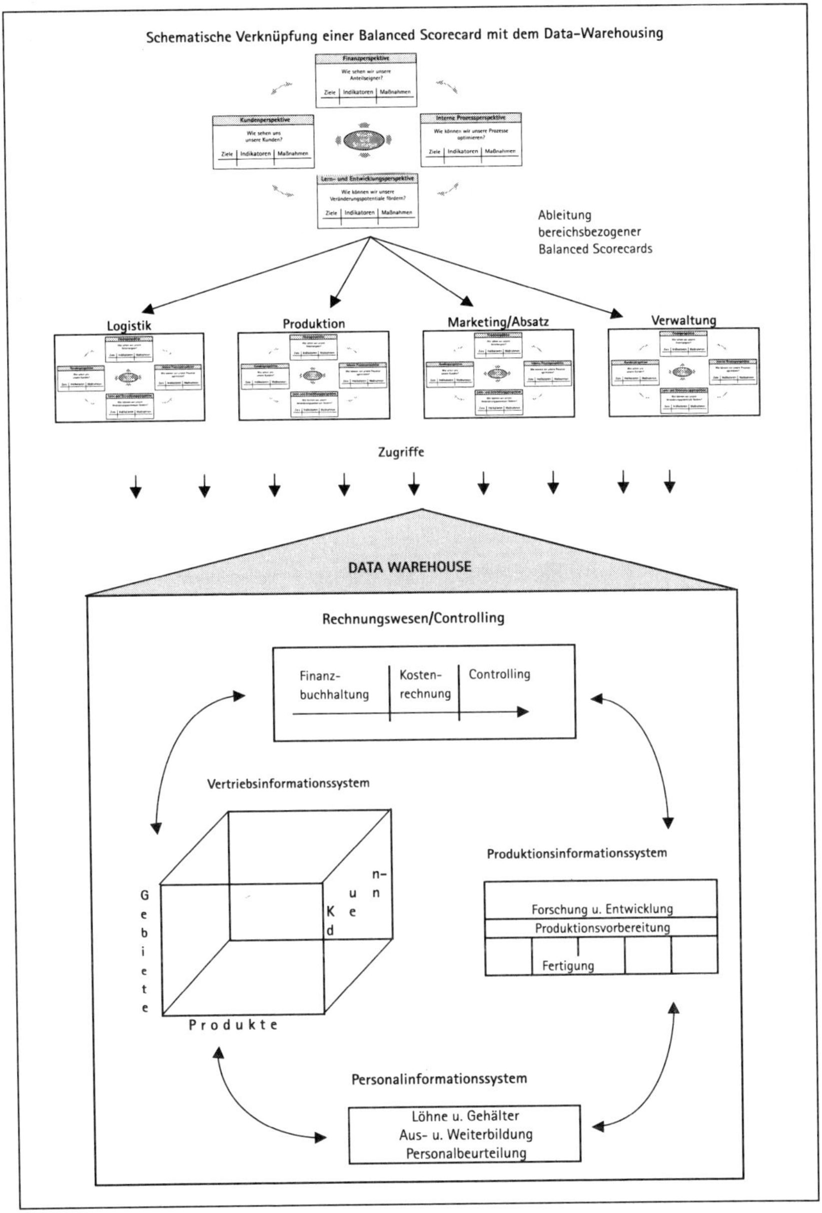

Abbildung 57: Verknüpfung Balanced Scorecard mit dem Data Warehouse

Hübsch ist in diesem Zusammenhang die sogenannte Drill-Down-Funktion. Man klickt sich z. B. von einer Kennzahl immer weiter in die Details, im Zweifel bis hinunter auf den Ursprungsbeleg der Zahl.

Ebenso ist die sogenannte Real-time-Darstellung möglich, die Echtzeitverarbeitung. Hier werden Daten nicht erst am Monatsende in die Systeme eingespielt, sondern gleich bei ihrer Entstehung, z. B. der Umsatz gleich dann, wenn er entsteht. Das ist ein komfortables Verfahren. Nur muss darauf geachtet werden, dass die Daten auch in ihrem Zusammenhang zusammenpassen. So kann ein Real-time-Ergebnis problematisch sein, wenn zwar z. B. die Umsätze in einem Vertriebsgebiet tages- ja stundengenau eingespielt werden, die Kostenerfassung aber erst später erfolgt. Dann stimmt das Ergebnis nicht mehr. Hier ist Vorsicht angesagt.

Auf Empfängerorientierung achten

Mit der Erfassungstechnik allein ist es aber nicht getan. Der Oberfläche, dem sogeannten Frontend, kommt wichtige Bedeutung zu. Dabei ist die optische Aufbereitung wichtig. Das wird häufig unterschätzt, und die Ergebnisse am Frontend sind oft einfach „scheußlich" zu nennen. Man ärgert sich schon in öffentlichen Bibliotheken. Da werden Millionen für den technischen Zugriff auf Bibliotheksdatenbanken ausgegeben, aber die Bildschirmmasken sind alles andere als benutzerfreundlich. Offensichtlich hat niemand darauf geachtet, dass dieses Frontend für die Benutzer da ist. Vermisst wird die Empfängerorientierung.

Das sollte man bei der Balanced Scorecard besser machen. Ohne Übertreibung kann man sagen, dass die Darstellung einer Balanced Scorecard entscheidend für den Erfolg ist.

Darstellungsfragen: Über rote Ampeln und Cockpits für den sicheren Flug

Schaut man in viele Unternehmen, stellt man fest, dass das interne Berichtswesen oft Mängel hat. Es gibt zwei Extreme:

- Es gibt gar kein Berichtswesen: Man orientiert sich an der Bilanz oder der Gewinn- und Verlustrechnung, andere Informationen erhält man „auf Zuruf"
- oder es gibt ein ausuferndes Berichtswesen, das kein Mensch mehr vernünftig sichten kann. Manche Unternehmen produzieren jeden Monat

Meter von Papier, die kein Mensch mehr liest. Es wird versäumt, die Daten vernünftig zusammenzustellen.

Berichtswesen ist Aufgabe des Controllings. Es wird über alles und für jede Ebene individuell berichtet. Der Meister in der Fertigung bekommt seine Informationen, z. B. Ausschussquoten, der Vertrieb seine Umsatzberichte und das Management bekommt alles in verdichteter Form. Auch hier heißt das Zauberwort Empfängerorientierung; es kommt auf die Verpackung an. Öde Zahlenkolonnen sind etwas anderes als ein mit einer Grafik aufgepeppter Bericht. Und was nicht vergessen werden sollte: Eine Kommentierung. Es ist eine Unart, lediglich kommentarlos Zahlen durch die Gegend zu schleudern. Man sollte schon eine Meinung dazu haben.

Hat man eine Balanced Scorecard entwickelt, wird dies Auswirkungen auf das Berichtswesen haben, man kann jetzt das Berichtswesen sogar an der Balanced Scorecard orientieren. Was wird in einem klassischen Berichtswesen mitgeteilt?

- Ergebnisse, finanzielle Größen: Dies wäre die Finanzperspektive
- Umsätze, Deckungsbeiträge pro Produkt, Region oder Kunde: Finanz- oder Kundenperspektive
- Personalinformationen, angefangen vom Personalstand über die Fluktuationsquote bis hin zu Weiterbildungskosten: Die Lern- und Entwicklungsperspektive
- Investitionsberichte: Die Prozessperspektive
- Produktionsberichte, Stück, Ausschuss, Leistung: Die Prozessperspektive usw.

Allgemeine Empfehlungen kann es auch hier wieder nicht geben. Es kommt darauf an, wie das Unternehmen die Berichterstattung strukturieren will. Möglicherweise bleibt die traditionelle Berichterstattung. Namhafte Beratungsunternehmen empfehlen allerdings eine Ausrichtung des Berichtswesens an der Balanced Scorecard. Verständlich, denn wenn die Balanced Scorecard das zentrale Steuerungsinstrument sein soll, dann muss sich auch die Informationsstruktur um dieses Instrument gruppieren.

Ein Bericht im Rahmen der Balanced Scorecard kann wie folgt aussehen: (Abb. 58 auf S. 184)

Monat: Mai 2001

Ziele	Maßgrößen	Plan Monat kumuliert	Ist Monat kumuliert	Abweichung %	Abweichung o.k./neg.	Jahresziel
FINANZWIRTSCHAFTLICHE PERSPEKTIVE:						
Cash Flow	In Mio. DM	11	13	18,2 %	o.k.	30
Eigenkapitalrendite	%	10,0 %	9,2 %	-8,0 %	kritisch	12 %
KUNDENPERSPEKTIVE:						
Erhöhung des Marktanteils	%	8,0 %	9,8 %	22,5 %	o.k.	15 %
Generierung von Zusatznutzen beim Produkt POP	Anzahl Kundenbefragungen	10	9	-10,0 %	o.k.	25
INTERNE PROZESS-PERSPEKTIVE:						
Optimierung der Fertigung	Durchlaufzeit in Tagen	14	13	-7,1 %	o.k.	8
Innovationsanalyse	Anzahl Teamsitzungen	8	8	0,0 %	o.k.	24
	Anzahl Vorschläge	17	13	-23,5 %	negativ	36
LERN- UND ENTWICKLUNGSPERSPEKTIVE:						
Verbesserung der Weiterbildung	Investionen i.d. Weiterbildung in DM	41.000	44.000	7,3 %	o.k.	80.000
	Anzahl Bildungsmaßnahmen	22	26	18,2 %	o.k.	40
Reduzierung Fluktuation	Anzahl Kündigungen	18	11	-38,9 %	o.k.	30
Verbesserung des innerbetrieblichen Vorschlagwesens	Anzahl Verbesserungsvorschläge	9	5	-44,4 %	negativ	48

Abbildung 58: Berichterstattung im Rahmen der Balanced Scorecard

Was positiv oder negativ zu bewerten ist, ergibt sich aus dem Toleranzbereich. Wann leuchtet die rote Lampe auf? Was ist noch hinnehmbar?

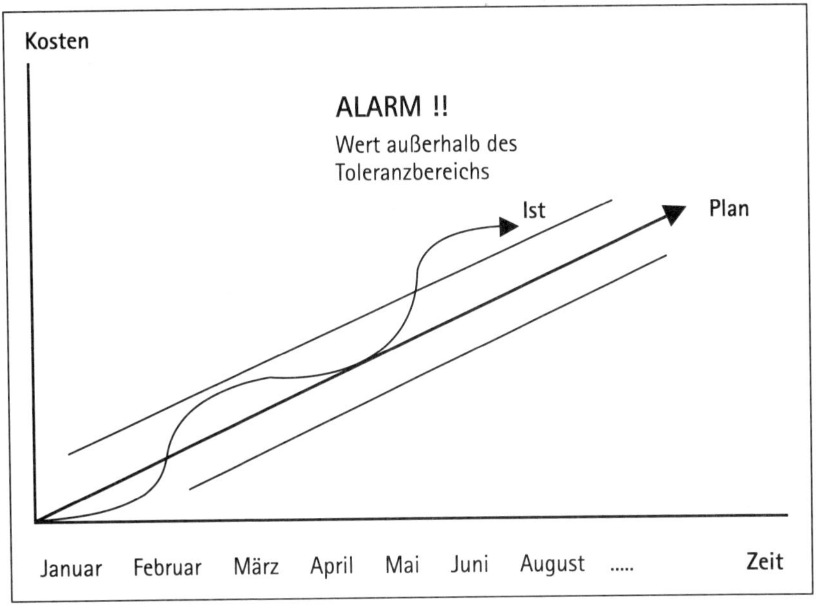

Abbildung 59: Toleranzbereiche

Immer beliebter werden in diesem Zusammenhang zwei Darstellungsweisen:

Die Ampeltechnik

Neben der Information werden kleine Ampeln platziert.

Grün = Alles o.k., freie Fahrt

Gelb = Achtung

Rot = Stopp, aufpassen. (Abb. 60 auf S. 186)

Cockpit-Darstellungen

Derartige Darstellungen sind mittlerweile Bestandteil einiger Softwareprogramme. In der Mitte oder oben das große Zentralinstrument und drumherum die weiteren Details. (Abb. 61 auf S. 187)

In der Mitte kann man ganz global den Grad der Zielerreichung in einer Zahl darstellen. So kann man z. B. den Grad der Zielerreichung jedes

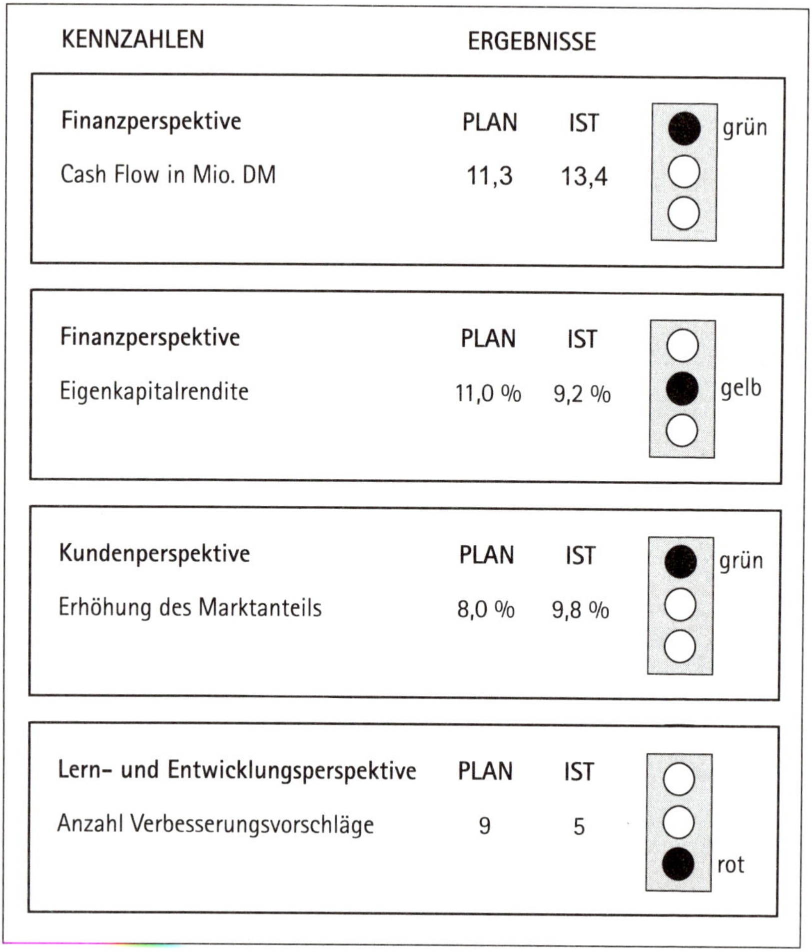

Abbildung 60: Ampeltechnik

Zieles in Prozent zum Jahresziel setzen. Also Cash Flow, Rendite usw. Dann nimmt man den Durchschnitt. Möglich ist auch eine Gewichtung der Ziele, z. B. kann sich das Cash Flow-Ziel stärker niederschlagen als die Anzahl der Verbesserungsvorschläge.

Auf jeden Fall wird man mit derartigen Darstellungen sicherlich überall im Unternehmen nur Zustimmung ernten!

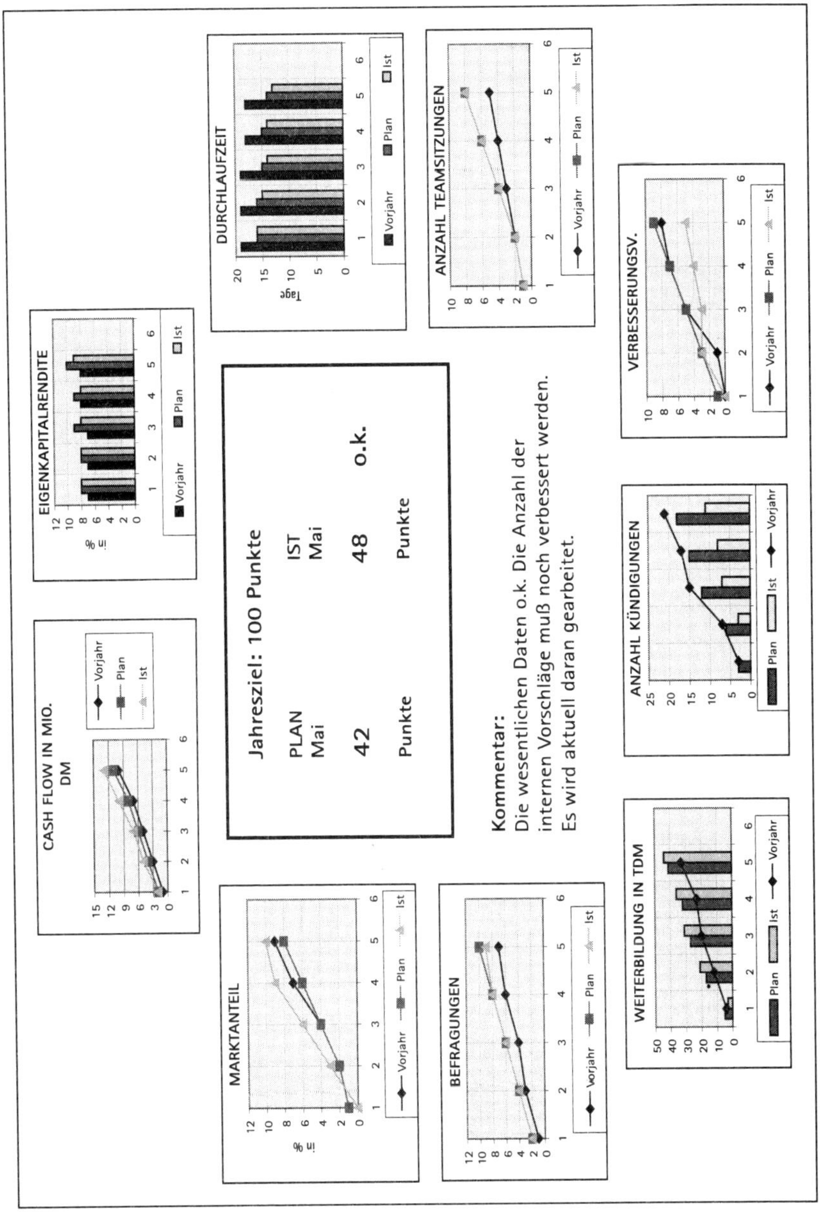

Abbildung 61: Cockpit-Darstellung

5. Tricks und Tipps aus der Balanced Scorecard-Praxis

Von Erfahrungen anderer profitieren

Wie die Einführung besser klappt

Schaut man sich in der Praxis um, findet man immer wieder diese oder ähnliche Empfehlungen, entstanden aus Erfahrungen:

- **Top-Down einführen**
  Also von oben nach unten einführen. Darüber sind sich alle einig, angefangen von den Vätern der Balanced Scorecard bis hin zu den Beratungsunternehmen, die die Balanced Scorecard umsetzen. Balanced Scorecard ist „Chefsache". Freilich werden dann die konkreten Aufgaben auf andere Hierarchieebenen oder an die Fachleute, z. B. das Controlling delegiert. Wichtig dabei aber bleibt: *Sichtbare (!) Managementunterstützung.* Jeder muss immer den Eindruck haben, dass es Chefsache bleibt, dass das Management starkes Interesse an der Balanced Scorecard hat. Dies bedeutet auch, dass alle wichtigen Zwischenberichte an die Adresse des Managements gehen.

- **Unterstützung der Anteilseigner**
  Die sogenannten Stakeholder, die Gesellschafter, der Aufsichtsrat usw. Alle gehören mit ins Boot. Man kann sich gar nicht genug Unterstützung holen. Die Anteilseigner „rumzukriegen", ist gar nicht schwer. Man weist schlicht darauf hin, dass durch die Balanced Scorecard die Ergebnisse des Unternehmens verbessert werden. Wer kann dann schon Nein sagen?

- **Gemeinsames Strategieverständnis**
  In einem kleineren Konzern der Markenartikelindustrie gab es Ende der 90er Jahre strategische Streitereien. Der Vorstand für Produktgestaltung wollte im exklusiven Hochpreissegment bleiben, der Vorstandschef wollte populärere „volksnahe" Produkte, auch vom Design her. Die Finanzchefin wollte eher beim exklusiven Design bleiben, aber in

niedrigere Preissegmente eindringen, worauf der Produktions- und Logistikvorstand sagte, dass dies kostenmäßig nicht drin sei. Natürlich setzte sich der Vorstandschef durch, der Designchef „ging", es wurde ein Kostensenkungsprogramm entworfen. Bei einer solchen Konstellation ist die Einführung der Balanced Scorecard nicht einfach.
Wichtig ist vor allem ein Strategiekonsens. Vor allem im Management müssen alle an einem Strang ziehen, und in Folge natürlich auch die anderen leitenden Mitarbeiter. Denn häufig ist es doch so, dass ein Vorstand oder wie immer die Managementfunktion genannt wird, die Leute um sich schart, die auch seine Meinung vertreten. So gab es im obigen Fall ausschließlich Leute im Designbereich, die die Meinung des Designvorstandes vertraten. Also nicht nur Strategiekonsens ganz oben schaffen, sondern durchgängig. Dies ist unter Umständen ein schwieriger Prozess, denn es reicht ja nicht, die Strategie per Befehl auszugeben, sondern die Leute sollten auch davon überzeugt sein.

- **Begleitendes Kommunikationsprogramm**
  Dies hat sich wirklich bei der Einführung bewährt. Das bedeutet z. B. die Vorstellung der Balanced Scorecard in der hauseigenen Firmenzeitschrift, wo Ziele und Wirkungsweisen herausgestellt werden. Oder es wird ein Kommunikationstag, sozusagen ein Tag der offenen Tür der Balanced Scorecard, eingerichtet, an dem sich jeder z. B. im Controlling informieren kann. An diesem Tag kann es stündliche Vorträge über die Balanced Scorecard geben. Oder Organisation von Workshops für die zukünftig betroffenen Mitarbeiter. Hier kann man ruhig einmal Phantasie entwickeln.
  Ziel ist breite Akzeptanz und Verständnis. Vor allem das Verständnis, dass die Balanced Scorecard kein neues Kennzahlensystem ist („bitte nicht schon wieder neue und mehr Zahlen"), sondern ein Managementinstrument mit vor allem zwei Komponenten: Ein Instrument zur Förderung der Kommunikation und des Lernens im Unternehmen. Und vor allem muss vermittelt werden: Die Balanced Scorecard ist nicht ein Instrument zur Messung vergangener Leistungen. Fazit: Es geht nicht um neue Kennzahlensysteme, sondern um neue Managementsysteme, die entwickelt werden sollen.
  Gleichzeitig kann im Rahmen dieses Kommunikationsprogrammes für die Strategie geworben werden. Ziel ist dabei Schaffung eines hohen Bekannheitsgrades der Strategie bei allen.

- **Identifizierung von Barrieren**

  Tun wir doch nicht so, als ob derartige Projekte regelmäßig im Unternehmen auf spontane Begeisterung stießen. Wie sagte einmal ein Mitarbeiter im Controlling: „Ich bin jetzt 15 Jahre im Unternehmen. Ich habe vier bis fünf verschiedene Vorstände erlebt. Insgesamt durfte ich mit ebenfalls vier bis fünf Unternehmensberatungsgesellschaften zusammenarbeiten, und jeder Vorgesetzte, es waren in etwa auch wieder fünf, hat den Bereich umgekrempelt. Und jetzt kommt ihr mit der Balanced Scorecard!" Was soll man da noch sagen? Eigentlich hat der Mann Recht. Das ist oft die Praxis.

  Es gilt also, Barrieren aus dem Weg zu schaffen, seien sie nun berechtigt oder nicht. Frage dabei ist: Was oder wer behindert die Einführung? So kann es sein, dass alle Mitarbeiter dermaßen mit dem Tagesgeschäft zugeschüttet sind, dass keine Zeit mehr für Projektarbeit bleibt. Oder dass es im Unternehmen, siehe obiges Beispiel, zu viele Veränderungen gab, so dass die Motivation für neue Dinge, für einen Aufbruch, abhanden gekommen ist.

  Wichtig ist, dass derartige Hindernisse erkannt und beseitigt werden. Das Erkennen ist der Hauptgrund. So bemerkt vielleicht ein neues Management nicht, das sich selbst in Aufbruchstimmung befindet, dass viele Mitarbeiter durch Ereignisse der Vergangenheit schon lange mit der inneren Kündigung befasst sind. Im persönlichen Gespräch kommt dies von den Mitarbeitern „nicht rüber", alle beherrschen gewisse Rollenspiele, aber wenn es ernst wird, ist kein Engagement mehr da. Führen Sie dann mal eine Balanced Scorecard ein. Dann eher warten, die Atmosphäre verbessern und schließlich anfangen. Oder – wem dies gelingt, hat einen großen Erfolg zu verbuchen – mit der Balanced Scorecard wieder neuen Wind ins Unternehmen bringen.

- **Eventuell erstmal mit einem Bereich anfangen**

  Nicht gleich den Anspruch haben, die Balanced Scorecard unternehmensweit einführen zu wollen. Das kann auch die personellen Kapazitäten sprengen. Wie wär's mit einem Pilotprojekt?

- **Mit 80-%-Lösungen beginnen**

  Den Anspruch zunächst nicht zu hoch schrauben. Einfach mal anfangen. Nicht auf den großen Wurf warten, mit Zwischenergebnissen arbeiten. Dies sind die Stichworte dieser Erfahrung.

Mit der berühmten 80:20-Regel arbeiten: Mit 20 % des Aufwandes „erschlägt" man 80 % der Aufgabenstellung. Aber für die restlichen 20 %, die Details, benötigt man dann 80 % des Aufwandes. Gefahr dabei sind immer wieder die „100-%-Typen". Alles taugt nichts, das nicht bereits zu 100 % realisiert ist.
Vorsicht ist allerdings geboten, wenn man bei Maßgrößen, bei Kennzahlen, mit 80-%-Genauigkeiten arbeitet. Stimmt eine Zahl nicht, an der die Leute ja gemessen werden, dann wird das ganze Instrument schnell unglaubwürdig. Also die 80:20-Regel nicht zu lasch handhaben.

- **Einen populären Projektnamen finden**
  Klingt banal, aber wir alle sind heutzutage davon geprägt, dass alles zunächst gut verpackt sein muss. So kann man z. B. das Projekt Einführung einer Balanced Scorecard „LUISE" nennen (Lernen und Innovation, Strategien entwickeln). Hoffentlich heißt es bei den Mitarbeitern irgendwann mal: „Unsere LUISE".

- **Arbeiten Sie im Team**
  Fast überflüssig zu erwähnen, dass die Einführung der Balanced Scorecard Teamarbeit ist. Aber ein wichtiger Aspekt noch: Halten Sie das Projektteam möglichst konstant. Es ist eine alte Unsitte, dass Projektmitglieder je nach Arbeitsanfall ausgetauscht werden. Hat ein Teammitglied vermeintlich Wichtigeres zu tun, wird es ausgetauscht. So etwas schmälert das Gewicht eines Projektes immer erheblich.

- **Greifen Sie auf bekannte und bewährte Instrumente zurück**
  Man kann auch neue Instrumente mit bewährten Methoden einführen. Manche meinen, man müsste nun durchgängig auf Neues zurückgreifen. Nehmen Sie einfach die alten bewährten strategischen Werkzeuge wie z. B. die SWOT-Analyse (Beschreibung in Kapitel 2) oder Portfoliodarstellungen. Es klappt besser, ein neues Instrument mit Vertrautem einzuführen. Und hüten Sie sich davor, die Mitarbeiter mit neuer Terminologie zu überschütten.

- **Lösen Sie sich von der Finanzperspektive**
  Manchmal wird nach der Devise gehandelt: Mir ist egal, was Sie kochen, Hauptsache, es gibt Schweinebraten. Übertragen auf die Balanced Scorecard heißt dies: Macht doch, was ihr wollt, Hauptsache meine

Finanzperspektive ist berücksichtigt. Man nimmt die anderen Perspektiven nicht „für voll". Alles andere wird letztlich als Spielerei gesehen, es zählen nur die Hard Facts.
Wichtig also: Sehen Sie andere Perspektiven als gleichberechtigt an. Vielleicht ist die Finanzperspektive ein Ausgangspunkt oder die Initialzündung für die Balanced Scorecard, realisiert wird sie aber durch die anderen Perspektiven.

- **Führungskräfte für die Einführung verantwortlich machen**
  Grundsätzlich gilt für jedes Projekt: Es muss Verantwortliche geben. Also alle Aktivitäten, Ziele, Kennzahlen, Maßnahmen mit „Köpfen" verbinden.

- **Nicht allzu lange über die Zuordnung eines Zieles zu einer Perspektive diskutieren**
  Es kann immer mal wieder Probleme der Zuordnung geben. Gehören Wachstumsziele eher in die Kundenperspektive oder gleich in die Finanzperspektive? Haben Verbesserungsvorschläge mehr mit internen Prozessen oder mit Motivation zu tun? Nicht zu lange daran herumdiskutieren. Hauptsache, das Ziel ist in der Balanced Scorecard überhaupt berücksichtigt.

- **Straffe Einführung**
  Führen Sie bestimmend ein, d. h. straffe Moderation und straffe Umsetzung. Einhalten von Terminen, kein Ausfallen von Projektsitzungen, Nachhaken von Zwischenergebnissen, ruhig auch mal Kritik üben usw. Lasche Einführungen werden erfahrungsgemäß wenig ernst genommen.

- **Dokumentieren Sie die Ergebnisse**
  Zunächst sieht durch Dokumentation jeder, wie der Stand der Einführung ist. Zweitens lässt man im Rahmen der Dokumentation das Geschehene nochmals an sich vorbeiziehen; es gibt auch verspätete Aha-Erlebnisse. Und drittens kann man bei späteren weiteren Einführungen auf die Dokumentationen zurückgreifen, z. B. wenn die Einführung erstmal ein Pilotprojekt war.
  Dokumentation bezieht sich auch auf Zwischenergebnisse. So sieht man, wie und durch welche Prozesse und Schritte das Ergebnis letztlich entstanden ist.

- **Vorsicht vor einem zu schnellen Verknüpfen mit einem Incentivesystem**
  Natürlich reizt es, die Ziele schnell mit motivationsfördernden Maßnahmen zu verbinden, denn nichts anderes ist ja die variable Vergütung. Aber Vorsicht, wenn der Reifegrad eine Verbindung an Incentives noch nicht zulässt. Stimmt eine Zielmessung nicht und muss man evtl. zugesagte Prämien und Ähnliches revidieren, kommt schnell Verdruss bei den Beteiligten auf.
- **Arbeiten Sie mit visueller Unterstützung**
  Stichwort Empfängerorientierung. Warum müssen betriebswirtschaftliche Auswertungen immer so langweilig sein? Bitte ein wenig mehr Phantasie am Bildschirm.
- **Und vor allem: Fangen Sie an!**

Wie man mit Beratern verhandelt

Sehr viele Balanced Scorecard-Einführungen werden von Beratungsunternehmen unterstützt. Hier beginnen die Tagessätze bei vielleicht 1.200 DM und gehen hoch bis 3.500 DM. Jetzt stelle man sich vor:

- Z. B. Ist-Analyse oder Vorstudie ca. zwei Wochen
- Unterstützung bei der Strategiefindung zwei Wochen
- Aufbau der Balanced Scorecard vier Wochen
- Roll out sechs Wochen und vielleicht noch eine Woche Hilfe bei der Auswertung

Macht zusammen 15 Wochen x durchschnittlicher Tagessatz 1.800 DM (was gar nicht mal besonders hoch ist) = 135.000 DM pro Mitarbeiter. Und dies oft mal zwei oder drei, da meist mehrere Mitarbeiter eines Beratungsuntenehmen aktiv sind. Schnell ist man also bei einer Größenordnung von vielleicht 300.000 DM.

Da heißt es, sich das Beratungsunternehmen gut anschauen und bei den Vertragsverhandlungen aufpassen!

Beraterauswahl: Vorsicht, Berater kann jeder werden

Der Beruf des Unternehmensberaters unterliegt keiner gesetzlichen Berufsordnung. So kann im Prinzip jeder Unternehmensberater werden, unabhängig von der Ausbildung oder Qualifikation. So gibt es in der Branche auch manch „schwarzes Schaf".

Folgende Punkte sollten bei der Entscheidung berücksichtigt werden:

- Qualifikation und Erfahrungen des Beratungsunternehmens
  Achten Sie auf Erfahrung. Häufig passiert es, dass zwar der erfahrene Berater akquiriert und die Erstberatung durchführt. Dann wundern Sie sich aber, dass auf einmal die eigentliche Beratung von einem frischen Hochschulabgänger ohne Erfahrung durchgeführt wird.
- Was sind die Schwerpunkte des Beratungsunternehmens?
  Lieber das kleine feine Unternehmen mit Schwerpunkt Balanced Scorecard als den Allrounder, der zwar groß ist und einen Namen hat, aber vielleicht noch nie speziell in dem Bereich tätig war
- Durchgängige personelle Betreuung
  Manchmal passiert es, dass alle paar Tage ein anderer Berater eines Beratungsunternehmens berät. Jeder arbeitet sich dann u. U. neu bei Ihnen ein. Achten Sie also darauf, dass sie einen Berater bekommen, der permanent für Sie da ist
- Vertrauen und Sympathie
  Beratung erfordert enge Zusammenarbeit. Da sollte die „Chemie" schon stimmen.

Vertragsrechtliche Fragen: Werkvertrag oder Dienstvertrag?

Grundsätzlich gibt es zwei Möglichkeiten: Den Werkvertrag und den Dienstvertrag.

Beim Werkvertrag wird der Erfolg der Leistung garantiert, d. h. der Berater ist für das Funktionieren der Lösung verantwortlich und die Leistung muss vom Kunden abgenommen werden.

Beim Dienstvertrag garantiert der Berater lediglich Unterstützung ohne Erfolgsgarantie. Das heißt, wenn die Lösung nicht funktioniert, muss trotzdem bezahlt werden.

Beide Vertragsformen können als Festpreis oder nach Aufwand bezahlt werden. Ein Festpreis begründet keinen Werkvertrag!

So bietet sich für den Beratungskunden, wenn inhaltlich möglich und ein Beratungsziel definiert ist, der Werkvertrag an.

Möglichst mit Festpreis abschließen, dann weiß man, was es kostet.

Nun kann das Beratungsunternehmen argumentieren, dass es das Unternehmen noch nicht kennt und keinen Festpreis abschätzen kann. Dann kann man eine Vergütung nach Aufwand vereinbaren, jedoch eine Höchstgrenze festschreiben, damit kein Fass ohne Boden entsteht. So etwas wird erfahrungsgemäß von Beratungsunternehmen akzeptiert.

Was sollte Inhalt des Angebotes sein?

Nach einem ersten Gespräch wird Ihnen der Berater ein Angebot machen. Ein Angebot sollte folgende Punkte beinhalten:

- Aufgabenstellung, Ziele der Beratung
  Achten Sie auf konkrete Formulierungen. Die meisten Streitigkeiten zwischen Beratern und Kunden ergeben sich aus unterschiedlichen Vorstellungen bezüglich des Leistungsumfanges
- Vorgehensweise und Methoden
  Z. B. Beginn mit einer Ist-Analyse, dann Konzeptphase usw.
- Durchführung
  Zum Beispiel im Team, personelle Besetzung der Beratung
- Mitarbeit durch den Auftraggeber
  Es sollte festgeschrieben werden, wie intensiv der Auftraggeber am Projekt mitarbeitet. Es gibt Unternehmensberatungen, die verfolgen das Prinzip: Hilfe zur Selbsthilfe. Der Berater taucht einmal die Woche auf und verteilt Hausaufgaben. Andere machen alles relativ selbständig. Jetzt kommt etwas Wichtiges: Die Eigenleistung festlegen, damit es nicht passiert, dass z. B. beim nicht erfolgreichen Projekt argumentiert wird, dass die interne Hilfestellung mangelhaft war. Dies kann rechtliche und damit finanzielle Konsequenzen haben
- Abstimmungs- und Entscheidungsinstanzen
  Wem berichtet der Berater, mit wem sind unklare Fragen abzustimmen?

Vorsicht, wenn der Berater ...

- für ein erstes Sondierungsgespräch gleich ein Honorar abrechnen will
- Vorausszahlungen in beträchtlicher Höhe verlangt
- rumdruckst, wenn Sie ihn nach Erfahrungen, Referenzen u. ä. fragen
- Ihnen Leistungen mit Nachdruck verkaufen möchte, die Sie erkennbar nicht benötigen

- mit dem Bauchladen kommt. Das heißt, wenn eine Person sich als Allroundgenie ausgibt. Nehmen Sie lieber den spezialisierten Fachmann!
- einer Sekte angehört. Lassen Sie sich im Zweifel die Sektenfreiheit bestätigen
- grundsätzlich nur Dienstverträge ohne Festpreise anbietet.

Übrigens: Es gibt erfolgreiche Balanced Scorecard-Einführungen ganz ohne externe Beratung.

Wie es nach der Einführung weitergeht

Wie die Reise mit der Balanced Scorecard nach der Einführung weitergeht, ist unternehmensindividuell. Aber einige grundsätzliche Meilensteine können gesetzt werden:

- **Ergebnisworkshops und Feedback:** In regelmäßigen Abständen wird der Erfolg (oder Misserfolg) der Balanced Scorecard analysiert. Was hat sich bewährt? Bleibt die Strategie? Wie intensiv wird mit der Balanced Scorecard gearbeitet. Ist sie zur sogenannten „Schrankware" verkommen?
  „Schrankware", ein etwas scherzhafter Begriff für Instrumente oder Projekte, die zwar einmal realisiert wurden, aber letztlich „im Schrank" abgelegt sind. Die Balanced Scorecard muss leben, muss sich verändern. Fast kann man im Umkehrschluss sagen, dass vielleicht nicht genügend mit dem Instrument gearbeitet wird, wenn sich nichts verändert.

- **Ergänzungen:** Versuchen Sie, „den noch nicht berücksichtigten Rest" in die Balanced Scorecard aufzunehmen. Was steht noch außen vor? Z. B. einzelne Bereiche wie ein Produktbereich. Oder man widmet sich jetzt Zielen, die im ersten Ansatz vernachlässigt wurden, z. B. der Motivation der Mitarbeiter

- **Regelmäßige Überprüfung der Perspektiven:** Die Schwerpunkte und damit die Perspektiven können sich verändern (siehe sonstige mögliche Perspektiven unter Kapitel 3).
  Vielleicht ist eine Perspektive positiv abgearbeitet worden: Auftrag erfüllt, hin zum nächsten Problem.

... und was man auf keinen Fall tun sollte

Ist man sich in Theorie und Praxis relativ einig, wie eine Balanced Scorecard erfolgreich umgesetzt wird, so gibt es auch einen Konsens darüber, was man auf keinen Fall tun sollte ...

- **... die Entwicklung der Balanced Scorecard an Dritte delegieren**
  Man lässt arbeiten, lässt die Balanced Scorecard z. B. von einem Beratungsunternehmen mit mangelhafter eigener Einbindung erstellen.
- **... die Balanced Scorecard im Unternehmen von den falschen Leuten machen lassen**
  Auch wenn man die Leute im ersten Ansatz nicht für die falschen hält, z. B. das Controlling. Aber die Balanced Scorecard wird Top-Down entwickelt und mit allen relevanten Leuten. So gut und kompetent das Controlling auch sein mag, es kann nicht die Erstellung der Balanced Scorecard für das ganze Unternehmen übernehmen. Es kann federführend sein, den Prozess maßgeblich begleiten, aber nicht allein einführen
- **... vom vorhandenen Kennzahlensystem ausgehen**
  Es kann doch eigentlich so einfach sein. Man hat ein ausgeprägtes Kennzahlensystem und gießt dieses in ein paar Perspektiven und fertig ist die Balanced Scorecard. Nein! Erst die Strategie, dann Ziele, dann erst Kennzahlen. Und ob es dann noch die vorhandenen sind, ist überhaupt die Frage. Sich also durch Bestehendes nicht beirren lassen, nicht zu früh über Messbarkeit diskutieren
- **... mit Softwarelösungen beginnen**
  Suchen wir uns doch erstmal eine für die Balanced Scorecard geeignete Software und fangen dann an: Hört sich vielleicht gar nicht so schlecht an, ist aber der falsche Anfang. Es beginnt mit Strategien und Zielen, die Softwarefrage wird eher am Schluss diskutiert.

6. Ein Fallbeispiel: So kann man es angehen

Konzipierung und Realisierung einer Balanced Scorecard

Das folgende Fallbeispiel beschreibt die praktische Umsetzung einer Balanced Scorecard-Lösung. Aus Transparenzgründen ist das Fallbeispiel vereinfacht dargestellt. In der konkreten Praxis sind einige Prozesse und Inhalte komplexer, die bis ins Detail gehende Beschreibung ginge aber zu Lasten der Übersichtlichkeit.

Hier geht um ein Unternehmen, welches
- als Basisstrategie Wachstum ausgegeben hatte
- nach „fetten“ Jahren sich wachsendem Konkurrenzdruck in den einzelnen Marktsegmenten gegenübersah
- im Laufe der Zeit gewachsen war
- Probleme mit den Kosten hatte, da die Konkurrenz billiger produzierte.

Kurz gefasst, geht es um folgende Probleme: Konkurrenz, Transparenz und Kosten. Aufgabe war nun, die Zukunft des Unternehmens durch eine Balanced Scorecard zu sichern und zu unterstützen.

Die Einführung der Balanced Scorecard umfasste folgende Schritte:

- **Analysephase**
  Ermittlung und Formulierung strategischer Zielsetzungen. Auswahl der Perspektiven und Ermittlung von Teilzielen. Ferner Definition von Erfolgsfaktoren zur Erreichung der strategischen Ziele.

- **Konzeptionsphase**
  Die Ziele werden im nächsten Schritt auf die Unternehmensbereiche heruntergebrochen und konkretisiert. Parallel erfolgt die Ermittlung von Indikatoren, von Maßgrößen

- **Realisierungsphase**
  Füllen der Balanced Scorecard mit den vorhandenen Daten.
  Prüfen, wie die Daten aus Vorsystemen evtl. automatisch generiert

werden können. Ferner werden bereichsbezogene Balanced Scorecards entwickelt, und die praktische Arbeit mit der Balanced Scorecard wird festgelegt

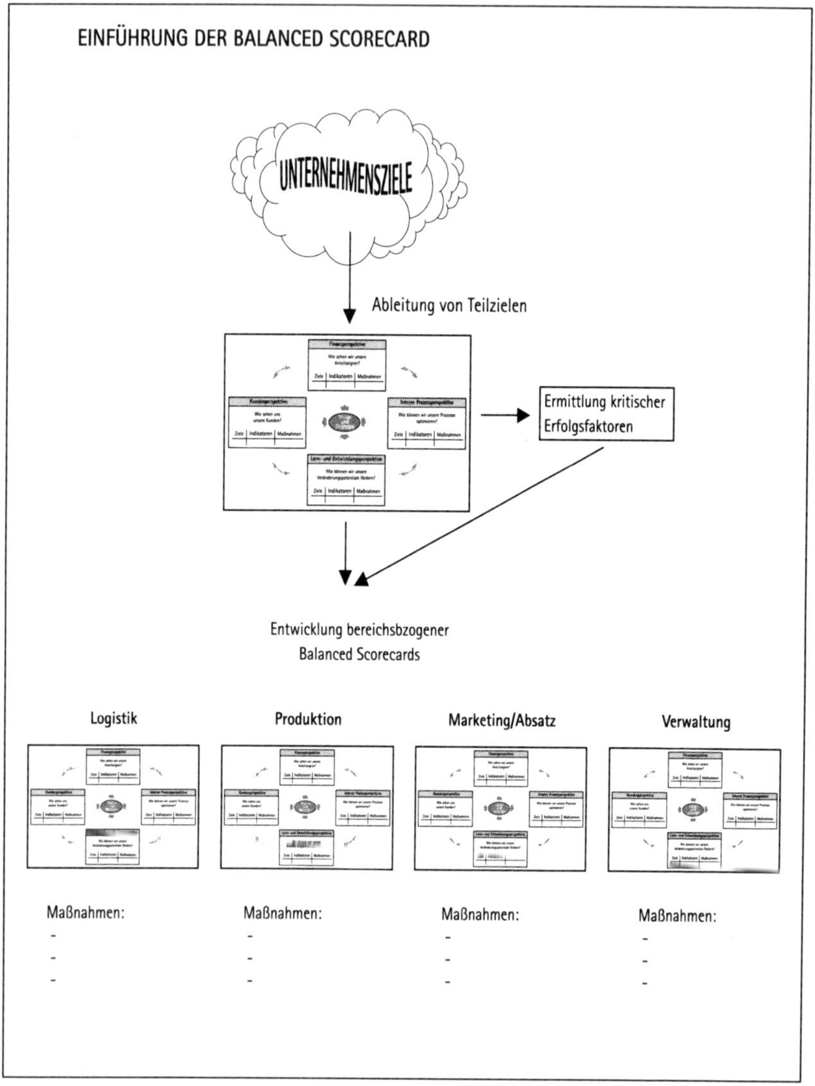

Abbildung 62: Ablauf des Balanced Scorecard-Projektes

Analysephase

Vor dem Hintergrund der Problemlage erfolgt im Rahmen von Workshops die Formulierung einer Strategie:

„Das Unternehmen konzentriert sich weiterhin auf das Kerngeschäft und strebt die Sicherung bisheriger Marktanteile an.
Die Marktanteile im US-amerikanischen Markt sollen ausgebaut werden.
Das Unternehmen wird sich weiterhin auf das obere Preissegment konzentrieren.
Ziel bleibt die hohe Qualität der Produkte.
Die Kostensituation ist mit allen erforderlichen Maßnahmen zu verbessern.“

Der nächste Schritt ist die Ableitung von Teilzielen und die Formulierung der kritischen Erfolgsfaktoren. Was fördert oder hindert die Erreichung der Ziele? (Abb. 63 auf S. 202)

Konzeptionsphase

Aus den strategischen Zielen werden operationalisierbare (handelbare) Ziele konkret abgeleitet. Ferner werden Indikatoren definiert, mit denen diese Ziele gemessen werden.

Im nächsten Schritt werden diese Ziele und Indikatoren auf die Bereiche „verteilt“, es werden Verantwortlichkeiten geschaffen. (Abb. 64 auf S. 203)

Die Zuständigkeiten sind allerdings nicht isoliert zu sehen. So ermittelt z. B. zwar das Controlling die Deckungsbeiträge, aber natürlich sind Marketing und Vertrieb ebenso „zuständig“, wenn es um die Analyse und daraus abgeleitete Maßnahmen geht.

Realisierungsphase

Nun sind alle notwendigen Grunddaten für die Balanced Scorecard ermittelt, und man kann konkret ausformulieren.

Die Unternehmensleitung als übergeordnete und verantwortliche Stelle bekommt die „Basis-Balanced-Scorecard“.

Die Bereiche bekommen die auf sie heruntergebrochenen Balanced Scorecards. Hier als Beispiel der Bereich Marketing/Vertrieb. Analog können die anderen Bereiche dargestellt werden. (Abb. 65 auf S. 204)

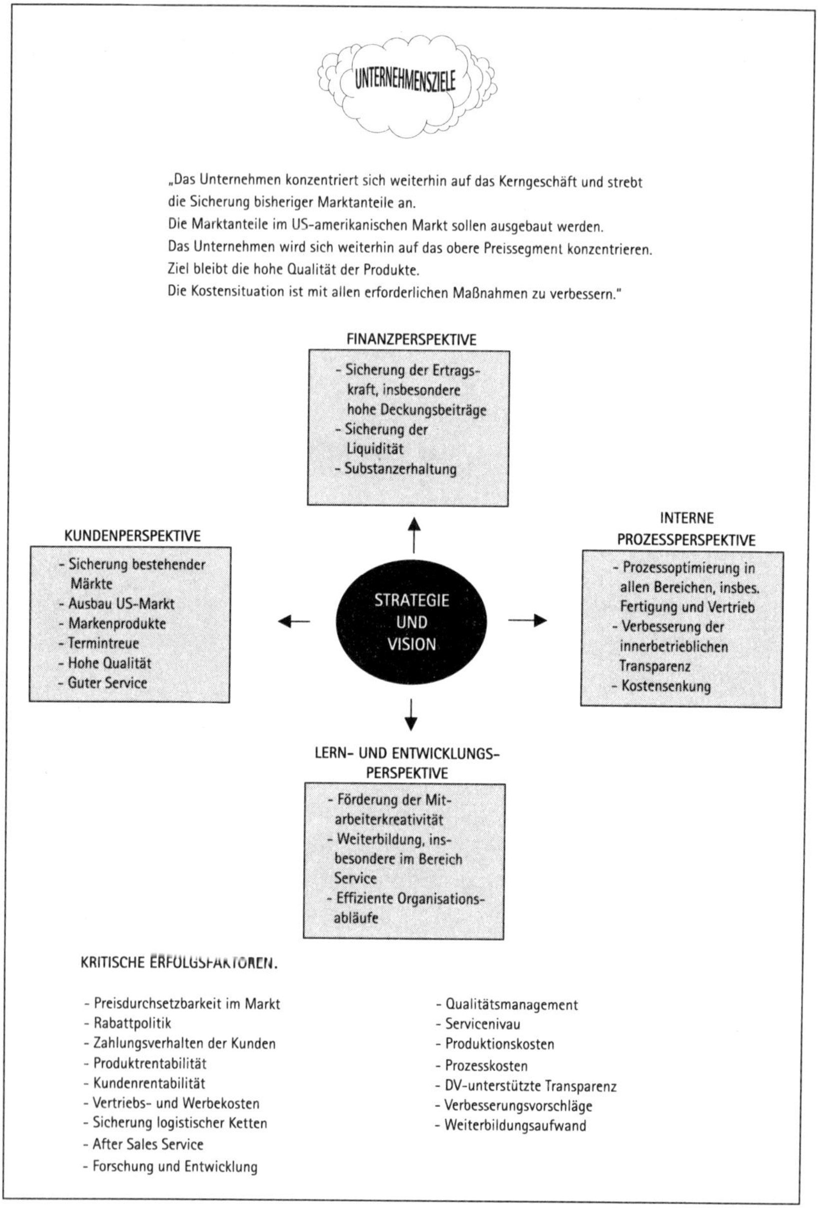

Abbildung 63: Teilziele und kritische Erfolgsfaktoren

Ziele	Indikator	Zuständig
Hohes Preisniveau	Durchschnittspreise im Zeitablauf Preisvergleich mit dem Marketing	Marketing
Rigide Rabattpolitik	Prozent Erlösschmälerungen	Vertrieb
Gutes Zahlungsverhalten der Kunden	Debitorendauer Anzahl Mahnungen	Buchhaltung Buchhaltung
Artikelergebnisrechnungen	Deckungsbeitrag pro Artikel Deckungsbeitragsvolumen	Kostenrechnung Kostenrechnung
Kundenergebnisrechnung	Deckungsbeitrag pro Kunde	Kostenrechnung
Sicherung des Marktanteils	Marktanteile	Vertrieb
Ausbau US-Markt	Marktanteile	Vertrieb
Termintreue	Anzahl Tage Bestellung/Auslieferung	Vertrieb
Qualitätssicherung	Anzahl Reklamationen	Produktion
Produktinnovation	Prozent Forschung u. Entwicklung zu Umsatz Anzahl Verbesserungsvorschläge	U.-Leitung U.-Leitung
Kostensenkung	Kosten pro Produktionsminute Kosten pro Hauptprozess: - Beschaffung - Kundenbetreuung - Auslieferung	Produktion Beschaffung Vertrieb Vertrieb
Senkung der Durchlaufzeiten	Durchlaufzeit in Tagen	Produktion
Liquiditätssicherung	Liquiditätskennzahlen	Buchhaltung
Weiterbildung	Kosten pro Mitarbeiter	U.-Leitung

Abbildung 64: Ziele und Indikatoren

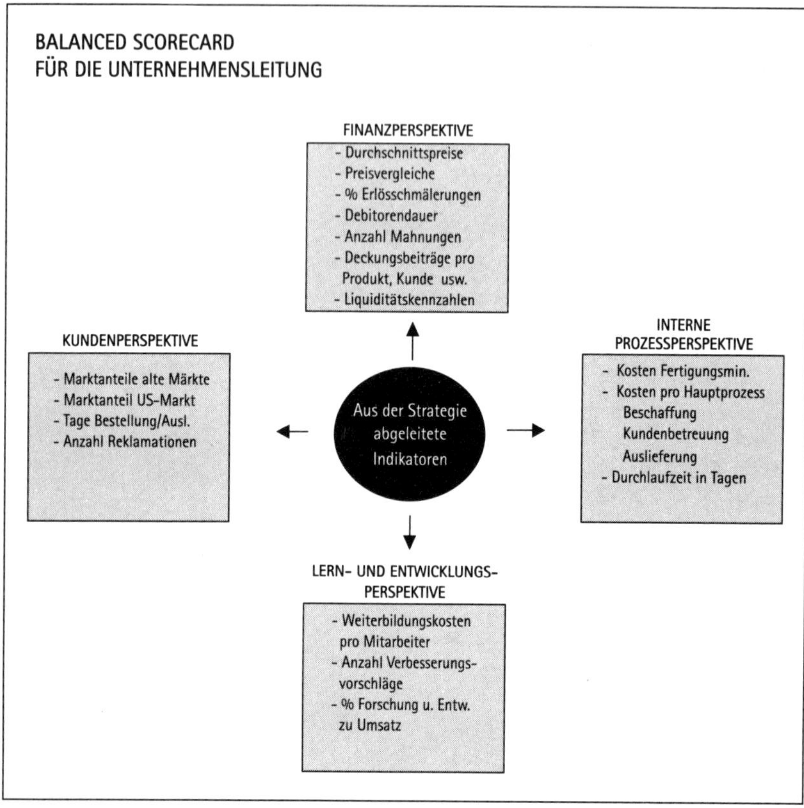

Abbildung 65: Ausformulierung der Balanced Scorecard für die Unternehmensleitung

Wen es vielleicht wundert, dass auf dieser Ebene die Anzahl von Mahnungen eine Maßgröße darstellt: In der Zeit, in der die Balanced Scorecard konzipiert wurde, hatte das Unternehmen immense Probleme mit Außenständen. Die Kunden zahlten schlecht.

Für den Bereich Marketing/Vertrieb sieht die Balanced Scorecard wie folgt aus. Es kann auch mal sein, dass ein Bereich leer bleibt, weil kein aktueller Handlungsbedarf gesehen wird. (Abb. 66 auf S. 205)

In der Folge werden nun die Indikatoren geplant, und es werden regelmäßig Plan-/Ist-Vergleiche durchgeführt. Jeder Bereich steuert und kontrolliert somit nun seine Ziele.

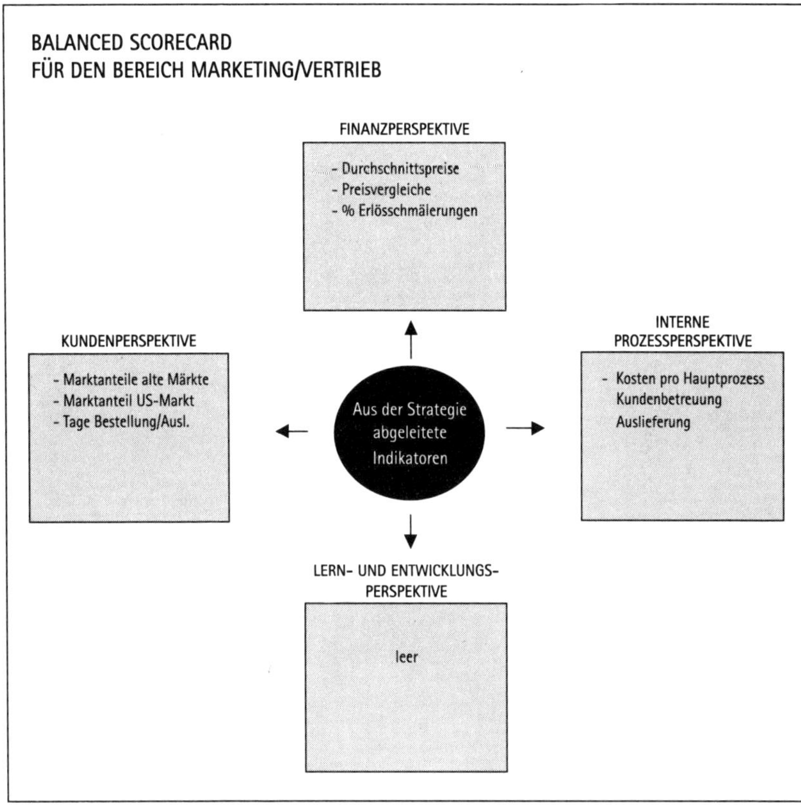

Abbildung 66: Ausformulierung der Balanced Scorecard für den Bereich Marketing/Vertrieb.

Nachwort

Haben wir endlich die „eierlegende Wollmilchsau" gefunden?

Da sagen die einen: Das ist doch alles alter Wein in neuen Schläuchen. So etwas wie die Balanced Scorecard gibt es in ähnlicher Form schon lange. Für andere ist es der letzte Schrei der Beraterbranche, um wieder mal die Unternehmen abzuzocken. Andere antworten: Na und – it works. Es ist mir doch völlig egal, ob irgendjemand schon mal eine ähnliche Idee hatte oder Geld damit verdienen will. Das Ding funktioniert, basta. Die Theoretiker wiederum vermissen eine plausible Ableitung der verschiedenen Perspektiven, und diejenigen, die etwas praxisorientierter herangehen, bemängeln die noch ungenügende empirische Basis der Balanced Scorecard. Zu viele Vermutungen, zu wenig gesicherte Erkenntnisse bezüglich der Wirksamkeit.

Es gibt Autoren und eine Reihe von Betriebswirtschaftlern, die nun endlich die eierlegende Wollmilchsau glauben gefunden zu haben und in unkontrollierten Jubel ausbrechen, wenn sie nur das Stichwort Balanced Scorecard hören. Man tut so, als ob Betriebswirtschaft oder Unternehmensführung vor der Balanced Scorecard nicht existiert hätten.

Man darf diese Diskussionen nicht überbewerten. Es gab ein Leben vor der Balanced Scorecard und es wird ein Leben mit und nach der Balanced Scorecard geben. Aber zur Zeit scheint es eben so, dass dies ein recht praktikables Instrument ist, das Problem der Strategieumsetzung in Griff zu bekommen. Es vereinigt einige wesentliche Dinge: Ausgangspunkt ist die Strategie, und diese wird überschaubar „eingekreist" und umgesetzt. Dabei kommen bewährte Instrumente zum Ansatz, die jeder kennt. Zum Beispiel Kennzahlen. Man löst also Probleme mit letztlich bewährten Methoden, und deswegen scheint dieses Instrument wohl auch zu funktionieren.

Vereinfacht gesagt: Es ist praktikabel und verständlich, um was es geht, ohne dass man Inhaber eines Lehrstuhles für Betriebswirtschaftslehre sein muss.

Auf jeden Fall darf man gespannt sein, wie sich die Balanced Scorecard weiterentwickelt. Was aber vor allem interessant ist, ob etwa in zehn Jahren immer noch mit diesem Instrument gearbeitet wird. Der Autor dieses Buches vermutet: Ja!

Anhang

Mögliche Perspektiven für verschiedene Branchen

Man macht immer wieder die Erfahrung, dass viele Veröffentlichungen „industrielastig" sind. Immer und immer wieder nur Beispiele aus der Industrie. Dabei werden dann andere Wirtschaftsbereiche vernachlässigt, z. B. der Bereich Dienstleistung, das Verlagswesen usw. Oder auch der sogenannte „Non-Profit-Bereich-Bereich", also z. B. öffentliche Dienstleister wie Versorgungs- oder Personenbeförderungsunternehmen. Nun liegt es aber auf der Hand, dass auch bei der Balanced Scorecard jeder Bereich bzw. jede Branche individuell beleuchtet werden muss. Die Deutsche Bahn kann nun mal im Rahmen der Balanced Scorecard mit den Perspektiven von z. B. DaimlerChrysler nicht viel anfangen.

So sollen im Folgenden einmal *mögliche* Perspektiven für verschiedene Bereiche aufgezeigt werden. Es gibt aber nicht nur individuelle Perspektiven für bestimmte Branchen, sondern auch für bestimmte Bereiche des Unternehmens (z. B. Forschungs- und Entwicklungsbereich) oder bestimmte Situationen, in denen sich das Unternehmen befinden kann (z. B. Sanierungsphase). Im Folgenden lediglich Möglichkeiten bzw. mögliche Alternativen zu den klassischen Perspektiven (Die Perspektiven sind in den schwarzen Feldern dargestellt.). Und im übrigen ist es auch nicht verboten, mit mehr als vier Perspektiven zu arbeiten. (Abb. 67 auf S. 212–213)

Kennzahlenübersicht für die verschiedenen Perspektiven

Hier einmal in komprimierter Form als Übersicht die diversen möglichen Kennzahlen für die verschiedenen Perspektiven.

Aber gleich eine Warnung für diejenigen, die sich zu schnell und gern gleich auf Kennzahlen stürzen: So schön es sich mit Kennzahlen arbeiten lässt, *die Balanced Scorecard ist mehr als ein neues Kennzahlensystem!* Kennzahlen sind lediglich Instrumente, bei der Balanced Scorecard geht es aber um einen *Managementprozess*, nicht um Messung von Unternehmensdetails.

	Rohstoffgewinnung/Energie, verarbeitendes Gewerbe								
	Bergbau	Energie u. Wasserversorgung	Ernährungsgewerbe	Textilgewerbe	Holzgewerbe Möbelherst.	Papiergewerbe	Verlag- u. Druckgew.	Chemische Industrie	Pharmaunternehmen
Die klassischen Perspektiven:									
Finanzperspektive	■	■	■	■	■	■	■	■	■
Prozessperspektive				■			■	■	■
Lern- und Entwicklungsp.			■	■	■		■	■	
Kundenperspektive	■	■	■	■	■	■	■		■
Sonstige Perspektiven:									
Energieperspektive	■	■							
Rohstoffperspektive					■	■			
Ökologische Perspektive	■	■				■		■	
Forschungs- u. Entwicklungsp.			■						■
Informationsperspektive									
Personalrekrutierungsp.									

	noch verarbeitendes Gewerbe							
	Herstellung Gummi u. Kunststoff	Glasgew. Keramik, Steine	Maschinenbau	Elektrotechnik	Datenverarbeitungstechnik	Feinmechanik, Optik	Automobilherstellung	Baugewerbe
Die klassischen Perspektiven:								
Finanzperspektive	■	■	■	■	■	■	■	■
Prozessperspektive	■	■	■	■		■	■	
Lern- und Entwicklungsp.		■	■		■	■	■	
Kundenperspektive	■	■	■	■	■	■	■	■
Sonstige Perspektiven:								
Energieperspektive								
Rohstoffperspektive								
Ökologische Perspektive	■							■
Forschungs- u. Entwicklungsp.				■	■			
Informationsperspektive								
Personalrekrutierungsp.								■

	Handel, Dienstleistungen, öffentlicher Dienst								
	Großhandel	Einzelhandel	Verkehrs-betriebe	Software-entwickl.	Telekommu-nikation	Kredit-institute	Versiche-rungen	Freie Berufe, z.B. Berater	Behörden
Die klassischen Perspektiven:									
Finanzperspektive	■	■	■	■	■	■	■	■	■
Prozessperspektive	■	■			■	■	■		■
Lern- und Entwicklungsp.	■	■					■		■
Kundenperspektive	■	■	■	■	■	■	■	■	■
Sonstige Perspektiven:									
Energieperspektive			■						
Rohstoffperspektive									
Ökologische Perspektive			■						
Forschungs- u. Entwicklungsp.				■	■				
Informationsperspektive						■		■	
Personalrekrutierungsp.				■				■	■

	Perspektiven für bestimmte Bereiche/Abteilungen			
	Forschungs- u. Entwicklungs-bereich	Informations-technologie (EDV)	Controlling	Betriebsrat
Finanzperspektive			■	■
Informationsperspektive	■	■	■	
Forschungs- u. Entwicklungsp.	■	■		
Sicherheitsperspektive		■		
Soziale Perspektive				■
Personalrekrutierungsp.	■	■		■

	Perspektiven für spezielle Situationen			
	Unter-nehmens-gründung	Unter-nehmens-schließung	Unter-nehmens-kooperation	Sanierung
Finanzperspektive	■		■	■
Prozessperspektive	■	■	■	
Einführungsperspektive				
Rechtliche Perspektive	■	■	■	■
Soziale Perspektive		■		■
Finanzierungsperspektive	■		■	■
Umstrukturierungsperspektive				■

Abbildung 67: Mögliche Perspektiven für verschiedene Branchen, Bereiche und Situationen

Außerdem kann eine Kennzahlenübersicht nie abschließend sein. Dies sind lediglich Möglichkeiten, Vorschläge, Anregungen. (Abb. 68 auf S. 212–216)

Kennzahlen

Finanzperspektive

Wachstum (z.B. Umsatz)	Umsatzwachstum absolut x 100 / Aktuellen Umsatz	Wohin geht die Reise?
Gewinn	Umsatz - Kosten = Gewinn	Was kommt unter dem Strich in absoluten Zahlen raus?
Kostenkennzahlen		
Kostenstruktur	Fixe Kosten x 100 / Gesamtleistung	Achtung bei Steigerung!
Abschreibungen	Abschreibungen x 100 / Gesamtleistung	Steigt diese Kennzahl, wird die Leistung mit zunehmenden Abschreibungen erbracht oder die Leistung ist bei gleichen Abschreibungen gesunken = schlechtere Kapazitätsnutzung
Lohnkosten pro Minute	Einzellohnkosten / Leistungsminuten (oder Stunde, Tag usw.)	Fragt danach, was eine Leistungsminute usw. kostet. Einzellohnkosten = variabel Wichtige Kennzahl im Produktionsbereich
Vollkosten pro Minute	Summe Kosten / Leistungsminuten (oder Stunde, Tag usw.)	Was kostet eine Minute usw. gesamt? Wichtiger Indikator im Zeitablauf. Und wenn Sie jetzt den Konkurrenzwert wüssten!!
Bereichskosten-analyse	Kosten der Produktion x 100 / Gesamtkosten Kosten des Vertriebes x 100 / Gesamtkosten Verwaltungskosten x 100 / Gesamtkosten EDV-Kosten x 100 / Gesamtkosten	Hier ist ein Vergleich mit der Konkurrenz außerordentlich interessant, zeigen die Kennzahlen doch die Gewichtung der Hauptkostenblöcke. Weitere Kennzahlen: Kostenblöcke in Relation zum Umsatz bzw. zur Gesamtleistung
	Logistikkosten x 100 / Gesamtkosten + alle Aufwendungen, die nicht gleichzeitig Ausgaben sind - Erträge, die zu keinen Einnahmen geführt haben (also +/- allem, was nicht „Cash" ist)	Schwerpunktmäßig können noch andere Bereiche beleuchtet werden

Cash Flow	Jahresüberschuß + Abschreibungen - Zuschreibungen + Rückstellungen - Auflösung v. Rückstellungen + Bildung Sonderposten m. Rücklagenanteil - Auflösung Sonderposten m. Rücklagenanteil grundsätzlich: + alle Aufwendungen, die nicht gleichzeitig Ausgaben sind - Erträge, die zu keinen Einnahmen geführt haben (also +/- allem, was nicht „Cash" ist)	Der Cash Flow ist eine wichtige Kennzahl zur Beurteilung der Ertrags- und Finanzkraft eines Unternehmens. Vereinfacht gesagt, ist der Cash Flow der Kassenzufluss (Cash). Dieser Betrag steht z.B. für Investitionen zur Verfügung. Auch Gewinnausschüttungen sollten aus dem Cash Flow finanziert werden. Sinkt der Cash Flow: Achtung! Der Cash Flow hat insbesondere im Kontakt mit Banken einen wichtigen Stellenwert.
Eigenkapital-(EK-) rentabilität	(Gewinn + EK-Zinsen) x 100 ————— Eigenkapital	Wird das Eigenkapital richtig eingesetzt, hat es es sich gut verzinst?
Gesamtkapital-(GK-) rentabilität	(Gewinn + GK-Zinsen) x 100 ————— Gesamtkapital	Wird das gesamte Kapital richtig eingesetzt, hat es sich gut verzinst?
Umsatzrentabilität	Gewinn + Fremdkapitalzinsen) x 100 ————— Umsatz	Wichtig ist hier der Branchenvergleich. Sinkt die Kennzahl: Achtung!

Return on Investment (ROI)

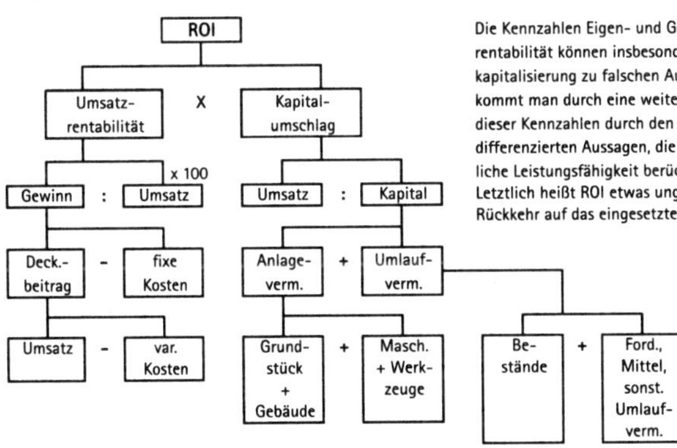

Die Kennzahlen Eigen- und Gesamtkapitalrentabilität können insbesondere bei Unterkapitalisierung zu falschen Aussagen führen. So kommt man durch eine weitere Differenzierung dieser Kennzahlen durch den sog. ROI zu differenzierten Aussagen, die auch die betriebliche Leistungsfähigkeit berücksichtigen. Letztlich heißt ROI etwas ungenau übersetzt: Rückkehr auf das eingesetzte Kapital.

Weitere Bilanzkennzahlen

Anlagendeckung	$\frac{\text{Eigenkapital x 100}}{\text{Anlagevermögen}}$	Der „Klassiker" der sog. goldenen Bilanzregeln. Früher sagte man, das Anlagevermögen sollte immer durch das Eigenkapital gedeckt sein.
Entschuldungsgrad	$\frac{\text{Cash Flow x 100}}{\text{Netto-Verschuldung}}$ Netto-Verschuldung: Fremdkapital – liquide Mittel	Hierauf achtet die Bank.
Verschuldungsgrad	$\frac{\text{Fremdkapital x 100}}{\text{Gesamtkapital}}$	Schlecht, wenn das Verhältnis im Zeitablauf immer schlechter wird.

Liquidität

Liquiditätsverhältnis ersten Grades	$\frac{\text{Flüssige Mittel}}{\text{Kurzfristige Verbindlichkeiten}}$ Flüssige Mittel: Kasse, Bank, Scheck, Wechsel	Kann ich kurzfristig meine Gläubiger bedienen?
Liquiditätsverhältnis zweiten Grades	$\frac{\text{Flüssige Mittel + kurzfr. Ford. + Vorräte}}{\text{Kurzfristige Verbindlichkeiten}}$	Wie entwickelt sich die Liquidität?
Außenstands-dauer	$\frac{\text{Bestand an Kundenforderungen x 360}}{\text{Umsatz/Jahr}}$	Wann kommt das Geld der Kunden? Diese Kennzahl ist in den letzten Jahren immer schlechter geworden. Die Zahlungsmoral sinkt!

Prozessperspektive

Produkterfolgsrate	$\frac{\text{Anzahl erfolgreicher Produkte x 100}}{\text{Gesamtzahl neuer Produkte}}$	Sind die neuen Produkte erfolgreich?
Projekterfolgsrate	$\frac{\text{Anzahl erfolgreicher Projekte x 100}}{\text{Gesamtzahl Projekte}}$	Sind unsere Projekte erfolgreich?
Angebotserfolsrate	$\frac{\text{Anzahl erfolgreicher Angebote x 100}}{\text{Gesamtzahl Angebote}}$	Sind unsere Angebote erfolgreich?
Ideenverwertungs-rate	$\frac{\text{Anzahl verwerteter Ideen x 100}}{\text{Gesamtzahl Ideen}}$	Lohnt es sich bei uns, neue Ideen zu haben?
Leerkosten-analyse	$\frac{\text{Genutzte Kapazität x 100}}{\text{Gesamtkapazität}}$	Was wird nicht genutzt?

Lagerkennzahlen

Umschlagsziffer des Fertigwarenlagers	$\frac{\text{Bestände an Fertigwaren}}{\text{Umsatzerlöse}}$	Verschlechtert sich die Relation?
Umschlagsziffer des RHB-Lagers	$\frac{\text{RHB-Bestände}}{\text{RHB-Aufwand}}$ RHB: Roh-/Hilfs- und Betriebsstoffe	Steigen die Bestände in Relation zum Aufwand: Schlecht!
Materialanteil	$\frac{\text{Aufwand f. RHB}}{\text{Gesamtleistung}}$	Vorsicht, wenn dieser sog. Wareneinsatz steigt. Wichtig: Vergleich mit der Konkurrenz.
Lagerbestand	Absolute Zahl	Keine Kennzahl, absoluter Wert. Trotzdem wichtig. Steigen die Bestände? Warum?

Lagerreichweite in Tagen	$\frac{\text{Lagerbestand}}{\text{Stück Absatz x Arbeitstage}}$	Wieviel Tage kann theoretisch bei Einstellung der Produktion der Vertrieb bedient werden? Haben wir zuviel auf Lager? Produzieren wir auf Lager?!
Produktivität	$\frac{\text{Ist-Fertigungsstunden x 100}}{\text{Mögliche Fertigungsstunden}}$	Sinkt die Produktivität?
Deckungsbeitrag je Leistungseinheit	$\frac{\text{Deckungsbeitragsvolumen}}{\text{Anzahl Leistungseinheiten}}$ (z.B. Fertigungsstunden)	Zeigt die Produktivität einer Leistungseinheit
Fehlzeiten	$\frac{\text{Fehlzeiten}}{\text{Anwesenheit}}$	Warum steigen die Fehlzeiten?
Anteil F+E (Forschung und Entwicklung)	$\frac{\text{F+E-Kosten x 100}}{\text{Gesamtkosten}}$	Wie entwickelt sich Ihr F+E-Anteil?
Umsatzanteil von F+E-Projekten	$\frac{\text{Umsatz F+E-Produkte x 100}}{\text{Gesamtumsatz}}$	Welchen Anteil haben F+E-Produkte z. B. der letzten drei Jahre am Gesamtumsatz. Mit welchen Produkten machen Sie den Hauptumsatz? Wie ist die Entwicklung?

Lern- und Entwicklungsperspektive

Anteil qualifizierter Mitarbeiter	$\frac{\text{Anzahl Akademiker, Ingenieure, Facharbeiter usw. (je nach Sichtweise) x100}}{\text{Gesamtzahl der Mitarbeiter}}$	Sind die richtigen Qualifikationen für die Zukunft an Bord?
Ergebnis Weiterbildung	$\frac{\text{Anzahl konkreter Umsetzungen x 100}}{\text{Anzahl Weiterbildungsmaßnahmen}}$	Lediglich Bildungstourismus oder bringt es auch was?
Fluktuation	$\frac{\text{Anzahl Kündigungen x 100}}{\text{Gesamtzahl Mitarbeiter}}$	„Warum gehen die Leute?"
Fehlzeiten	$\frac{\text{Fehlzeiten}}{\text{Anwesenheit}}$	Warum steigen die Fehlzeiten?
Mitarbeiterproduktivität	$\frac{\text{Umsatz}}{\text{Anzahl Mitarbeiter}}$	Wichtig im Branchenvergleich
	$\frac{\text{Deckungsbeitragsvolumen}}{\text{Anzahl Mitarbeiter}}$	Was wird am Mitarbeiter „verdient"?
Produktivität	$\frac{\text{Ist-Fertigungsstunden x 100}}{\text{Mögliche Fertigungsstunden}}$	Steigt oder sinkt die Produktivität?

Kundenperspektive

Marktanteil	$\frac{\text{Umsatz} \times 100}{\text{Umsatzvolumen Gesamtmarkt}}$	Wie stark stehen wir im Markt?
Durchschnitts-preise	$\frac{\text{Umsatz}}{\text{Anzahl verkaufte Stück}}$	Diese Analyse kann differenziert nach z.B. Produktgruppen durchgeführt werden. Achtung, wenn der Preis sinkt.
Wiederholungs-käufe	$\frac{\text{Umsatz Wiederholungskäufe} \times 100}{\text{Gesamtumsatz}}$	Kommen die Kunden wieder?
Neukundenanteil	$\frac{\text{Neukunden} \times 100}{\text{Kunden gesamt}}$	Mit wem machen wir Geschäfte?
Kundenrentabilität	$\frac{\text{Deckungsbeitragsvolumen}}{\text{Anzahl Kunden}}$	Was wird durchschnittlich am Kunden verdient? Wichtig im Zeitvergleich.
Kundentreue	$\frac{\text{Umsätze Altkunden} \times 100}{\text{Umsätze gesamt}}$	Sind die Kunden zufrieden?
Auftragseingang	Absolute Zahl	Keine Kennzahl, aber interessant im Zeitvergleich
Auftragsbestand	Absolute Zahl	Keine Kennzahl, aber interessant im Zeitvergleich
Rückstände	Absolute Zahl	Keine Kennzahl, aber interessant im Zeitvergleich Rückstand bedeutet: Nicht zufriedene Kunden!

Es können an dieser Stelle nicht Kennzahlen für alle Branchen gezeigt werden. Aber ergänzend zu den obigen „Klassikern" einmal einige Kennzahlen zweier Branchen:

<u>Versicherung</u>:

Finanzperspektive
- Beitragsentwicklung
- Kapitalerträge
- Kostenentwicklung

Kundenperspektive
- Neugeschäft
- Stornoquoten

Prozessperspektive
- Service-Standards
- EDV-Verfügbarkeit

Lern- und Entwicklungsperpektive
- Qualifizierungsindex
- Anteil innovativer Produkte
- Anzahl neuer Verkaufsunterlagen

<u>Finanzdienstleister</u>

Finanzperspektive
- Anteil elektronischer Aufträge
- Wertberichtigungsquote

Kundenperspektive
- Dauer v. Kreditgesprächen
- Neukunden f. Onlinebanking

Prozessperspektive
- Kundenwartezeiten
- Anzahl Terminvereinbarungen
- Zeitspanne für Kreditgewährung

Lern- und Entwicklungsperspektive
- Anteil der am Ergebnis beteiligten Mitarbeiter
- Trainingsquote

Abbildung 68: Kennzahlen für die einzelnen Perspektiven

Checklisten zur Balanced Scorecard

Checklisten haben viele Funktionen:

- Sie fassen alles nochmals komprimiert in wenigen Worten zusammen
- Man hat ein Grundgerüst, wie man ein Thema angehen kann
- Und die Hauptsache: Sie sorgen dafür, dass man die wesentlichen Dinge nicht vergisst. (Abb. 69 auf S. 217–218)

Checklisten zur Balanced Scorecard

Bei der Abarbeitung von Checklisten sind nicht nur JA/NEIN-Antworten möglich. Auf einer Skala von –3 = schlecht bis +3 = sehr gut kann die Qualität der Lösung beurteilt werden.

Checkliste Strategie und Ziele

	JA	NEIN	–3	–2	–1	0	+1	+2	+3
Wurde bei der Einführung mit Visionen und Strategien begonnen?									
Wie beurteilen Sie Ihre Strategien im Hinblick auf die Zukunft?									
Herrscht Konsens im Führungskreis über die Strategie?									
Kennen Sie Ihren Strategietyp?									
Haben Sie mit strategischen Werkzeugen gearbeitet, z. B. mit der SWOT-Analyse?									
Haben Sie die Strategien einmal vom Zero-Base-Ansatz her beurteilt?									
Machen Sie von Zeit zu Zeit Szenarien?									
Sind die Ziele aus den Strategien in Meilensteine gegossen?									
Betreiben Sie Benchmarking bei der Zielfindung?									
Sind alle Ziele mit Maßgrößen versehen?									
Betreiben Sie systematische Früherkennung mit entsprechenden Werkzeugen?									

Checkliste Perspektiven

	JA	NEIN	−3	−2	−1	0	+1	+2	+3
Haben Sie die Ursachen-/Wirkungsketten in Ihrem Unternehmen untersucht?									
Ist geprüft worden, ob über die klassischen Perspektiven hinaus evtl. eine andere Perspektive in Frage kommt?									
Sind die Ziele innerhalb der Perspektiven realistisch und erreichbar?									
Ist organisiert, dass die Verantwortlichen über den Grad der Zielerreichung regelmäßig informiert werden?									

Checkliste Roll out

	JA	NEIN	−3	−2	−1	0	+1	+2	+3
Sind alle genügend informiert?									
Gibt es einen Umsetzungsplan mit Terminen, Verantwortlichkeiten usw.?									
Ist geklärt, wie hoch die Freiräume der Betroffenen bei der Umsetzung sind?									
Arbeiten Sie mit Projektmanagement-methoden, z. B. Projektberichten?									
Wird die Einführung gut dokumentiert?									
Wird die Balanced Scorecard in die Jahresplanung mit einbezogen?									
Ist ein Plan-/Ist-Vergleich der Balanced Scorecard-Ziele organisiert?									
Sind Toleranzbereiche definiert?									
Sind mehrere Einführungsmethoden geprüft?									
Ist man bei der Softwareauswahl systematisch vorgegangen?									
Wird die Auswertung visuell unterstützt?									
Werden nach der Einführung regelmäßig Ergebnisworkshops durchgeführt?									

Abbildung 69: Checklisten zur Balanced Scorecard

Literaturverzeichnis

Die Balanced Scorecard wird bislang nur in Spezialwerken behandelt. In den betriebswirtschaftlichen Lehrbüchern findet man sie selten. Ferner gibt es auch noch keine Zeitschrift, die sich speziell mit diesem Thema auseinandersetzt. Allerdings findet man insbesondere in Controllingzeitschriften immer wieder Artikel zum Thema.

Die Bücher zum Thema setzen meist betriebswirtschaftliche Vorkenntnisse voraus.

Friedag, Herwig/Schmidt, Walter: **Balanced Scorecard – Mehr als ein Kennzahlensystem**
Die Autoren sind Unternehmensberater und kommen aus dem Kreis und Lehrgebäude der Controller-Akademie (Dr. Deyhle). Sie beschreiben das Thema recht anschaulich und mit vielen Praxisbeispielen. Schwerpunkt sind Kennzahlen zur Balanced Scorecard und deren Umsetzung und Interpretation

Horváth & Partner (Hrsg.): **Balanced Scorecard umsetzen**
Dieses Buch wurde von einem Autorenteam der Unternehmensberatungsgesellschaft Horváth & Partner geschrieben. Es beschreibt die Grundelemente, aber insbesondere auch die Umsetzung der Balanced Scorecard. Viele Praxisbeispiele einschließlich einer Fallstudie

Kaplan, Robert S./Norton, David P.: **Balanced Scorecard. Strategien erfolgreich umsetzen**
Dies ist der „Klassiker" unter der Balanced Scorecard-Literatur in deutscher Übersetzung. Kaplan und Norton sind „die Väter" der Balanced Scorecard. Es geht um die Voraussetzungen, die Umsetzung aber auch um erste Erfahrungen (allerdings bezogen auf die USA).

Probst, Hans-Jürgen: **Controlling leicht gemacht**
Vom selben Autor wie das vorliegende Buch. In lockerer und unterhaltsamer Form wird praxisorientiert das Unternehmenscontrolling beschrieben. Controlling hängt eng mit der Balanced Scorecard zusammen, und Controllingverständnis erleichtert das Verständnis der Balanced Scorecard

Weber, Jürgen/Schäffler, Utz: **Balanced Scorecard & Controlling**
Wie der Name schon sagt, ist ein Schwerpunkt des Buches die Einbindung der Balanced Scorecard in das Controlling des Unternehmens, denn letztlich ist die Balanced Scorecard ein Controllinginstrument

Es ist zu erwarten, dass die Veröffentlichungen zum Thema zunehmen. Dies betrifft insbesondere Spezialgebiete der Balanced Scorecard wie z. B. Personalwirtschaftschaftsthemen oder die sogenannte IT-Implementierung (IT=Informationstechnologie, sprich EDV, Implementierung = Einführung).

Einen guten Überblick kann man sich über den Internet-Buchhandel verschaffen.

Stichwortverzeichnis

ABC-Analyse **120**, 135
Ablauforganisation 124, **128**, 136
Absatzpolitik **152**
Abweichungsanalyse 63, **67**, 172
AIDA-Modell **152**
Amortisationsrechnung **107**
Ampeltechnik **185**
Arbeitsorganisation **140f**
Aufbauorganisation **124**, 126, 128
Außenfinanzierung **98**

Benchmarking 13, 46, **47f**, 128, 134f, 159
Beraterauswahl **194**
Beratung **194ff**
Berichtswesen 11, **12**, 62, 160, **176**, 182f
best case **36**
best practice **48**
Brainstorming **35**
Break-Even-Analyse **95**

Cash Cows **76f**
Cash-Flow **110**
Cockpit-Darstellungen **185**

Data Warehouse-Konzeption **142f**
Deckungsbeitrag 51, 92, **94f**, 108, 110, 144, 147, 153
Delphi-Methode **34**
Dienstvertrag **195**
Dynamische Methoden **107**

EDV 14, 17, 105, 117, 121, **142**, 156, 220
Eigenkapitalrentabilität **111f**
Einführungsmethoden **174**
Einführungsperspektive **156**
Energieperspektive **154f**
Externes Rechnungswesen **88**

Factoring 98, **100**
Finanzierung **97f**, 101f, 110, 117f, 157
Finanzierungsperspektive **157**
Finanzperspektive 17, 31, 40, 42, 83, **86f**, 97, 108f, 116, 147, 157, 168, 183, 192f
Fixkostendegression **123**
Forschungs- und Entwicklungsperspektive 17, **155**
Früherkennung **63**, 66, 79
Frühwarnsysteme **64**

Gap-Analyse **33**, 73f
Gesamtkapitalrentabilität **112**
Gewinnvergleichsrechnung **106**

Hard Facts 9, **51**, 79, 193
Hochrechnungen 66, **67**
Human Resources **136**

Incentives **170**, 194
Indikatoren 11, 18, 50f, 53, 63, 66, **68**, 70f, 73, 155, 199, 201, 204

Informationsperspektive **155**
Informationstechnologie 17, **142**, 178, 220
Innenfinanzierung 98, **100**
Innovator **29**, 31, 40
Internes Rechnungswesen 88, **90**, 92
Investitionen 97f, 101f, **104ff**, 108, 110f, 117f, 147, 154, 157
Investitionsrechenmethoden **105f**

Job Enlargement **140f**
Job Enrichment **141**
Job Rotation **140**
Job Sharing **140**
just in time 48, **118**, 135

Kaizen **131f**, 137
Kennzahlen 7, 11, 15, 18, 45, 48, 50f, 53, 66, **68**, 73, 82, 102, 112, 121, 135, 157, 160, 163, 176ff, 190, 192f, 196, 207, 209, 212, 219
Kernkompetenz 10, 12, **29**, 122
Kommunikationspolitik **152**
KonTraG **63**
Kostenführer **29**
Kostenartenrechnung **92**
Kostenstellenrechnung **92**
Kostenträgerrechnung **92**
Kostenvergleichsrechnung **106**
Kreditfinanzierung **100f**, 118
Kundenperspektive 17, 41f, 83, 109, 116, 128, **145**, 147, 153, 166, 168, 183, 193

Lean Management **13**
Lebenszyklusanalyse 32, 57, 73ff, **77**
Leitbild **25f**, 49, 136
Leverage-Effekt **111**
Liquidität 51, 98, 100, **102**, 104f, 111, 116, 157

Management by delegation **44**, 52
Management by exception **44**
„Management-by"-Konzepte **44**
Management by participation **44**
Management by results **44**, 167
Marketing 52, 80, 84, 116, 145, **149ff**, 166, 201, 204
Marketing-Mix 150, **151f**
Materialwirtschaft **118**, 120
Me-too-Anbieter **29**

Nischenanbieter **29**

OLAP 178, **180**
Organigramm **124**, 126
Outsourcing **12**, 122
Ökologische Perspektive **155**

Personalwesen 42, **136**, 139
Perspektiven 15, 17f, 40f, 51, 80f, **83f**, 97, 109, 154ff, 165f, 177, 180, 193, 197ff, 207, 209
PEST-Analyse **31**
Plan-/Ist-Vergleich **67**, 156, 172, 204
Planung 11, 36, 63, 66, **67**, 88, 92, 121, 133, 136f, 146, 159, 162f, 167, 172, 174f, 177
Poor Dogs 76, **77**
Portfolio-Analyse 73, **75**, 147f
Portfoliodarstellung 57, **59**, 77, 192